hänssler

GERHARD FISCHER

»Wenn einer mit dem Zirkus reist ...«

Gerhard Fischer, Jahrgang 1931, Ausbildung zum Gemeindediakon, danach von 1958 bis 1975 verantwortlich für evangelistische Einsätze und für die Artistenmission im Raum der ehemaligen DDR, Polen, Ungarn und heutigen Tschechei. Von 1975 bis 1996 Gemeindepfarrer in Falkenau. Gerhard Fischer ist verheiratet und hat drei erwachsene Kinder.

hänssler-Taschenbuch
Bestell-Nr. 393.511
ISBN 3-7751-3511-1

Titelfoto: Superbild
Umschlagsgestaltung: Daniel Kocherscheidt
Satz: Absatz, Klein Nordende
Druck und Bindung: Ebner Ulm
Printed in Germany

INHALT

Dieses Buch widme ich
in Dankbarkeit
meiner mitreisenden Frau Sigrid
und unseren Kindern Johannes,
Angelika und Frederike.

Einleitung

Jetzt bin ich Rentner! Ich sage **nicht: Endlich** bin ich Rentner. O nein. Es ist doch eine Lust, Diakon und Pfarrer zu sein. Für dieses Vergnügen zahlte mir meine Dienststelle monatlichen Lohn.

Aber jetzt bin ich Rentner! Ich lebe ohne Terminkalender. Fast ohne! Das ist eine ganz neue Lebenserfahrung. Ich fühle mich wie ein heimgekehrter Wanderer, der auf seinem langen Weg viele Länder, Landschaften und Menschen kennen gelernt und in seiner Seele gespeichert hat.

Nun führt mich Gott in den herbstlichen Garten des Alters. Eine Bank – mitten in der Blumen- und Früchtepracht – lädt mich zum Sitzen ein. Ich fühle mich wie ein Teil dieses Gartens – wie ein Baum, der im Herbstwind langsam entblättert. Das macht mich nicht traurig, denn je mehr Blätter er verliert, umso sichtbarer wird der Himmel – außerdem trägt jeder Herbstbaum die Knospen des neuen Frühlings schon in sich.

Du kommst daher und setzt dich zu mir. Das freut mich! Ich sitze nicht gern allein auf einer Bank. Zu zweit macht es mehr Spaß. Ich habe da meine Erfahrung.

Nur, wenn du hier sitzen bleibst, musst du einiges über dich ergehen lassen. Ich krame Erinnerungen aus, nicht zeitlich geordnet, wie bei einem mustergültigen Lebenslauf. Diese Zeiten sind für mich vorbei. Ich bewerbe mich bei keiner Arbeitsstelle mehr. Aber vielleicht bekommst du beim Zuhören Lust, in deinen eigenen Erinnerungen zu blättern. Sie sind es wert.

Gott sorgt dafür, dass kein Leben langweilig bleibt.

Und wenn du das Zuhören satt hast, stehst du einfach auf und gehst. Abgemacht?

Meinen 65. Geburtstag feierte ich in Falkenau, – wo ich nach meiner Zirkuszeit 21 Jahre als Pfarrer tätig war – mit meiner Familie und der Gemeinde in der Kirche.

Unsere Kinder waren mit Wohnwagen angereist, die sie zirkusmäßig hinter der Kirche aufbauten. Sie bestritten auch das Festprogramm. Es fiel ungewöhnlich aus. Vom ›FEUERSPUCKER‹ bis zum ›FROSCHKÖNIG‹ reihte sich eine Attraktion an die andere.

Die Gäste jubelten, und am Ende freuten sich alle über den gelungenen Tag.

Auch ein Quiz gehörte zum Programm.

Kurzepisoden aus meinem Leben wurden erzählt, und dabei ein paar Lügen untergemischt. Wer diese herausfand, wurde ›Ratekönig‹. Hier einige Beispiele:

›Mein Vater ist zu seiner Hochzeit in zwei verschiedenfarbigen Socken herumgelaufen. Ist das wahr?‹

›Mein Vater ist monatelang mit einem Auto gefahren, das er nur mit einem Ziegelstein bremsen konnte. Ist das wahr?‹

›Mein Vater ist bei einer Stadtparade des Zirkus Humberto auf der Elefantendame Karla geritten. Ist das wahr?‹

›Mein Vater isst als Lieblingsspeise Rollmops mit Bienenhonig. Ist das wahr?‹

›Mein Vater hat sich bei einem Taufgottesdienst mächtig die Finger im Taufwasser verbrüht. Ist das wahr?‹

›Mein Vater war nach einer Taufe zur anschließenden Familienfeier eingeladen. Noch ganz in liturgische Gedanken versunken, band er sich beim Umziehen statt des Schlipses seine Beffchen um. Ist das wahr?‹

›Mein Vater hat wegen einer Meinungsverschiedenheit in Glaubensfragen einen jungen Mann kräftig verprügelt. Ist das wahr?‹

›Mein Vater erhielt als Zwanzigjähriger in seinem Heimatort den 1. Preis als ›Walzerkönig‹. Ist das wahr?‹

›Mein Vater brachte bei einer Zirkushochzeit den Bräutigam dazu, gleich zweimal JA zu sagen. Ist das wahr?‹

›Mein Vater ist ohne Peitsche, Stock oder Pistole im Zentralkäfig zwischen den Postamenten der Raubtiere spazieren gegangen. Ist das wahr?‹

Am Ende gab es eine ›Ratekönig**in**‹: unsere Kirchkassiererin. Der Schuldirektor verpasste den Sieg, weil er einige Wahrheiten für glatte Lügen gehalten hatte.

Übrigens, das ziegelsteingebremste Auto gehört zur Wahrheit. Marke ›HANOMAG‹ – Baujahr 1933.

Der Fahrersitz hatte sich im Laufe der Jahrzehnte in einen Schaukelstuhl verwandelt. Die Beifahrertür musste zugebunden werden, und die Fahrertür hielt ein abgebrochener Schraubenzieher verschlossen.

Den Scheibenwischer musste ich mit der Hand betätigen. Das Ersatzrad fehlte, und die Heckscheibe wurde durch den stabilen Einband eines Kinderbuches vertreten.

Pfarrer Wielepp aus Moritzburg ist einmal mit mir in diesem Auto gefahren. Am Ziel angekommen, schritt er mit gefalteten Händen um das Vehikel und meinte ehrfürchtig: »Wir sind heil angekommen! **Gott kann eben auch ganz unglaubliche Wunder tun!**«

Mein Freund Armin Müller – Moritzburger Diakon wie ich – ist oft mit mir gefahren. Er saß – mit dem Feuerlöscher zwischen den Knien und einer Hand am Ersatztürschlossbindfaden – absprungbereit neben mir.

Kein Wunder. Er hatte es bei einer Spitzengeschwindigkeit von 45 Kilometer pro Stunde miterlebt, dass der Dampf und Qualm zischend unter der Kühlerhaube hervorschoss, und die Leute auf der Straße fluchtartig hinter Bäumen, Mauern und Schuppen Deckung suchten. Natürlich hat sich das nicht in den Neunzigerjahren zugetragen. Es war noch vor der Zeit des TÜV. Wartburg und Trabi standen nur auf dem Papier jahrzehntelanger Vormerklisten.

Aber ich bin ja mit der Geburtstagsfeier noch gar nicht zu Ende gekommen.

Du möchtest gern wissen, welche Episoden erlogen sind. Vielleicht die mit dem Rollmops und dem Bienenhonig?

Ich verrate es dir nicht, auch wenn du mich noch so flehentlich ansiehst.

Das Geburtstagslied unserer Kinder hatte folgenden Refrain:

›O MANN. – O MANN –
UND DAS HAST DU ERLEBT!
SO EIN LEBEN, REICH WIE DEINS,
JA, DAS WÜNSCHT SICH UNSEREINS.
BLEIBEN SOLL ES SO AUCH IN DER RENTE.‹

Das ›REICHE LEBEN‹ hängt nicht vom Geldbeutel ab. Der blieb in den ersten 38 Dienstjahren sehr mager.

Meine Frau übte in unserer Ehe vom ersten Tag an das Amt des Finanzministers aus. Sie hat ihre Sache hervorragend gemacht. Bei 310,00 Mark für zunächst drei Personen zählte jeder Pfennig.

Davon auch noch den ›ZEHNTEN‹ für Gott zu zahlen war eine echte Glaubensentscheidung.

Wir haben sie nie bereut, denn Gott hielt Wort. ER öffnete uns SEINE himmlischen Schleusen und überschüttete uns mit SEINEM Segen – (Maleachi 3,10).

Auch die folgenden Gehaltsaufbesserungen hielten sich bis 1990 in engen Grenzen.

Aber Mangel litten wir nie, auch wenn sich unsere Kinder noch als Vierzehnjährige mit einem täglichen Taschengeld von zehn Pfennigen begnügen mussten. Sie gaben sich damit zufrieden.

Wir waren trotz knapper Kasse **reich** und trotz Stacheldraht und Mauer **frei**.

Gott macht's möglich!

Wie alles anfing

In einer Zeitung fanden die Leser vor Jahren einen Artikel mit der Überschrift: ›**Muss ein Pfarrer seiltanzen können?**‹

Gemeint war ich. Unsere Artistengemeinde bestand (und sie besteht noch heute – auch ohne mich!) zu 90 Prozent aus sehr sportlichen Frauen und Männern, die mutig und anmutig auf Pferderücken, an Trapezen oder auf Trampolinen ihr Können zeigen.

Ich, als ihr Pastor, hatte es in zwölfjähriger Schulzeit ein einziges Mal auf die Sportzensur 4 gebracht. Die übrigen Zeugnisse beurteilen meine sportlichen Leistungen um ein Grad schlechter. Wenn du gesehen hattest, wie hilflos ich an der Kletterstange hing! Den Bock habe ich nie übersprungen. Ich saß immer oben und war glücklich, dass ich **wenigstens das** geschafft hatte. Da fragt man sich natürlich, wie ich auf den Gedanken gekommen bin, Zirkuspfarrer zu werden.

Ich bin niemals auf den Gedanken gekommen. Mein Wunsch war es, Kinder im christlichen Glauben zu unterrichten. Aus diesem Grund hatte ich mich zur Ausbildung im Moritzburger Diakonenhaus entschlossen. Dann kam es anders.

Gott führt uns oft Wege, die wir uns selber nie suchen würden. ER weiß besser, was für uns gut und richtig ist.

Aber ehe wir das erkennen, können Jahre vergehen (unter Umständen ein ganzes Leben).

Ich wurde während meiner Ausbildung 1951 nach Dresden ins Praktikum geschickt, als Hilfsdiakon. Ich machte meine ersten Stadterfahrungen.

Eines Tages klebten Zirkusplakate an den Litfasssäulen: ›ZIRKUS AEROS gastiert 4 Wochen in DRESDEN‹. Noch nie war es mir vergönnt gewesen, in einem Zirkuszelt zu sitzen. Meine Neugier wuchs. Ich kaufte mir eine Eintrittskarte und ging hin.

Es war Nachkriegszeit, das sah man dem Zirkus auch an. Die Leinwand ließ durch unzählige kleine und größere Löcher sowohl die Sonne als auch den Regen ins Zelt.

Die Wohnwagen waren Schrott. Der Marstall zählte zwölf schlecht genährte Hengste. Die Raubtierschau zeigte vier müde Löwen. Das Programm wurde in der Hauptsache von Artisten bestritten, und die zeigten auch damals schon Spitzenleistungen.

So richtig wohl fühlte ich mich nicht bei dem Gedanken, in einer Zirkusvorstellung zu sitzen.

Meine geistliche Heimat hatte ich in den Jahren vor meinem Eintritt ins Diakonenhaus im Jugendkreis für ›ENTSCHIEDENES CHRISTENTUM‹ gehabt. Tanzsäle, Kinos und alle Arten ähnlicher Vergnügungsstätten zählten zu den Sündentempeln, die ein guter Christ meidet. Ganz gewiss gehörte auch der Zirkus dazu.

Ich wollte gern ein guter Christ sein, aber die Neugier überstimmte mein Gewissen, und wenn ich dir dieses Erlebnis zu Ende erzählt habe, weißt du auch, dass es **nicht nur** meine Neugier war, die mich in den Zirkus trieb.

Eine halbe Stunde vor Programmbeginn saß ich schon auf meinem Platz, dem billigsten, der zu haben war. Mit

Spannung beobachtete ich alles, was um mich herum vor sich ging. Die Manege war mit Sägespänen ausgestreut, glatt gerecht. Junge Männer in Livrees räumten Requisiten herein. Junge Damen platzierten das hereinströmende Publikum.

›Gott sieht dich hier!‹, stichelte mein Gewissen.

Ich konterte: ›Was ist denn daran so verwerflich, in einem Zirkus zu sitzen?‹

Das Orchester spielte einen Tusch, und da wusste meine Seele augenblicklich, warum es verwerflich war, hier zu sitzen. Es erschienen keine Pferde oder Akrobaten, sondern acht fast nicht bekleidete Mädchen tanzten herein.

Noch schlimmer wurde es für mein Gewissen, weil ich, statt meine Augen zu schließen, gern hinsah. Aber da waren die ›Verführerinnen‹ schon wieder verschwunden. Nur eine lief mit einer großen Zwei in den Händen über die Manegenkästen und kündigte damit die nächste Darbietung an.

Diesmal kamen wirklich Pferde, und die bedeuteten mir keine Anfechtung.

Das ging so – mit einer Pause – über zwei Stunden. Zum Finale zeigten sich alle am Programm beteiligten Artisten noch einmal dem Publikum. Der Applaus gab ihnen die Gewissheit, dass sie ihre Sache gut gemacht hatten.

Ich verließ das Zelt mit sehr gemischten Gefühlen. Einerseits wollte ich schnell fort von dem Ort der Sünde, der mich so tief beeindruckt hatte; andererseits hielt mich etwas – oder EINER? – zurück.

Lange stand ich unschlüssig vor dem Zirkus. Im Zelt brannte nur noch ein schwaches Licht. Zwischen den Wohnwagen wurde es ruhig. Zirkusfeierabend. Ich aber stand noch immer wie angewurzelt.

Im Zelt hörte ich leise Stimmen. Meine Herztöne empfand ich dagegen wie Paukenschläge, so erregt war ich. Es trieb mich, etwas zu tun, was ich gar nicht wollte.

Von diesem Augenblick an erlebte ich mich wie mein eigener Zuschauer. Ich ging ins Zelt zurück. Eine Frau und ein Mann standen in der Manege. Ich erkannte in ihnen die Luftakrobaten aus dem Programm. Über ihre Kostüme hatten sie Bademäntel gezogen. Sie bastelten an ihrem Trapez.

»Suchen Sie etwas?«

Eine Stimme in mir gab die Antwort: »Ja, ich suche Christen.«

Stattdessen hörte ich mich sagen: »Haben Sie denn gar keine Angst, wenn Sie so hoch in der Luft Kunststücke ausführen?« Ich ärgerte mich über mich selbst. Feigling!

»O doch. Wir haben vor jeder Vorstellung Angst. Aber wenn wir am Trapez hängen, und unsere Arbeit beginnt, dann haben wir keine Zeit mehr zur Angst. Dann zählt nur Konzentration. Schließlich hängen Gesundheit und Leben davon ab.«

Die Frau sah mich von der Seite an. »Sind Sie wirklich deshalb noch einmal ins Zelt zurückgekommen, um uns das zu fragen?«

Wie peinlich. Sie hat mich durchschaut.

Der Mann griff nach dem Revers meiner Jacke. »Du trägst das Zeichen der jungen Christen – (das Kreuz auf der Weltkugel). Bist du Pfarrer?«

»Nein. Ich werde Diakon.«

»Ist das so etwas Ähnliches wie ein Pfarrer?«

»Ja, so ähnlich.«

»Das ist wunderbar. Dich schickt uns der liebe Gott. Komm mit.«

Er nahm mich bei der Hand und führte mich aus dem Zelt, vorbei an Zugmaschinen, über Stromkabel und Wasserschläuche, bis er vor einem Wohnwagen stehen blieb und anklopfte. Ein älterer Herr öffnete.

»Da, sieh ihn dir an. Ein Pfarrer ist uns zugelaufen. Habe ich euch nicht gleich gesagt: Wenn der Bischof keinen für uns findet, dann schickt ihn uns der liebe Gott persönlich.«

»Komm rein und setz' dich.«

Zum ersten Mal in meinem Leben betrat ich einen Wohnwagen. Wohin ich mich aber setzen sollte, wusste ich nicht. Es gab einen einzigen Stuhl; auf dem saß er. Schrank, Ofen und Tisch waren auch nicht zum Sitzen geeignet. Also stand ich hilflos in der Gegend herum.

»Na, setz dich endlich hin – aufs Bett –, da hast du Platz genug.«

Träumte ich, oder war es echt?

»So, du bist Pfarrer?«

»Nein. Ich werde Diakon.«

»In euren Titeln kenne ich mich nicht aus. Weißt du in der Bibel Bescheid? Kannst du sie uns erzählen und erklären?«

»Ja.«

»Na, dann bist du also doch ein Pfarrer, auch wenn du dich anders nennst. Wir Zirkusleute wollen einen eigenen Pfarrer haben, einen, der mit uns reist und für uns Zeit hat. Bis jetzt sind wir **eine Gemeinde ohne Heimat und Hirten**. Verstehst du das?«

»Nicht ganz. Ohne Heimat sind Sie, weil Sie keinen festen Wohnsitz haben und immer unterwegs sind. Das leuchtet mir ein. Was Sie aber mit dem Hirten meinen, das verstehe ich nicht.«

»So, das verstehst du nicht! Vielleicht weißt du aber, was PASTOR auf Deutsch heißt?«

»Das heißt ›HIRTE‹.«

»Ach, sieh einmal an, du weißt es ja doch. Also, uns fehlt ein Hirte – und **warum** fehlt er uns? Weil keiner von euch bei uns Pastor sein will. Auch ihr Frommen seht in uns Zirkusleuten Menschen zweiter Klasse, zwar gut genug für ein paar vergnügliche, unterhaltsame Stunden, aber nicht gut genug, um auch mal **für sie** da zu sein oder gar mit ihnen zu leben.

Wir haben in Dresden den Bischof gefragt; aber der hat auch keinen Pfarrer für uns gefunden. Nun haben wir gebetet und darauf gewartet, dass der liebe Gott selbst einen für uns findet.«

»Sie meinen, ich soll als Zirkuspfarrer mitreisen?«

»Genau das meine ich.«

»Aber das ist ganz unmöglich. Erstens habe ich meine Ausbildung noch gar nicht abgeschlossen. Zweitens werde ich kein Pfarrer. Drittens eigne ich mich für den Zirkus überhaupt nicht.«

»Und ich sage dir erstens: Was du bis jetzt studiert hast, reicht uns. Zweitens ist es uns Wurscht, wie du dich nennst. Und drittens werden wir schon dafür sorgen, dass du dich für uns eignest.«

Ich war sprachlos. Er nicht.

Er fragte mich noch ein wenig aus – dann meinte er: »Morgen früh kommst du her und fängst bei uns an. Der Vertrag gilt. Gute Nacht.«

Für mich gab es aber keine gute Nacht.

Ich habe nicht darüber gejubelt, dass unter den Zirkusleuten der Wunsch nach dem Wort Gottes so groß ist. Ich habe mich vor ihnen gefürchtet. Ich ahnte, dass etwas auf mich zukommt, dem ich in keiner Weise gewachsen bin. Sie würden mir keine Ruhe lassen. Alle meine gerechten Argumente zählten bei ihnen nichts.

Später erfuhr ich, dass es vor dem Zweiten Weltkrieg einen Dresdner Pfarrer gab, der mit dem Zirkusdirektor ›SARRASANI‹ die Schulbank gedrückt hatte. Die Freundschaft blieb erhalten, und da der Pfarrer keine eigene Familie hatte, verlebte er seine Ferien regelmäßig bei dem Zirkusfreund.

Er genoss dabei nicht nur den Zirkusalltag, sondern hielt im Zelt für das Zirkuspersonal, für die Artisten und Dresseure auch Gottesdienste, taufte Kinder und traute junge Paare.

Der Pfarrer wurde Soldat und kehrte nicht aus dem Krieg zurück. ›Gefallen für Führer, Volk und Vaterland!‹

Nach dem Krieg erinnerten sich Artisten an ihn und bedauerten, dass niemand von der Kirche zu ihnen kommt und mit ihnen Gottesdienst feiert.

So entstand der Wunsch nach dem **eigenen** Pfarrer, der ständig mitreist.

Nach einer schlaflosen Nacht ging ich am nächsten Morgen zu meinem Praktikumspfarrer und erzählte ihm alles.

Er lächelte und meinte: »Das ist eine klare Berufung. Trotzdem wird es nicht so gehen, wie sich das die guten Leute vorstellen. Ihre Ausbildung müssen Sie schon fertig machen und das Praktikum auch.

Trotzdem können wir dem Wunsch der Zirkusleute ein Stück entgegenkommen. Ich befreie Sie in den nächsten vier Wochen von der Gemeindearbeit, damit Sie Zeit für den Zirkus haben. Es ist jetzt zehn Uhr. Gehen Sie hin. Gott geht mit Ihnen.«

Auch das noch. Ich hatte gehofft, mein Pfarrer würde mich aus der misslichen Lage befreien. Das Gegenteil war eingetreten.

An **dem** Tag ging ich nicht zum Zirkus. Ich blieb in meiner Stube, lief ratlos um den Tisch herum, haderte mit Gott und aller Welt und kam zu keinem Entschluss. Vielleicht war es doch die Strafe Gottes für meinen Zirkusbesuch? Ich hatte dem Teufel meinen kleinen Finger hingehalten; nun nahm er meine ganze Hand? Woher sollte ich es wissen?

Am nächsten Tag fuhr ich nach zehn Uhr mit der Straßenbahn in die Stadt zum Zirkus. Ich lief mehrfach um den aufgestellten Zirkuszaun und beobachtete, was sich auf dem Gelände abspielte.

Im Zelt schien ein Dresseur seine Pferdenummer zu probieren. Ich hörte seine Rufe und das Peitschenknallen. Zwischen den Wohnwagen hantierten Frauen und Männer. Ein Musiker saß auf der Wagentreppe und übte Saxophon. Drei Mädchen beugten sich über eine große Schüssel und schälten Kartoffeln. Pferde wurden aus dem Stall geführt. Im Ganzen ging es ziemlich ruhig zu.

Ist das nun die Hölle, oder ist sie es nicht? Fragen diese Menschen wirklich nach Gott, oder trügt der Schein?

»Fischer!!!« Der meinen Namen so laut über den Platz schrie, war der Mann aus der Nacht. Er hatte mich entdeckt.

»Warum kommst du erst heute und warum heute so spät? Schläfst du früh so lange? **Gestern** solltest du bei uns anfangen. Gewöhne dir so etwas gar nicht erst an. Beim Zirkus herrscht Ordnung und die gilt auch für dich.«

Ich wollte ihm erklären, dass ich nur hier in Dresden zur Verfügung stehe, und dass ich, wenn ich in einem Jahr meine Ausbildung beendet habe, nicht Zirkuspfarrer zu werden gedenke. Er ließ mich aber gar nicht zu Wort kommen.

»Ich mache dich jetzt mit den Leuten hier bekannt; danach kannst du dich auf unserem Gelände frei bewegen und dir selbst einen Plan zurechtbasteln für deinen Dienst. Morgen nach der Abendvorstellung wirst du für unsere Jugend im Klubwagen eine Bibelstunde halten. Die Einladung dafür übernehme ich diesmal noch selbst, da du nicht wissen kannst, wer alles dazugehört. Vor 23.00 Uhr lohnt es sich nicht anzufangen. Die Leute müssen sich erst noch ein bisschen waschen und umziehen. Wie lange du sie dann bei dir festhältst, ist deine Sache. Es kann nicht lange genug dauern, denn wenn sie herumsaufen, gehen sie auch nicht vor dem Hellwerden ins Bett.«

Nach dieser klaren ›Regieanweisung‹ schob er mich von Wohnwagen zu Wohnwagen, stellte mich vor und überließ mich am Ende meinem Schicksal.

Ich verkroch mich hinter dem Stallzelt, zu keinem Gedanken fähig, was nun werden sollte.

Da hörte ich wieder seine Stimme. Er sprach mit den Tierpflegern. »Der Pastor wird morgen Nacht für euch im Klubwagen eine Bibelstunde halten. Ich kontrolliere, ob ihr auch vollzählig da seid. Gnade euch, wenn einer fehlt. Ich breche ihm eigenhändig sämtliche Knochen, die er im Leibe hat. Wir haben uns verstanden!!!«

So also klang Mission im Zirkus!

Hier war ich wirklich fehl am Platze.

Ich betete: »Lieber Gott. Vergib mir meine Sünde, hierhergegangen zu sein. Verhindere den morgigen Abend. Ich weiß überhaupt nicht, wie und was ich mit den jungen Leuten reden soll. Hilf mir, bitte, bitte!«

Gott hatte ein Einsehen mit meiner Hilflosigkeit.

Am nächsten Tag lud der Oberbürgermeister von Dresden die ganze Belegschaft nach der Abendvorstellung zur Maifeier ins Rathaus ein.

Ich sprach ein Dankgebet!

Keine Zeit für Tränen

Es blieb so stürmisch.

Die nächsten Tage bescherten mir so viele Eindrücke, dass ich sie nur schwer verarbeiten konnte.

Es war vormittags gegen zehn Uhr. Aus dem Zelt hörte ich die scharfe Kommandostimme einer Frau, dazu Peitschenknallen und schwere Hufschläge gegen die Manegenkästen. Ich war neugierig, zu sehen, wer da probte, und lief ins Zelt. Die Leere wirkte auf mich bedrückend. Ich setzte mich ganz nach hinten, ins Dunkel, und beobachtete von da aus das Geschehen in der Manege. Die Kunstreitertruppe – fünf Mädchen und ihre Chefin – probierte. Ein ›schweres‹ braunes Pferd galoppierte im Zirkusrund, von der Frau mit der Peitsche und durch Zurufe im richtigen Tempo gehalten.

Die Mädchen trugen schwarze Gymnastikanzüge.

»ALLEZ HOPP!«

Eins der Mädchen rannte los und stand im nächsten Augenblick auf dem Pferd. Da ertönte schon das nächste Kommando:

»ALLEZ HOPP!«

Das zweite Mädchen sprang, im ersten Satz auf den Pferderücken, hinter ihre Partnerin; im zweiten Satz auf deren Schultern, zunächst noch ein wenig in der Hocke sich ausbalancierend, dann gerade stehend mit ausgebreiteten Armen. Es trug einen Gürtel, in den eine Longe (Hilfsleine) eingehängt war, die am anderen Ende von einem jungen Mann locker gehalten wurde.

»ALLEZ HOPP!«

Eine Runde – zwei Runden – drei Runden. Die Chefin korrigierte die Mädchen durch ihre Zurufe. Die Longe hing locker. Aber im Notfall hätte sie die Artistin vor einem Sturz bewahrt.

Eins der noch in der Manege verbliebenen Mädchen warf drei Keulen nach oben, mit denen die Kunstreiterinnen abwechselnd jonglierten, zuerst die oben Stehende, dann ihre Partnerin unten, die die Keulen noch mehrmals nach oben abgab.

Schließlich warf sie sie so geschickt in die Manege, dass sie in das dafür vorgesehene Netz fielen. Dann rutschte das Mädchen von oben über die Rückenpartie ihrer Partnerin aufs Pferd und sprang von da mit einem Salto zu Boden.

Die Partnerin folgte ihr Sekunden später.

Die Chefin wertete das eben Geprobte mit ihren Schülerinnen noch aus, dann ging es weiter.

Wieder sprang eins der Mädchen aufs galoppierende Pferd, stand, saß, stand, saß, stand, saß und das alles federleicht in einem Tempo, dass ich den Eindruck hatte, ihr Hintern berge eine Sprungfeder in den Muskeln.

Wieder stand sie, breitete ihre Arme aus, blieb zwei Runden in dieser Stellung und mit einem lauten »Hepp!« ritt sie plötzlich auf ihren **Händen** stehend. Zurück auf die Füße – zurück auf die Hände – zurück auf die Füße – zurück auf die Hände – zweimal, dreimal, viermal. »Hepp!« und »Hepp!« und »Hepp!« – und schließlich mit einem Salto vom Pferd in die Manege.

Ein Aufschrei! Sie war gestürzt, lag da und wand sich vor Schmerzen, schrie und weinte.

Die Chefin war sofort zur Stelle, griff nach dem Fuß, schien ihn zu untersuchen, knetete und massierte ihn.

»Er ist nicht gebrochen. Los, steh auf und lauf!« Sie packte das schreiende Mädchen am Arm, zog es hoch und rannte mit ihm zwei Runden.

»Auftreten sollst du, hast du gehört? Auftreten, habe ich gesagt, fest auftreten.« Sie hielt das Mädchen mit eisernem Griff. Dann durfte es sich auf den Manegenrand setzen. Es heulte. Ich fand das Benehmen der Truppenchefin empörend. Woher sie so schnell eine Binde hatte, weiß ich nicht. Wahrscheinlich trug sie eine solche vorsorglich immer bei sich. Sie wickelte das Fußgelenk fest ein, packte das Mädchen erneut am Arm und zwang es zu drei weiteren Runden im Schnelllauf um die Manege.

»Bringt sie jetzt in ihr Abteil. Bis 15.00 Uhr macht ihr kalte Umschläge. Und dann will ich dich in der Nachmittagsvorstellung lächelnd deine Arbeit machen sehen! Hast du mich verstanden?«

Die Geschundene antwortete nicht, konnte vor Tränen gar nicht sprechen, nickte aber mit dem Kopf.

Zur Mittagszeit besuchte ich die Verunglückte. Sie kühlte den misshandelten Fuß.

»Ihre Chefin hätte besser Trainer für römische Gladiatoren werden sollen. Sie kann von Glück reden, dass ich hier am Geschäft ein Neuling bin. Sonst hätte ich ihr meine Meinung gesagt. Wie kann sie so grob zu Ihnen sein. Hat denn die Frau gar kein Herz?«

»Sie hätten mich wohl bedauernd auf Ihre Arme genommen und ins Bett getragen, stimmt's?«

»Das wäre Ihnen schlecht bekommen, denn solche Transporte schaffe ich bestenfalls im Huckepack. Aber ich hätte auf jeden Fall dafür gesorgt, dass ein anderer Sie aus der Manege trägt.«

»Sie irren. Unsere Chefin ist die Beste, die wir uns für unsere Arbeit wünschen können. Was auf Sie einen so brutalen Eindruck macht, ist in Wirklichkeit das beste Mittel zur schnellen Heilung. Wenn ich eine gute Artistin werden will – und das möchte ich sehr gern –, dann geht der Weg dazu über steinhartes Pflaster. Sie können sicher sein, dass ich heute Nachmittag im Programm **voll** dabei bin – und ich werde **lächeln**!«

»Das ist ganz unmöglich. Ihr Fuß braucht Ruhe und keine tollkühnen Sprünge. Je mehr Ruhe Sie Ihrem Fuß **jetzt** gönnen, umso schneller werden Sie wieder richtig auftreten können.«

»Das mag im Allgemeinen stimmen, gilt aber nicht für uns Artisten. Ich werde **trotz** der Schmerzen springen und meine Tränen in Lachen verwandeln.«

Sie hat es wahr gemacht. Zwei ihrer Partnerinnen brachten sie am Nachmittag bis zum Hintereingang des Zeltes. Sie hüpfte auf einem Bein. Das war für mich der schlagende Beweis, dass es **nicht** zu machen ist.

Der Vorhang öffnete sich und die Mädchen rannten flick-flack-springend ins Zelt – alle fünf! Von der anderen Seite kam das Pferd und da ging es auch schon los, eine tempo- und trickgeladene Reiterei, waghalsige Sprünge, akrobatische Pyramiden auf dem Pferderücken, voller Eleganz und Charme.

Erst nach Jahren, als ich inzwischen viele Darbietungen gesehen hatte, konnte ich die großartige Leistung dieser Truppe richtig einschätzen.

Meine Augen hingen an **dem** Nachmittag nur an dem **einen** Mädchen. Der Schmerz schien wie weggeblasen zu sein. Ich merkte ihm nichts an. Es lächelte, sprang, ritt, jonglierte, feuerte das Pferd zu schnellem Galopp an – und einmal beobachtete ich, wie die Truppenchefin ihm augenzwinkernd zu sagen schien: »Ich bin mit dir zufrieden.«

Bei einem Absprung vom Pferd hielt der Fuß aber doch nicht durch. Die Artistin stürzte hin, war aber sofort wieder auf ihren Beinen. Das Publikum bemerkte es kaum. Stolpern kann jeder einmal. Ich aber sah es ihrem Gesicht an, wie sie buchstäblich die Zähne zusammenbiss – lächelnd!

Das Publikum applaudierte lang anhaltend. Immer wieder mussten sich die Mädchen dankbar knicksend verbeugen. Endlich durften sie nach draußen.

Ich verließ meinen Platz und eilte ihnen nach. Ich wollte wissen, wie es der tapferen Artistin **jetzt** geht.

Sie lag im Hintereingang am Boden, wand sich vor Schmerzen, stöhnte und weinte.

Als sie mich bemerkte, sah sie zu mir hoch.

»Ich bin ganz glücklich! Ich habe es geschafft, geschafft, geschafft!«

Ich gab ihr mein sauberes Taschentuch für ihre Tränen. Mehr konnte ich für sie nicht tun.

Ich fühlte mich erbärmlich. Es sind **besondere** Menschen, die vom Zirkus. Ich passe hier nicht her.

Begreifst du meine Gedanken?

Gott wollte aber **doch**, dass ich bleibe. ER fügte nahtlos ein zweites Erlebnis an, das mir für meinen Dienst unter Artisten wertvoll wurde.

Der Krankenwagen fuhr auf den Zirkusplatz.

»Jetzt holen sie die kleine Maria, die Tochter vom Clown.«

Maria lag seit Tagen mit Fieber im Bett. Nun hatte sie der Arzt ins Krankenhaus überwiesen. Die Mutter fuhr mit.

Ich ging zu dem Vater in den Wagen. Der schminkte sich für die Vorstellung.

»Ich habe Angst um unser Kind. Die Ärzte haben die Ursache für das hohe Fieber **noch** nicht gefunden.«

»Ihnen ist heute nicht zum Lachen zumute.«

»O nein. Gar nicht. Aber was soll ich machen. Clownsein ist mein Beruf. Das Publikum hat ein Recht auf meine gute Arbeit. Also treibe ich mein Allotria wie immer, als wäre ich gut aufgelegt. Keiner darf es merken, dass mein Herz zittert.«

Niemand merkte es.

Nach der Vorstellung telefonierte er vom Büro aus mit dem Krankenhaus.

»Wir können Ihnen noch nichts sagen. Ihre Frau bleibt über Nacht hier. Rufen Sie morgen früh wieder an.«

Am nächsten Morgen eine noch schlimmere Auskunft. »Das Fieber ist trotz der Medikamente gestiegen. Maria liegt ohne Bewusstsein.«

Der Vater fährt ins Krankenhaus und bleibt mit seiner Frau bis kurz vor Beginn der Nachmittagsvorstellung am Bett seines Kindes. Dann muss er los. Er schminkt sich, tritt vor das Publikum und bringt es zum Lachen. Dass ihm seine Tränen die Schminke im Gesicht verschmieren, liefert dem ahnungslosen Publikum einen zusätzlichen Lachreiz.

Fünfmal muss er in jeder Vorstellung in die Manege. Wie hält das seine Seele aus?

Wieder fährt er zwischen den beiden Vorstellungen ins Krankenhaus. Keine Besserung ist eingetreten.

Zurück zum Zirkus. Die nächste Vorstellung ist ausverkauft. Ein erwartungsvolles Publikum sitzt auf den Bänken.

»Können Sie noch?«

»Ich muss!«

Er lacht und weint, und das Publikum findet ihn großartig. In der Pause höre ich, wie ein Besucher zu seiner Frau sagt: »Noch nie habe ich einen so tollen Clown erlebt wie diesen. Er lacht über seinen eigenen Blödsinn Tränen, so dass mir selbst die Tränen kamen.«

Ich fand den Clown auf seiner Wohnwagentreppe sitzend, seinen Kopf zwischen den Knien. Als er sein Federhütchen abnahm, sah ich, dass sich seine Haare weiß gefärbt hatten.

In der Nacht trat bei dem Kind Maria Besserung ein.

»Sie ist über den Berg«, sagten die Ärzte.

»Gott sei Dank«, betete ich, und der Clown betete mit.

Zwei Jahre später erlebte ich denselben Clown in einer längst nicht so dramatischen, für ihn aber dennoch sehr unangenehmen Situation. Ihn plagten Zahnschmerzen und das an einem Sonnabend. Kein Zahnarzt war aufzutreiben. Die Wange schwoll sichtbar an.

Er hätte weinen mögen, aber er musste lachen. Und weil alle Artisten von seinen Zahnschmerzen wussten, setzten sie sich ins Publikum und amüsierten sich auf seine Kosten.

›Wer den Schaden hat, braucht für den Spott nicht zu sorgen.‹ Du kennst das ja.

Die zwei Gerhardis

Das war der Anfang.

Nach meiner Sportzensur hat mich dabei keiner gefragt. Ich bin – im Unterschied zu meinem Nachfolger – auch nie auf das Hochseil geklettert. Für sportliche Leistungen war ich so untauglich wie für einen schwindelfreien Aufenthalt auf einer Aussichtsplattform.

Ein einziges Mal habe ich Pferde aus dem Transporter entladen, weil die Zeit bis zur Vorstellung für die Akteure knapp geworden war. Die Tiere wussten aber den Weg ins Stallzelt und an ihren Platz selbst und schleiften mich in ihrer Mitte an Ort und Stelle. Um von ihnen wieder wegzukommen, hätte ich unter einem Pferd durchkriechen müssen. Genau das traute ich mich aber nicht. So wartete ich zwischen den Pferden, bis einer mein Fehlen bemerkte.

»He, Pastor, wo bist du denn abgeblieben?«

»Ich stecke zwischen den Pferden.«

Ein allgemeines ›Hallo!‹ war die Antwort. »Du taugst nicht für die Stallarbeit.«

Das stimmte auffallend. Aber zum Zirkusauf- und -abbau, zur Lautsprecherreklame, zum Besorgen von Druckgenehmigungen für Handzettel und Plakate und für andere Behördengänge taugte ich schon.

Als in einem Programm ganz unvorhergesehen zwei

Darbietungen ausfielen, überbrückten meine Frau und ich sechs Wochen lang diese freien zwanzig Minuten.

Wir hatten fleißig probiert, mit drei Bällen oder Keulen zu jonglieren. Daraus baute ich von heute auf morgen eine ›NUMMER‹ zusammen, die freilich keine Leistung zeigen konnte, dafür aber durch Originalität auffallen musste. Ich packte meine Requisiten in einen roten Koffer, zog eine schwarze Hose und ein blaues Hemd an, wurde von der Zirkuskapelle mit einem Tusch in der Manege begrüßt und los ging's.

»Hallo, ihr Leute. Jetzt erlebt ihr, was vor euch noch niemand erlebt hat, denn die Nummer, die ich euch zeige, die gibt es gar nicht – noch nicht! Sie wird aber heute Abend vor euren Augen geboren. Die Geburtswehen könnt ihr an meinem Zittern ablesen.

Das Plakat für die Reklame habe ich schon entworfen.

Auch der Künstlername steht fest. Ich heiße ›GERHARD‹. Das klingt nicht künstlerisch attraktiv. Diesem Namen fehlt der weibliche Charme. Außerdem wirkt ein Mann ohne Frau in der Manege wie ein Nashorn ohne Horn. Darum muss eine Frau dabei sein, und sie muss schön sein, damit sie die Blicke des Publikums einfängt, und der Mann inzwischen unbeobachtet arbeiten kann. Darum wird unser Künstlername heißen: ›DIE ZWEI GERHARDIS‹.

Hier ist das Plakat. Ich brauche zwei junge Männer aus dem Publikum, die es aufrollen und für alle sichtbar hochhalten. Ja, ihr beiden, kommt her. Ihr seid dafür wie geschaffen. Ihr vertretet jetzt die Litfasssäule. Rollt bitte das Plakat auf und haltet es hoch – so hoch ihr könnt.«

Es war aber so lang, dass ihre Arme nicht ausreichten, auch nicht, wenn sie sich auf ihre Zehenspitzen stellten.

»Höher, höher. Ihr unterschlagt uns ja die hübschen Beine der Partnerin. Klettert auf den Manegenkasten, dann seid ihr ein ganzes Stück gewachsen. Ja, so ist es gut. Ihr habt euch einen Beifall verdient. Länger als eine halbe Stunde braucht ihr hier nicht stille zu stehen.«

Inzwischen ist das Publikum warm geworden und reagiert fröhlich auf jeden harmlosen Quatsch.

»Da seht ihr auf dem Plakat, welche artistische Sensation euch erwartet. Ich jongliere! Zählt die Bälle laut mit: eins, zwei, drei, vier, fünf, sechs. Dazu die Ringe: eins, zwei, drei, vier, fünf, sechs, sieben, acht! Und nun die Keulen: eins, zwei, drei, vier, fünf, sechs, sieben, acht, neun, zehn! Das ist Weltspitze!

Na ja, ein bisschen Übertreibung gehört dazu. Mir hat ein Plakat für Haarwuchsmittel auch volles, lockiges Haar versprochen. Und was ist gewachsen? Ein paar Haare in der Nase und aus den Ohren, weiter nichts.

Aber was auf jeden Fall stimmen muss, ist die Partnerin. Ihr sollt sie heute Abend im Original sehen. Ein Mädchen aus eurer Stadt, das meinem Plakatmuster entspricht, wird dazu gekürt. Die Suche beginnt!«

Ich gehe durch die Reihen. Das Publikum verfolgt mich vergnügt und erwartungsvoll mit seinen Augen.

»Sie, ja Sie in dem roten Rock und der weißen Bluse, würden Sie die Güte haben, mit mir zu kommen?«

Diese Frage war überflüssig, weil ich das von mir erwählte Wesen einfach bei der Hand nahm und hinter mir herzog. Aber gerade das erhöhte ja für das Publikum den Spaß.

»Also, wenn ich Sie mit dem Plakat vergleiche, möchte ich wetten, dass Sie hierfür bereits Modell gestanden haben. An Ihnen ist alles dran, was das Plakat zeigt: der

Kopf, die Augen, die Nase und die Ohren, der Hals, das Mittelstück und ganz unten die Beine. Aus deiner Mähne – Verzeihung – aus **Ihrer** Mähne wird für mich noch eine Perücke.

Und Ihre Taille kriegen wir schon noch auf das vorgeschriebene Millimetermaß. Frühstück und Abendbrot entfallen für Sie. Zum Ausgleich zahle ich dir – Verzeihung – zahle ich **Ihnen** etwas weniger Gage.

Verraten Sie mir, wie Sie heißen? – Susi? Bei diesem Namen schmelze ich dahin. Eine Susi gefiel mir schon, als ich 13 wurde. Nur, sie **mochte** mich nicht.

Susi – ehe ich mich laufend im Siezen verduze – darf ich Du zu Ihnen sagen? – Ja? Du bist bezaubernd, Susi. Ich heiße Gerhard und mit dir klingt mein Name weiblich charmant. Gemeinsam sind wir ab sofort die ›**ZWEI GERHARDIS**‹! Applaus!«

Da die meisten ›Susis‹ etwas unbeholfen in der Manege standen, zeigte ich ihnen, wie man sich mit einem Knicks bei dem Publikum für den Beifall bedankt, was bei meinem Talent natürlich auch nur lächerlich wirkte.

»Siehst du, Susi, so einfach wird man Künstler. Das hast du dir heute früh noch nicht träumen lassen, dass du am Abend ein Manegenstar bist. – Sag mal, Susi, was hast du eigentlich bis heute gearbeitet, bevor ich dich so berühmt werden ließ?«

Hier kamen sehr unterschiedliche Antworten: Friseurin, Verkäuferin in der Fleisch-HO, Schülerin, Sekretärin beim Bürgermeister.

»Diesen Job gibst du natürlich sofort auf, denn du kannst nicht gleichzeitig zwei Herren dienen. – Herr Bürgermeister, falls Sie im Publikum sitzen, Sie werden ab morgen Ihre Briefe sich selbst diktieren und Ihre Reden eigenhändig verfassen, denn Ihre Sekretärin ist ab sofort Künstlerin!

Susi, kannst du kochen? Ich esse gern, oft, reichlich und gut.«

Die Ausbeute war mager und strapazierte die Lachmuskeln des Publikums: »Ein Päckel Suppe hab ich schon mal gekocht.« – »Pellkartoffeln und Quark bringe ich ohne Kochbuch auf den Tisch.« – »Grießbrei und Pudding könnte ich versuchen.« – Bei der Antwort: »Ich habe noch nie gekocht«, stellte ich mich scheintot.

»Susi, wir stehen nicht zu unserem Vergnügen hier herum. Wir müssen arbeiten, hart arbeiten. ›ERST DIE ARBEIT, DANN DAS VERGNÜGEN.‹«

Ich kürze ab.

Meinem Koffer entnahm ich statt Bällen Eier, die ich zwar wie rohe Eier behandelte, die in Wirklichkeit aber Toneier waren. Susi musste sich nach **meinem** Schulmuster in Pose stellen; das vergnügte unser Publikum immer aufs Neue. Nach jeder Übung wiederholte ich: »Susi, halte durch. ›ERST DIE ARBEIT, DANN DAS VERGNÜGEN!‹«

Ich jonglierte mit Taschenuhren, die ich mir aus dem Publikum geben ließ. Damals trugen Männer noch solche Monster. Susi musste sie abholen und mir bringen. Ich vertauschte sie unauffällig mit meinen eigenen Uhren, die ich am Ende meiner Partnerin so ungeschickt zuwarf, dass sie sie gar nicht fangen konnte.

»Aber Susi, diese kostbaren Uhren. Na, mir kann es egal sein. **Du** hast sie bei den Herren abgeholt. Bringe sie jetzt auch wieder zurück.«

Ich erwies mich aber doch als Kavalier, zeigte meiner Partnerin die Güte meines Herzens und übernahm selbst diesen schwierigen Part. Die Eigentümer ahnten schon den Spaß und nahmen ihre unversehrt gebliebenen Uhren mit Gelassenheit entgegen.

»Susi, so gern es mir Leid tut, aber es gilt noch immer: ›ERST DIE ARBEIT, DANN DAS VERGNÜGEN!‹«

Schließlich ließ ich die Wippe hereintragen, auf der im ersten Programmteil zwei Ponys geschaukelt hatten. Aus meinem Koffer holte ich zwei Stöcke und zwei Teller – echtes ›SCHMEISSNER PORZELLAN‹, dem jeder ansehen konnte, dass es aus Plaste war. Die Teller drehte ich an und spießte sie auf die angespitzten Stöcke. Auf ihnen drehten sie sich problemlos endlos; doch das wusste Susi nicht. Ich drückte ihr die Stäbe in die Hand und erklärte ihr die Gefahr beim Jonglieren.

»Lass die Teller nicht fallen wie die Uhren. Sie sind für mich unersetzlich.«

Dann betrachtete ich Susi aus drei Meter Entfernung. »Susi, du siehst aus wie ein Seiffener Lichterengel. Du stellst dich jetzt mit den drehenden Tellern auf die eine Seite der Wippe und bleibst ganz ruhig stehen. Ich besteige die andere Seite, jongliere dabei die drei Ringe, und dann fliegst du hoch in die Luft. Achtung!«

Ich tat sehr gefährlich, wippte aber behutsam, sodass Susi nie die Belance verlor. Das Publikum klatschte begeistert den Takt zu unserer Wipperei. Schließlich warf ich die Ringe einfach in die Sägespäne der Manege, stieg von der Wippe herunter und guckte auf meine Taschenuhr.

»Susi, zwanzig Minuten sind um, mehr kriegen wir in diesem Laden nicht bezahlt. Wir haben genug gearbeitet, und wie ich es dir versprochen habe, kommt jetzt …«

Mir blieb das Wort im Halse stecken, denn statt des ›Vergnügens‹ tänzelte meine Frau herbei.

Einmal rief das Susi-Opfer entsetzt: »O Gott – auch das noch!«

Meine Frau schien aber das Mädchen überhaupt nicht zu bemerken, sie lief strahlend auf mich zu.

»Na, mein lieber Mann, habe ich mich nicht schick gemacht für unsere Nummer? Mit mir kannst du dich sehen lassen.«

Mir schien diese Situation äußerst peinlich zu sein.

An einem Abend musste ich mich dazu gar nicht verstellen, denn meine Frau hatte mich tatsächlich aus der Fassung gebracht. Sie trug den Mantel, den ich meiner Partnerin hatte abnehmen lassen, damit er sie bei der Arbeit nicht behinderte.

»Du verwöhnst mich, mein lieber Mann. Du schenkst mir einen so schönen neuen Mantel, ohne jeden Anlass. Das nenne ich Liebe! – Aber was will denn dieses Mädchen hier? Sag bloß, du hast dir eine Partnerin für die ›ZWEI GERHARDIS‹ gesucht. Das ist ja ein starkes Stück. Schließlich hast du ja **mich**!«

Sie nahm drei Bälle und jonglierte sie ebenso sicher wie ich, wurde dann aber versöhnlich: »Ich mache euch einen Vorschlag. Du arbeitest **mit mir** die ›ZWEI GERHARDIS‹, und **mit Ihnen** hatten wir heute Abend das Vergnügen.«

Wir nahmen die verschreckte Susi in unsere Mitte. Das Publikum lachte und applaudierte, und ich führte das Mädchen an seinen Platz zurück.

Es erhielt zum Dank fürs Mitmachen eine Zirkuspostkarte, auf der – mit einem Datum versehen – geschrieben stand: »ZUR ERINNERUNG AN DIE ZWEI GERHARDIS.«

***

Nein. Ich musste als Artistenpfarrer auf keinem Seil tanzen können. Ich musste auch kein Flick-Flack springen. Ich war da, um den Zirkusleuten das Wort Gottes zu sagen und zu erklären. Auf welche Schwierigkeiten ich dabei stoßen würde, ahnte ich zunächst nicht.

Am liebsten hätte ich zum Beispiel den Gottesdienst im Zirkuszelt im hellen Anzug gehalten, in der Meinung meiner Gemeinde damit einen Gefallen zu tun. Weit gefehlt! Es stimmte zwar die Richtung meiner Gedanken, aber nicht meine Ausführung.

Es war alles bestens vorbereitet: der Altar war aufgebaut, die Kerzen brannten, ein Posaunenchor ersetzte die Orgel, sogar die Glocken läuteten über ein Tonbandgerät. Ich trug eine dunkelblaue Hose und ein blütenweißes Hemd.

»Wir beginnen unseren Gottesdienst im Namen Gottes, des Vaters, des Sohnes und des Heiligen Geistes. Amen.«

Zwischenruf: »Wir beginnen überhaupt nicht. Willst du dich nicht erst einmal ordentlich anziehen?«

»Ich bin doch angezogen.«

»In diesen Hosen kannst du mit deiner Frau einen Stadtbummel machen. Aber hier stehst du in der Manege. Dafür lassen wir uns extra feine Kostüme schneidern.«

»Ich habe für diese Zwecke meinen Talar. Aber diese schwarze Kutte wollte ich euch nicht zumuten.«

»Dein Glück. Aber lass dir für die Zukunft gefälligst ein schönes Kostüm einfallen, mit dem du in der Manege auftreten kannst. So wollen wir dich hier jedenfalls nicht wieder sehen. Und nun mach weiter.«

Etwas schockiert begann ich noch einmal: »Im Namen

Gottes, des Vaters und des Sohnes und des Heiligen Geistes.«

Wie ich ein »richtiger« Pfarrer wurde

Etwa zur gleichen Zeit passierte Folgendes:

Ich hatte in Bautzen einen Zirkusgottesdienst zu halten, in dem eine Zigeunerin und acht Kinder aus drei verschiedenen Familien getauft werden sollten.

Der Zirkus wurde in der Nähe einer kleinen Kirche aufgebaut. Um die Kinder mit dem Raum ein wenig vertraut zu machen, ging ich mit ihnen und den Müttern am Tag vorher einmal hin. Der Superintendent schloss uns die Kirche auf, ließ uns ein und erklärte uns einiges.

Ich hatte meinen Talar mitgebracht, und zog ihn schon mal über, damit sich die Kinder auch an **diesen** Anblick gewöhnen.

Doch kaum sahen sie mich, brüllten sie los und rannten davon. »Der Schwarze Mann! Der Schwarze Mann!«

Vergebens versuchten die Mütter, die kleinen Kinder zu beruhigen und wieder in meine Nähe zu locken.

Der Superintendent lachte und wusste Rat. Er holte aus der Sakristei seine eigene ›ALBA‹ (lat. ›die Weiße‹) und zog sie mir über meinen schwarzen Talar.

Die Kinder beruhigten sich, und nachdem ich ihnen versicherte, morgen in demselben Kostüm zu erscheinen, wollten sie nun doch getauft werden.

Meine Frau nähte mir nach dem Bautzener Muster eine solche Alba und nun hatten unsere Zirkusleute ihren Pfarrer ›Schwarz unter Weiß‹. Sie waren zufrieden.

Als ich unseren Bischof fragte, ob ich einen solchen, von der üblichen Form abweichenden, Talar tragen dürfe – was heute ohnehin kein Problem mehr ist, aber ›DAMALS WAR'S‹! –, überlegte er eine kleine Weile.

»Wir haben den Eindruck, der Staat räumt Ihnen eine gewisse Narrenfreiheit ein. Warum sollten wir als Kirche das nicht auch tun?«

Eine Hürde musste ich vor der amtskirchlichen Talarsondergenehmigung noch nehmen: Ich bin Moritzburger Diakon und mit meinem Examen nicht zur Sakramentsverwaltung zugelassen. Dazu muss eine(r) – nach vorher im Landeskirchenamt bestandenen Prüfungen – ordiniert (für die Befähigung zum Pfarrdienst bestätigt) werden. Meinen Zirkusleuten war das schwer verständlich zu machen.

Immer dann, wenn es zum Beispiel um eine Taufe ging, holte ich einen – für sie fremden – Pfarrer hinzu.

»Was soll der Unsinn? Du erklärst uns die Bibel, du unterrichtest unsere Kinder, du feierst mit uns Gottesdienste, aber du taufst uns nicht und gibst uns kein Abendmahl. Das haben wir satt. Wir wenden uns noch einmal an den Bischof!«

Der Brief fiel kurz aus: »Sehr geehrter Herr Bischof! Die Zirkusgemeinde bittet Sie, dafür zu sorgen, dass Herr Fischer ein richtiger Pfarrer wird.«

Der Bischof bestellte mich zu sich.

»Sie sind Diakon, und Sie wollen es auch bleiben. Ihnen ist eine besondere Aufgabe zugewachsen, dem müssen wir Rechnung tragen. Wir werden das Pfarrdiakonengesetz auf Sie anwenden und Sie ordinieren. Die dafür nötigen Examen können wir Ihnen aber nicht ersparen. Sind sie dazu bereit?«

»Was sein muss, muss sein. Allerdings fehlt mir die Zeit, mich dafür extra vorzubereiten. Es muss das, was ich in Moritzburg lernte und was ich mir bis heute merken konnte, ausreichen, oder es bleibt wie gehabt.«

Die Prüfungstermine wurden festgelegt.

1. Die Prüfungskatechese mit einer sechsten Christenlehreklasse – abgehört von einem Oberkirchenrat.

Das Konzept für diese Stunde musste ich ihm eine Wocher vorher abliefern.

Vor dem Unterrichtsbeginn äußerte der Prüfer, dass mein Konzept ›sehr mager‹ ausgefallen sei. Es enthalte nur Stichworte.

Meine Antwort: »Ich hoffe, dass der Unterricht fetthaltiger ausfällt als das Konzept.«

Am Ende war er recht zufrieden.

2. Die Prüfungspredigt vor einer Radebeuler Gemeinde – abgehört von einem Oberlandeskirchenrat.

Auch ihm musste ich mein Konzept vorher abliefern.

Nach dem Gottesdienst saß er mit mir noch eine halbe Stunde zusammen. Er war sehr freundlich und gütig zu mir, aber er war auch ratlos, denn ich hatte ihn vor ein großes Problem gestellt.

»Sie haben die Predigt sehr gut gehalten. Sie entsprach exegetisch und inhaltlich genau dem biblischen Text, **aber** sie entsprach **nicht** Ihrem **Konzept**. Ihr Predigtkonzept enthält zu diesem Text eine völlig andere Ausführung und lässt darauf schließen, dass sie das ›Proprium‹ (die wesentliche Aussage) des Textes nicht verstanden haben. Was soll ich nun tun? Ihr Konzept müsste ich negativ beurteilen, aber Ihre tatsächliche Predigt heute war sehr in Ordnung.«

»Herr Oberlandeskirchenrat, ich weiß, dass ich die Predigt im Vollzug änderte, da mir der Fehler selbst bewusst geworden war. Ich hoffe, Sie werden ein salomonisches Urteil treffen.«

3. Das Kolloquium (ein wissenschaftliches Gespräch zu Lehrzwecken) vor dem Bischof, drei Oberlandeskirchenräten und zwei Oberkirchenräten als einziger Prüfling in einem Sitzungssaal, an dessen Längsseite vier Tische und sechs Stühle standen. Die Prüfung sollte zwei Stunden in Anspruch nehmen und mir Fragen aufgeben zu den Bereichen ›Altes Testament‹ – ›Neues Testament‹ – ›Dogmatik‹ = Glaubenslehre – ›Kirchengeschichte‹ – ›Kirchenkunde‹ und ›Verwaltung‹.

Ich fühlte mich seit Tagen wie das Reh, das von Hunden gejagt und zur Strecke gebracht wird.

Die geistlichen Oberhirten empfingen mich aber sehr freundlich und nicht wie Jagdhunde. Sie setzten sich hinter die Tische. Ich stand vor ihnen. Der Bischof eröffnete die Prüfung mit der liebevollen Aufforderung: »Ich denke, wir lassen Bruder Fischer sich setzen. Bitte holen Sie sich einen Stuhl.«

Dann ging es los.

Nun ja, es war nur **das** aus mir herauszuholen, was drinsteckte und das war nicht genügend.

Der Bischof saß vor einer Gardine. Von der Stange herab hing eine Kordel, an deren Ende eine Holzkugel befestigt war. Mit dieser Kordel-Kugel spielte er fast ununterbrochen und gab mir damit das gute Gefühl, dass diese Prüfung nicht den Ernst des ›JÜNGSTEN GERICHTS‹ hat.

Als ich mich bei Martin Luther total eingeklemmt fühlte, weil ich nicht darauf kam, dass er Professor war, griff der Bischof ein.

»Ich erlaube mir, die Frage an Bruder Fischer ein wenig anders zu formulieren.«

Und siehe da, ich wusste die rechte Antwort.

Solche Eingriffe in das Prüfungsgeschehen erlaubte sich der Bischof insgesamt zwölf Mal, vielleicht nach der Zahl der zwölf Stämme Israels oder der zwölf Apostel.

Am Ende fühlte ich mich regelrecht vom Hirten ›auf den Arm genommen‹ und nicht mehr wie das gehetzte Reh.

Ich wurde zu einem ›richtigen‹ Pfarrer ordiniert.

Ordnung muss sein

Wir – meine Frau und ich – hielten uns ein paar Tage in Leipzig auf, um Artisten zu besuchen und brauchten eine Übernachtungsmöglichkeit. Diese fanden wir in der Artistenpension Beckers.

Damals lebte der Komiker noch, und während seine Frau die Pension versorgte, fragte er den Gästen Löcher in den Bauch über den aktuellen Stand der ›HEITEREN MUSE‹. Er zweifelte sehr daran, dass die überhaupt noch heiter ist, wenn jedes Programm eine politische Zensur durchlaufen muss.

Frau Becker nahm uns auf.

»Sie haben Glück. Zwei Einzelzimmer sind noch frei.«

Wir schauten uns an, bedachten uns kurz und nahmen die Zimmer. Getrennt schlafen zu müssen, ist immer noch besser, als gemeinsam obdachlos zu sein.

Meine Frau leerte ihren Koffer in den Schrank. Ich besorgte das Gleiche mit meinen Sachen.

Wir besuchten uns gegenseitig, und jeder fand in seinem Zimmer besondere Vorzüge, die das andere nicht zu bieten hatte.

Uns trennte nicht nur **eine** Wand, sondern gleich viele Wände und ein langer Gang.

Unsere polizeilichen Meldezettel drückten wir der Pensionsmutter in die Hand, verabschiedeten uns – bis zur Nacht – und fuhren in das Varieté-Cafe ›EDEN‹. Dort trafen wir uns mit Artisten und Tänzern.

Auf dem Heimweg zur Pension – es ging schon auf Mitternacht zu – machten wir uns über unsere Einzelzimmer lustig.

»Vornehme Herrschaften schlafen immer getrennt. Heute sind wir stinkvornehm!«

»Du wirst ohne mein Schnarchen gar nicht einschlafen können.«

»Hast du eine Ahnung. Mein Bett hat sogar einen Himmel (Vorhang über dem Kopfteil des Bettes). Dein Bett ist dagegen nur eine Bretterkiste.«

Wir schlossen die Haustür auf und stiegen die drei Treppen nach oben. Kaum hatten wir die Vorsaaltür geöffnet, schwebte uns Frau Beckers entgegen.

»Aber Herr Pfarrer, ich habe aus Ihrem Anmeldebogen gelesen, dass Sie mit Ihrer Partnerin verheiratet sind. In **diesem** Fall können Sie natürlich ein Doppelzimmer bewohnen!«

Ein Artist, der z. B. auf einer frei stehenden Leiter arbeitet, braucht jemanden zur Hilfe, der ihm Bälle, Ringe oder Keulen nach oben wirft und auch wieder abnimmt. Darum: »OMEGA **UND PARTNERIN**«. ›Partnerin‹ muss aber nicht zugleich ›Ehefrau‹ heißen.

Ein Artist annoncierte in einer Fachzeitschrift: »Suche laufend attraktive Partnerinnen.«

Frau Beckers übertrug diese bei Artisten übliche Spielregel auf den Pfarrer und achtete – zumindest bei dem geistlichen Mann – auf Moral.

Als wir schließlich im neu bezogenen Doppelzimmer in unseren Betten lagen, konnten wir vor Lachen nicht einschlafen.

Seit dieser hübschen Episode stellten wir uns – wenn es nötig wurde – als ›PFARRER FISCHER UND PARTNERIN‹ vor. Es ist aber niemand wieder auf den Gedanken gekommen, uns getrennte Schlafzimmer anzubieten.

Tod beim Zirkus

So lebten wir mit unserer Zirkus- und Artistengemeinde. Ich hatte die Urkunde und auch das richtige Kostüm dazu, wenn ich ihre Kinder taufte, konfirmierte und traute.

Und wenn aus der großen Zirkusfamilie einer starb, dann blieb ich bis zum Tag der Beerdigung bei den Angehörigen. Das tröstete sie. Ich erlebte in den reichlich zwei Jahrzehnten meines Dienstes als Artistenpfarrer – GOTT SEI DANK – keinen tödlichen Berufsunfall, obwohl es schwere Unfälle genug gab. Wenn aber junge Leute starben, dann war immer ein Verkehrsunfall die Ursache.

Beerdigt habe ich den Komiker Paul Beckers in Leipzig. Er war über 90 Jahre alt geworden. Seine Frau – wesentlich jünger als er – betrieb eine Artistenpension, so dass ihr Mann bis ins hohe Alter hinein den Kontakt zu seinesgleichen nie verlor.

Frau Beckers bat mich telefonisch zu sich. Ihr Mann sei verstorben. Als ich noch am gleichen Tag zu ihr und der 18-jährigen Tochter kam und ihnen mein Beileid aussprechen wollte, fiel mir die Frau ins Wort.

»Herr Fischer, hier trauert niemand. Mein Mann ist so uralt geworden, dass das Sterben für ihn dran war. Was uns zu tun bleibt, ist, eine ihm würdige Beerdigung zu halten.«

»Und wie stellen Sie sich eine solche vor?«

»Sie müssen in Ihre Rede seine Späße einbauen, so wie er sie auf der Bühne erzählte. Zum Beispiel den vom ›PLÄÄTBRETT‹, und den von der ›SOMMERFRISCHE‹. Dazu noch vieles aus seinem Leben.«

»Darf auch etwas aus der Bibel dabei sein?«

»Aber selbstverständlich. Ich habe extra dafür die doppelte Redezeit bezahlt.«

»Nehmen wir an, ich mache meine Sache gut, und die Leute fangen an zu lachen. Was dann?«

»Dann wäre das der absolute Höhepunkt seiner Komiker-Karriere. Lieber Herr Fischer, tun Sie, was Sie können. Paule hat es sich verdient.«

Ich fragte meine Frau: »Kann ich das machen?«

Ihre Antwort: »Du hast schon so viel Komisches gemacht, dass ich keinen Grund finde, weshalb du diese Feier nicht nach ihrem Wunsch halten könntest.«

War das nun ein Kompliment? Auf jeden Fall hörte ich mir die Schallplatten von Paule Beckers ungezählte Male an, bis mir der Text so vertraut war, als wäre er auf meinem eigenen Mist gewachsen. Als Predigttext entschied ich mich für einen Vers aus Sirach 18,12: »GOTTES BARMHERZIGKEIT GEHT UM DIE GANZE WELT.«

Es herrschte Andrang zur Trauerfeier. Obwohl sich Paul Beckers schon vor Jahren von seinem Publikum verabschiedet hatte, kannten ihn noch viele.

Der Verstorbene hatte es sich gewünscht, dass der Organist zum Beginn der Feier auf der Orgel spielt: »Puppchen, du bist mein Augenstern«. Aber das hatte die Ehefrau schon vom Programm gestrichen und in Händels Largo eingetauscht.

»Wir lassen uns von diesem alten Schrullkopf doch nicht alles vorschreiben.« Das sagte sie mit einem freundlichen Lächeln.

Und dann geschah es. Der Kontuktführer, das ist der Zeremonienmeister eines Großfriedhofes, wurde blass. So etwas hatte er in jahrzehntelanger Ausübung seines Amtes noch nie erlebt. **Die Trauergemeinde lachte!**

Es lachten die Ehefrau und die Tochter, es lachten die Verwandten, es lachten die Gäste, es lachten die Leichenträger und der Organist.

Irgendwie stieg vor ihrem inneren Auge Paule Beckers auf, wie er die Geschichte vom ›PLÄÄTBRETT‹ erzählte, das er seiner Frau beim Fensterputzen aus dem Fenster schob, damit sie draußen darauf stehen kann, während er auf der anderen Seite im Zimmer die Balance hält. Dann klingelt es, er steht auf …, und das Weitere kann sich jeder selbst denken. Als er zur Haustür kommt, ist er ganz erstaunt, dass mit dem angereisten Gast auch seine Frau draußen steht.

Frau Beckers dankbarer Blick sagte mir: »Bravo, Pastor. Ich bin mit dir zufrieden.«

Mir erschien es wie ein Wunder, dass die Leute beim Bibelpredigtteil genauso interessiert zuhörten.

Es war eine ungewöhnliche Beerdigung, aber selbst Gott muss sie nicht für unmöglich gehalten haben. ER war mit SEINEM HEILIGEN GEIST unter uns. Das spürte ich.

***

Ich musste allerdings auch Beerdigungen halten, bei denen ich Mühe hatte, überhaupt sprechen zu können. Ich kämpfte mit den Tränen. Die vorbereitete Predigt wollte nicht über meine Lippen kommen. Ich weinte mit dem

Mann und seinen acht Kindern, die nicht fassen konnten, dass ihre Mutter in dem Sarg vor ihnen liegt. Ich weinte mit der jungen Frau, deren Mann beim Transport von einem Gastspielort zum anderen tödlich verunglückt war. Ich weinte mit den Eltern und Geschwistern eines kleinen Jungen, der beim Spiel von einem umstürzenden Messerbrett erschlagen worden war.

ICH WEINTE MIT DEN WEINENDEN, UND ICH FREUTE MICH MIT DEN FRÖHLICHEN (Römer 12,15).

***

Einmal bin ich wegen einer Beerdigung nur knapp dem Gefängnis entgangen.

Der Zirkus gastierte in Ungarn. Ich wurde ans Telefon geholt und erfuhr vom Direktor, dass die Frau des Dompteurs verstorben ist. Der Mann käme am Donnerstag 20.00 Uhr auf dem Flughafen Berlin-Schönefeld an und habe alle nötigen Papiere bei sich. Mit der gleichen Maschine würde auch der Sarg gebracht. Es handle sich um einen Zinksarg, der nicht wieder geöffnet werden dürfe.

Ich war pünktlich auf dem Flugplatz.

Der Ehemann stand noch unter dem Schock des Erlebten. Seine Frau war nicht krank gewesen. Während des Wäschewaschens neben dem Wohnwagen war sie plötzlich tot zusammengesunken.

Ich kümmerte mich noch darum, dass der Sarg am nächsten Tag zum Heimatort der Familie gebracht würde. Am Sonnabend sollte die Beerdigung sein. Am Montag musste ich mit dem Mann auf das für Auslandsangelegenheiten zuständige Standesamt Berlin-Mitte gehen und ihn anschließend wieder zum Flugplatz bringen.

Die Papiere, die er bei sich hatte, waren alle in Ungarisch ausgestellt. Ich konnte sie also nicht lesen, war aber unbekümmert.

Am Freitagabend fehlte der Sarg noch immer. Ich telefonierte mit Hinz und Kunz bis in die Nacht. Am Sonnabend – zehn Minuten vor Beginn der Trauerfeier – brachte ihn eine Berliner Bestattungsfirma auf den Friedhof.

Als wir dann am Montag gegen 11.30 Uhr auf das Berliner Standesamt kamen, war die zuständige Sachbearbeiterin schon zum Mittagessen in den Speisesaal gegangen. Da der Mann aber sein Flugzeug erreichen musste, wurde eine andere Fachkraft gerufen, die sich unserer Sache annahm.

Sie schrieb und schrieb, sie telefonierte und lief in mehrere Zimmer, um sich Auskünfte zu holen. Es schien sehr schwierig zu sein, für einen im Ausland verstorbenen DDR-Bürger die nötigen Unterlagen in Deutsch anzufertigen.

Schließlich fragte sie: »Wann soll die Beerdigung sein?«

Wir sahen uns an. Ich antwortete für den Mann: »Die war am Sonnabend.«

»Das ist ausgeschlossen. Sie bekommen ja jetzt erst von mir die Freigabepapiere. Kein Beerdigungsinstitut würde ohne sie diese Beerdigung vornehmen. Das wird mit Gefängnis bestraft.«

»Wir haben auch gar kein Beerdigungsinstitut in Anspruch genommen, nur einen Pfarrer.«

»Ein Pfarrer würde das erst recht nicht riskieren. Er braucht ja die standesamtliche Beurkundung des Todes.«

»Ich selbst bin der Pfarrer. Ich habe die Frau am Sonnabend beerdigt in dem guten Glauben, dass unter den vielen Papieren das Erforderliche dabei sein würde.«

Die Frau wurde wütend. Sie schlug mit der Hand auf das entscheidende, eben von **ihr** ausgestellte Dokument und schrie: »Ihren guten Glauben können Sie begraben, aber nicht diese Frau. **Hier** ist die geforderte Urkunde, und ohne diese läuft nichts!« Dann sah sie mich scharf an: »Danken Sie Ihrem Gott, dass meine Kollegin, die eigentlich hierfür zuständig ist, heute schon früher als gewöhnlich zum Mittagessen ging. Ihr wäre es ein Vergnügen gewesen, einen Schwarzrock hinter Gitter zu bringen. Hier, nehmen Sie die Papiere und verschwinden Sie. Und dass das klar ist: Die Beerdigung findet heute Nachmittag um 15.00 Uhr statt, wie ich es Ihnen hier vorgeschrieben habe, verstanden?!«

»Selbstverständlich. Sie sind sehr gütig. Vielen Dank!«

»Ihren Dank können sie sich sparen. Aber ihre Unterschrift brauche ich.«

Sie zeigte mit dem Finger auf ein Papier. Es handelte sich um eine geforderte Rückmeldung, die Beerdigung betreffend. Darauf hatte sie schon vorgeschrieben: »Beerdigung von Frau (Name) am Montag, (Datum) 15.00 Uhr.« Wir unterschrieben.

Um 15.00 Uhr flog die Maschine nach Budapest. Als ich ihr nachsah, hatte ich Zeit, meinem Gott dafür zu danken, dass SEINE Güte auch durch die gute Seele einer vom Kommunismus verhetzten Sachbearbeiterin zu mir kommt.

Gott scheint eine Vorliebe dafür zu haben, seinen Kindern durch oft recht zweifelhafte Leute Gutes zu tun.

Ausgerechnet die anrüchige Rahab beschützt in Jericho die israelitischen Kundschafter (Josua 2).

Ein ranghoher ägyptischer Politiker, Potiphar, erleichterte Josefs elendes Sklavendasein.

Seine sinnliche Frau muss in ihrer Wut dazu beitragen, dass Josef auf den Ehrenplatz kommt, den Gott ihm zugedacht hat (1. Mose 39).

Wir sind bei Gott in guten Händen. Ja ›WIR‹! – Du auch!

Wenn dich früh der Wecker wachklingelt und du einen langen und mühevollen Arbeitstag vor dir hast, wenn du dich fürchtest vor den Kilometern, die du mit deinem Auto bei Nebel, Eis und zwischen rasenden Irren fahren musst, dann hat Gott schon längst an dich gedacht, um dir Gutes zu tun.

»DER HERR BREITET SEINE FLÜGEL ÜBER DICH. GANZ NAHE BEI IHM BIST DU GEBORGEN« (Psalm 91,4).

Zirkushochzeit

Die Zeitungen hatten es mit großen Buchstaben gedruckt: »ZIRKUSHOCHZEIT«.

»Wenn es in dieser Woche in Zschorlau für zwei Tage heißt ›Manege frei!‹, dann werden wir nicht nur Tierdressuren und ausgereifte Akrobatik zu sehen bekommen, sondern wir werden auch eine echte Zirkushochzeit erleben. Am Donnerstag um zehn Uhr geben sich die Direktorentochter IRENE und der Clown WERNER in der Zschorlauer Kirche das JA-Wort fürs Leben.«

Das JA-Wort hatten sie sich schon vor Jahren auf dem Standesamt gegeben. Dafür musste die Trauung nun aber unbedingt auf dem 13. Juli liegen, unserem eigenen zehnten Hochzeitstag, den wir gern daheim gemeinsam gefeiert hätten.

Aber deshalb verlieren wir das Gleichgewicht noch nicht. Unser neunjähriger Sohn schenkte seiner Mutter an diesem Tag in meinem Namen zehn dunkelrote Rosen.

Der Zirkus setzte am Morgen um. Das heißt: Die Transporte fuhren vom alten Gastspielort zum neuen, in unserem Fall nach Zschorlau. Es standen nicht so viele Zugmaschinen zur Verfügung, dass alle Wagen hätten auf einmal transportiert werden können. Also mussten sie die Strecke mehrfach fahren.

Bräutigam Werner war nicht nur der Clown des Zirkus, sondern auch einer der Kraftfahrer. Damit bis zur Trauung alles auf seinem Platz steht, fuhren die ersten Transporte schon nachts um drei Uhr los. Werner musste ein zweites und ein drittes Mal auf die Straße. Es wurde spät und immer später. Irene trug längst ihr Brautkleid und war fertig frisiert. Werners Anzug hing griffbereit am Schrank.

Neun Uhr. Ich fahre schon mal zur Kirche. Da ist kaum ranzukommen, so viele Neugierige haben sich eingefunden. Alle wollen sie die Zirkushochzeit miterleben.

9.30 Uhr. Ich komme zum Zirkusplatz zurück. Die Braut ist außer sich. Werner ist mit dem letzten Transport noch immer nicht zurück. Das Waschwasser dampft für ihn in der Schüssel.

9.45 Uhr. Werner kommt. Er rangiert die Wagen an ihren Platz, stellt die Maschine ab, sieht mich stehen und ruft: »Bis um zehn Uhr bin ich hochzeitsbereit!«

Vorläufig sieht er aber nur verschwitzt, verschmiert und furchtbar müde aus. Er taumelt mehr, als dass er rennt, breitet seine Arme aus und will Irene an sich drücken.

»Bleib mir vom Leibe! Wasch dich! Du hast noch drei Minuten Zeit.«

»Schaff ich!«

Ich blieb neben den beiden stehen. Mein Kopf und mein Herz hatten den Plan fertig, wie das noch einigermaßen gut hinzukriegen sei. Irene musste ihrem Mann drei Mal das Wasser erneuern, so viel Dreck und Schmiere hing an ihm.

9.56 Uhr. Werner ist sauber. Irene reicht dem nackten Mann die Wäsche, von den Socken bis zur Krawatte alles neu. Der hält sich nur mit Mühe auf seinen Beinen. Er ist fix und fertig. Als die Frau ihm ins Jackett helfen will, greife ich ein.

»Der braucht jetzt kein Jackett, der braucht ein Bett. Hier! Hinlegen! Eine Stunde schlafen! Die Trauung verschieben wir auf 11.30 Uhr.«

Werner schaut mich ungläubig an. Doch schien er in meinem Gesicht zu lesen, dass es mir ernst damit ist. Mit dem tiefgründigen Wort »Klasse!« fiel er um und schlief.

Ich schickte seine Frau aus dem Wagen und verbot ihr, diesen vor mir wieder zu betreten. Dann fuhr ich zur Kirche zurück. Die Massen warteten. Der Kirchner stand ungeduldig da. Sollte er nun das Geläut einschalten oder nicht?

Ich stellte mich vor die Kirchentür und verkündete: »Die Trauung wird auf 11.30 Uhr verschoben.«

Die Gesichter! Das Getuschel!

»Zirkus bleibt Zirkus, auch bei der Hochzeit.«

»So ein Skandal. Der Bräutigam ist heute Nacht durchgebrannt.«

»Und wo soll da bis 11.30 Uhr der neue Bräutigam herkommen?«

»Ist doch alles Quatsch. Das Brautkleid wird noch nicht fertig sein, weiter nichts.«

Wahre Gräuelmärchen wurden einander zugetuschelt.

Ich überlegte, ob ich ein klärendes Wort sagen sollte, verkniff es mir aber. Der Tratsch war zu schön anzuhören.

11.15 Uhr. Ich weckte den schnarchenden Bräutigam. Er rieb sich die Augen, sah an sich herunter und brauchte eine Weile, bis er zu sich kam.

»Ach ja, Hochzeit! Alles klar! Jetzt kann's losgehen.«

Der Hochzeitszug vom Zirkusplatz zur Kirche setzte

sich in Bewegung. Das Warten der Neugierigen hatte sich gelohnt. Sie erlebten nun doch noch eine echte Zirkushochzeit, die sich allerdings nur darin von einer gutbürgerlichen unterschied, dass sie wegen ›Transportschwierigkeiten‹ um neunzig Minuten verschoben werden musste. Es wurde eine schöne Hochzeit.

Um 15.00 Uhr hieß es allerdings wie jeden Tag: »Manege frei!« und das auch für Irene und ihre Ponys und für Werner, der mit der ›komischen Taxe‹ zum 99. Geburtstag seiner Großmutter fahren musste. »Ein Jahr war sie krank, sonst wär sie Hundert.«

Na, habe ich gut balanciert? Du kannst mich auch einmal loben. Hätte nicht mancher Pfarrer die Nerven verloren?

Ach, ich sehe, du nimmst meine kühnen Entscheidungen sehr gelassen hin. Du machst es wie unsere Jüngste. Wenn ich sie auf dem Arm trug und mit ihr tanzte und dann erschöpft stehen blieb, stupste sie mir ihre Nase ins Gesicht. Das hieß: Weitertanzen! – Schon gut. Du stupst nicht mit der Nase, dafür aber mit den Augen. Ich tanze weiter.

* * *

Die tollste von mir erlebte Hochzeit war die eines Zirkusdirektors. Die musste nicht nur um neunzig Minuten, sondern gleich um sechs Wochen verschoben werden.

Als die standesamtliche Zeremonie schon beinahe beginnen sollte, wurde festgestellt, dass dem Bräutigam ein wichtiges Dokument fehlt. Daraufhin blies man die Hochzeit ab und verschob sie auf später.

Ich hatte meine ganze Reiseroute auf diesen Tag hin abgestimmt und nun war alles verkehrt. Zirkus! Was soll's!?

Nach sechs Wochen fand ich mich wieder ein, in Demmin. Für zehn Uhr war die Eheschließung im Standesamt festgesetzt. Um 11.30 Uhr sollte die Trauung in der Kirche sein. Sollte!!!

Um neun Uhr versammelte sich die ganze Zirkusbelegschaft vor dem Platz, alle in Kostüme oder Livrees gekleidet. Keiner musste zu Fuß gehen. Es standen viele blumengeschmückte Wagen für den Festzug bereit. Ganz vorn fuhr die Kapelle und dahinter in einer vierspännigen Kutsche das Brautpaar. Auf einem Plattenwagen folgten sechs – in duftige Schleier gehüllte – Manegengirls. Menschenmassen säumten die Straßenränder.

Mit der Polizei war die Fahrtroute durch die Stadt genau abgesprochen und vom übrigen Verkehr für den Festzug freigehalten worden. Doch der Direktor hatte dem ersten Kutscher zugeflüstert: »Fahre kreuz und quer durch die Stadt, bis hier nichts mehr läuft. Das ist für uns die beste Reklame.«

Und genau das hat der besorgt. Alle Straßen verstopften. Keiner sah mehr durch, wie und wo man überhaupt noch fahren kann. Die Zeiger liefen bereits auf elf Uhr zu, da erreichte der Festzug das Rathaus. Die Standesbeamtin war aufgeregt, denn die Verspätung brachte ihren ganzen Tagesplan durcheinander. Sie erwartete ja schließlich an dem Tag noch mehr Brautpaare. Doch der Bräutigam-Direktor tröstete sie: »Bei uns kannst du es kurz und schmerzlos machen, Mädchen, wir haben schon Eheerfahrung. Außerdem feiern wir die richtige Hochzeit in der Kirche. Lass uns unterschreiben, und schon bist du uns wieder los.« Doch das überhörte die Beamtin.

Die Zeremonie wurde in aller Form durchgehalten bis zur Musik aus Beethovens ›Neunter‹.

Nach dieser Feier bewegte sich der Hochzeitszug in Richtung Kirche, wieder auf reklamewirksamen Umwegen, versteht sich! Hier spielte nun die reichliche Verspätung keine Rolle, außer dass dadurch die Neugierglut der Volksmassen noch stärker angeheizt wurde.

Ich stand mit dem Ortspfarrer und dem Superintendenten an der Kirche. Der Menschenandrang ließ die beiden befürchten, dass die Massen beim besten Willen nicht alle in der Kirche Platz finden können.

»Das sind mindestens dreimal so viele wie am Heiligen Abend. Na dann gute Luft!«

Mich ärgerte dieser Auflauf. Wir wollten hier schließlich einen Gottesdienst feiern und keine Show abziehen.

»Ich lasse nur unsere Zirkusleute in die Kirche und sonst keinen.«

»Das können Sie nicht machen. Das gäbe einen Aufruhr. Außerdem, wie wollen Sie die Massen am Hereindrängen hindern?«

»Lassen Sie das mein Problem sein. Sorgen Sie dafür, dass alle Türen verschlossen sind. Wir öffnen nur das Hauptportal und auch das erst, wenn das Brautpaar unmittelbar davor steht.«

»Du lieber Gott, wie soll das gut gehen!?«

Ich weiß nicht, ob das von dem geistlichen Würdenträger als echtes Gebet gedacht war, oder ob es sich nur um einen Seufzer seiner Seele handelte.

Inzwischen hatten sich noch mehr Menschen vor der Kirche eingefunden. Ganz Demmin schien sich hier zu versammeln. Jetzt kam die Menge in Bewegung.

Ich drängelte mich durch die Massen, dem Hochzeitszug entgegen. Dass mein Talar bei dieser Aktion nicht in Fetzen ging, war reine Glücksache.

Ich wollte nicht dem Brautpaar entgegengehen. Ich hielt unter unseren Zeltarbeitern Ausschau nach zwei Männern mit der Gestalt und den Kräften Goliaths, um sie zu informieren.

»Ihr sorgt dafür, dass, wenn der Letzte vom Zirkus in der Kirche ist, die Tür geschlossen und verschlossen wird. Ich verlasse mich auf euch!«

»Geht in Ordnung.«

Und es ging in Ordnung!

Die berittenen Requisiteure schafften erst einmal Luft vor der Kirche für die Brautkutsche. Sie ritten so energisch auf die Leute zu, dass die erschrocken zur Seite flohen. Dann lief alles wie am Schnürchen. Pfarrer, Blumenstreukinder, Brautpaar, Eltern, Gäste, Artisten und Personal zogen bei feierlicher Orgelmusik in die Kirche ein.

Die Massen drängten nach. Aber meine zwei Goliaths ließen ihnen keine Chance.

»Zirkusvorstellung ist heute Abend 20.00 Uhr. Jetzt halten wir Hochzeit.«

Damit stemmten sie sich gegen das Volk und schlossen das Portal. Die Orgel übertönte im Innern der Kirche die lauten Pfui-Rufe der Ausgesperrten.

Der Gottesdienst verlief ungestört.

Nur an einer Stelle geriet ich ein wenig aus dem Gleichgewicht. Ich hatte die Eheleute eingesegnet und ihnen das Abendmahl gereicht. Nun hätten sie sich setzen dürfen. Das deutete ich ihnen mit einer Handbewegung auch an. Doch der Ehemann hielt nichts von meiner agendarischen Hochzeitsform.

»Nicht so eilig, Pastor. Der Gottessegen ist der Höhepunkt unseres ganzen Festes. Der muss auch gebührend beachtet und hervorgehoben werden und zwar mit einem Kuss.

Guck mich nicht so schief an, Pastor. Das ist wohl bei euch nicht üblich, dass sich das Brautpaar vor dem Altar küsst? Ihr müsst noch viel lernen. Ihr redet zwar immer von der Freude, aber wenn sich zwei Menschen **vor dem Altar Gottes echt freuen**, dann erschreckt ihr. Moni, das ist nicht unser erster Kuss, aber es ist der erste nach Gottes Segen.«

Und das war ein Kuss!

Als wir aus der Kirche traten, hatten sich die Massen verzogen. Niemand verprügelte mich.

Am Abend war die Vorstellung ausverkauft, wie auch an den nächsten beiden Tagen.

Konfirmandenstunde

Wesentlich ›normaler‹ verliefen die Konfirmationen. Doch da war nun wieder der vorausgehende Unterricht außergewöhnlich.

Nicht jeder Zirkus hatte in jedem Jahr auch Konfirmanden parat. Darum fassten wir immer mehrere Jahrgänge zusammen.

In einer Kirchgemeinde kommen die Konfirmanden zwei Jahre lang wöchentlich für eine Stunde zum Pfarrer. So geht das im Zirkus natürlich nicht. Da wird der Unterricht zusammengefasst in vierzehn Tagen gehalten, dafür aber täglich mehrere Stunden. Noch besser ist es, wenn wir im Winter mit den jungen Leuten das Konfirmandenprogramm in einer Rüstzeit durcharbeiten.

Mehrere Jahre hielten wir diese Rüstzeiten in unserer Wohnung. Die war zwar so eng, dass wir als Familie kaum Platz darin fanden. Aber wir hatten beim Zirkus gelernt, dass es bei drei- bis vierfacher Belegung erst richtig gemütlich wird.

So war es auch. Drei Zirkusjungs fühlten sich in einem Bett wie zu Hause. Und Mädchen kann man getrost zu viert hineinlegen, da behaupten sie immer noch, Platz für eine Fünfte zu haben.

Das hat sich allerdings in den letzten Jahren geändert. Heute wohnt kaum noch eine Zirkusfamilie in den Wintermonaten im Wagen. Die jungen Leute beanspruchen inzwischen auch nicht nur ihr eigenes Bett, sondern ihr eigenes Wohnwagenabteil.

Vormittags zwischen neun und zwölf Uhr wurde straffer Unterricht gehalten. Nach dem Mittagessen unternahmen wir Wanderungen, Besichtigungen oder Schlittenfahrten.

In einem nahe gelegenen Heim der ›INNEREN MISSION‹ ließen wir uns auch zur Arbeit einteilen.

Nach dem Abendbrot wurde entweder der Unterricht fortgesetzt oder wir spielten.

Für die Mahlzeiten sorgte meine Frau auf für mich unergründliche Weise, denn wir waren ganz und gar nicht auf Großküche eingestellt. Was sie uns jedoch auf den Tisch zauberte, war immer lecker und reichlich.

Einmal hatte sie es mit den jungen Leuten besonders gut gemeint. Es gab Zunge!

»Was is'n das für Fleisch?«

»Rindfleisch.«

»Sieht aber komisch aus!«

»Dafür ist es eine Delikatesse.«

»Mal ehrlich. Ist das richtiges Fleisch, so von der Brust oder vom Hintern?«

»Nein, vom Kopf.«

»Gibt's am Kopf so große Fleischstücke?«

»Natürlich.«

Pause.

Plötzlich dämmerte es einem: »Das ist Fleisch aus'm Maul! Das ist Zunge!«

Ein Aufschrei des Entsetzens und des Ekels war die Folge.

»Ii, das essen wir nicht!«

Sie aßen es auch wirklich nicht. Es gab ja noch Kartoffeln, Gemüse und zerlassene Butter. Das Fleisch wurde hinausgetragen.

Am nächsten Tag stand Makkaroni auf dem Speiseplan, mit Tomatensoße und kleingeschnittener ›Wurst‹.

»Ja, das ist ein Essen für uns. So was schmeckt uns!«

Sie futterten, als müssten sie von gestern alles nachholen, bis eine einen Geistesblitz hatte.

»Das ist …«

Weiter kam sie mit ihrer Rede nicht. Meine Frau war darauf gefasst gewesen und griff ein: »Ja, das ist das Leibgericht unserer Kinder. Langt nur ordentlich zu. Ich habe reichlich gekocht. Ich muss euch doch wegen gestern entschädigen.«

Hausmutter und Konfirmandin tauschten viel sagende Blicke aus. Das Mädchen war pfiffig genug, auf den Spaß einzugehen, nur bei der Wurst hielt es sich zurück.

Als alle fertig gegessen hatten und sehr zufrieden waren, verkündete die ›Wissende‹: »Die Wurst war gar keine Wurst. Es war die Zunge von gestern!«

Die Gesichter erstarrten. Das Essen drohte vom Magen aus den Rückwärtsgang einzulegen. Da stellte meine Frau eine Riesentorte auf den Tisch.

»Die gibt's heute zum Kaffee!«

Das Ablenkungsmanöver wirkte.

Als die jungen Leute nach zehn Tagen wieder zu ihren Eltern zurückfuhren und diese sie fragten: »Na, wie war's?«, antworteten zehn von zwölf Konfirmanden spontan: »Es gab Zunge zum Mittag!«

***

Ein Dompteur hatte uns seine Tochter für die Konfirmandenrüste anvertraut. Es könne ihr nichts schaden, einmal über etwas anderes als über Lippenstifte, Disco und gefärbte Haare nachzudenken. Aber die junge Dame wollte gar nicht über etwas anderes nachdenken und am allerwenigsten über Gott.

Trotz allem war sie liebenswert. So schwierig sie sich gab, wurde sie doch von uns allen geliebt.

Während des Unterrichts saß sie meistens gelangweilt neben mir, zog mitten im Gespräch über das Gebet die Skatkarte aus ihrer Jeans, blinzelte mich an und flüsterte: »Spielen wir dann eins?«

Sie kannte im Voraus meinen ärgerlichen Blick, mit dem ich ihre Frage beantwortete. Doch davon ließ sie sich nicht beeindrucken. Sie steckte die Karten zurück und flüsterte weiter: »Ich bin ganz brav, … noch zehn Minuten, aber dann brauche ich eine Skatpause.«

Und genau nach zehn Minuten spürte ich ihren Ellenbogen in meiner Seite, nicht brutal, sondern behutsam, aber anhaltend. So hielt sie es noch einmal zehn Minuten aus. Reagierte ich dann noch immer nicht, stand sie auf und verließ das Zimmer. Erst wenn sie draußen hörte, dass wir drinnen eine Pause machen, kam sie wieder herein. Fröhlich, als sei nichts gewesen, mischte sie die Karten und teilte aus. Dass ich selbst mitspiele und sich auch noch ein dritter Mitspieler findet, war ihr gewiss.

Nun aber kam das Problem des Pausenendes.

»Noch **ein** Spiel, dann geht der Unterricht weiter.«

Diese Rede überhörte sie.

War das Spiel zu Ende gebracht, sah sie mich wieder spitzbübisch an.

»Möchten Sie mich mal ganz brav erleben?«

»Es wäre ein Wunder. Aber ich fände es herrlich!«

»Dann müssen wir jetzt schnell noch ein Spiel machen. Dann bin ich das bravste Mädchen, das je an Ihrer Seite gesessen hat.«

Es ist ihr zwar nie gelungen, aber sie hat sich ehrlich bemüht. Bei unseren Nachmittagsausflügen ergab es sich, dass ich sie einmal alleine an meiner Seite hatte.

»Macht dir denn der Unterricht gar kein bisschen Freude? Glaubst du nicht, dass Gott dich lieb hat?«

Ihre Antwort: »Herr Fischer, fassen Sie mal hierher. Was fühlen Sie da?«

Ich fasste nicht hin, denn ich wusste trotzdem, was da zu fühlen war – ihr Herzschlag.

»Mein Herz schlägt laut und wild. Es will etwas erleben. Das Leben muss prickeln, knistern, schäumen. Ich brauche Lust und Abenteuer, sonst gehe ich kaputt. Ich habe einfach keine Zeit für Gott und solche Themen, die Sie mit uns besprechen. Die sind mir zu weit weg.« Sie nahm meine Hand. »Nicht traurig sein, Herr Fischer. Ich bin zu jung für Gott. Vielleicht wird das einmal anders, wenn ich alt bin. Dann komme ich wieder zu Ihnen, und Sie erzählen mir von Gott. Vielleicht hat ER mich dann auch noch lieb.«

Es kam anders. Nach ungefähr drei Jahren schrieb sie uns: »Lieber Herr Fischer! Es mag für sie unglaublich klingen, aber das widerspenstige Mädchen von einst ist fromm geworden. Das wilde Herz schlägt für JESUS, der mein Heiland ist. ER hat mir ein neues Herz geschenkt, so schön, wie ich es nie erwarten konnte.

Ich weiß nun, dass ich immer nur dem Leben hinterhergelaufen bin, aber nie Erfüllung fand. JESUS macht alles neu. Mein Herz hat Frieden. Das fromme Leben ist überhaupt nicht langweilig, wie ich es mir vorgestellt hatte; es ist schön, so schön. Ich lerne Krankenschwester und freu mich auf den Beruf.«

Wie jubelt da die Seele, wenn sie von solchen Wundern erfährt. Gott überwindet Widerstände auf für uns unerklärliche Weise. JESUS sagte: »DURCH MICH SOLLT IHR DAS LEBEN IN SEINER GANZEN FÜLLE HABEN« (Johannes 10,10).

Plötzlich waren ihr Skatspiele und Haarfarbe unwichtig. Ganz neue und völlig andere Werte füllten ihr Leben aus. Junge Christen wurden ihre Freunde. Mit ihnen arbeitete sie am Wochenende ohne Bezahlung im Altersheim. Mit ihnen feierte sie Feste und war am nächsten Morgen doch frisch und ausgeschlafen. Sie sang im Jugendchor der Gemeinde mit und half im Gottesdienst bei der Kinderbetreuung.

Plötzlich war ihr die Bibel aktuell und lebenswichtig. Sie erfuhr, dass JESUS ihr bester Freund ist, der ihrer nicht überdrüssig wird, wie die Freunde, die sie bisher gehabt hatte. SEINE Liebe hat eine Qualität, die Freude und Frieden verbreitet.

Sie musste an JESU Hand noch durch manches finstere Tal gehen. Aber ihr blieb die Gewissheit: »**DU, MEIN GOTT, BIST BEI MIR!**«

***

Wir hatten die Urgeschichten der Bibel besprochen, also auch den Sündenfall. Der Mensch fühlt sich durch Gott um seine Freiheit betrogen. Er meint, mehr aus sich machen zu können, wenn er selbst entscheidet, was für ihn gut ist.

Aber im Paradies hat Gott das Sagen und damit auch die volle Verantwortung.

Die Menschen lassen es darauf ankommen. Sie legen sich mit Gott an und verlieren dabei das Paradies.

Von nun an sind sie damit beschäftigt, Gott zu beweisen, dass sie **ihr** Paradies einrichten, besser als das SEINE.

Die ›ERFOLGE‹ liegen auf der Hand. Den weitaus größten Teil unserer Gelder geben wir für das Militär aus, für Polizei, Gerichte und Gefängnisse, für Drogenbekämpfung und Grenzbefestigungen, für Terroristenjagden und Schadensbehebungen nach Demonstrationen oder Festivals.

Und wie reagiert Gott auf die Einfälle des Menschen? Beobachtet ER schadenfroh aus himmlischer Entfernung, wie sich der Mensch abstrampelt und doch nicht zurechtkommt? Nein, dafür hat ER SEINE Geschöpfe viel zu lieb. ER bleibt uns in erreichbarer Nähe. ER zwingt sich uns nicht auf. ER akzeptiert unseren Freiheitsdrang. Aber er bietet SEINE Hilfe an. ER gibt uns die grundlegenden Zehn Gebote als **die** gültige und brauchbarste Lebensordung. ER mahnt, ER tröstet, ER reicht uns SEINE Hand, immer mit dem einen Ziel: uns Menschen das wahre Leben zurückzugeben.

In SEINEM Herzen hat Gott längst die Erlösung aus der Sünde durch das Opfer SEINES Sohnes JESUS CHRISTUS am Kreuz beschlossen. Jedes seiner Geschöpfe soll die Möglichkeit erhalten, ins Paradies des ewigen Lebens zurückzukehren.

Wir hatten diese Gedanken in Beispielgeschichten aus dem Alten Testament zusammengetragen. Da springt ein Junge plötzlich auf und sagt erregt: »Dass Gott sich so viel Mühe macht mit dem Gesindel. Das sind die Menschen doch nicht wert. Wäre **ich** Gott, ich hätte die ganze Erde wieder zusammengematscht mit allem, was darauf lebt. Schluss und aus für immer!«

Darauf ein Mädchen: »Dann gäbe es dich auch nicht, und alles, was dir Spaß macht …«

Er zeigte ihr seine Zunge.

Nun konnte das Gespräch erst richtig losgehen.

Am Ende fassten es die jungen Leute in ein paar Sätzen für ihr Konfirmandenheft zusammen: »Gottes Liebe hat eine andere Qualität als die unsere. Sie ist geduldig und freundlich. Sie ist weder verletzend noch nachtragend. Diese Liebe erträgt alles, glaubt alles, hofft alles und hält allem stand. GLAUBE, HOFFNUNG, LIEBE, DIESE DREI. DIE LIEBE ABER IST DIE GRÖSSTE (aus 1. Korinther 13).«

Eins der Mädchen malte unter das Geschriebene ein Kreuz, sich selbst daneben stehend mit einer Sprechblase: »Niemand liebt mich so wie DU!«

Ich denke, das war ihre Antwort auf Gottes unbegreifliche Liebeserklärung.

***

Ein andermal hatten wir die Zehn Gebote behandelt. Das fünfte Gebot »DU SOLLST NICHT TÖTEN« war den jungen Leuten besonders nahe gegangen. Luthers Erklärung dazu lautet: »Wir sollen Gott fürchten und lieben, dass wir unserem Nächsten an seinem Leibe keinen Schaden noch Leid tun …«

Zur Konfirmandengruppe gehörten in dem Jahr auch Schaustellerkinder. Wir sammelten Beispiele.

Ein Mädchen vom ›Rummel‹ erzählt, dass sich am Kettenflieger ein Sitz gelöst hat und das darauf sitzende Kind tödlich verunglückte. Wie war es dazu gekommen?

Ein Angestellter hatte beim Aufbau des Karussells eine Mutter nicht fest angezogen.

Unsere Jüngste – damals elf Jahre – hörte dem Unterricht sehr aufmerksam zu. Am Abend fragte sie meine Frau: »Mutti, heute habe ich etwas nicht verstanden. Was wollte denn die nackiche Mutter auf dem Rummel, und warum ist da gleich der Sitz vom Kettenflieger abgerissen?«

Eine ›Mutter‹ ist eben nicht gleich eine ›Mutter‹ – und eine ›angezogene bzw. nicht angezogene Mutter‹ schon gleich gar nicht. Mutter A hat Fleisch und Blut und ein Herz voll Liebe. Mutter B ist aus Metall und hat ein Gewinde. So unterschiedlich ist das auch mit dem ›HIMMEL‹.

Wer Gott zwischen den Sternen sucht, sucht IHN zu fern. Gottes Himmel ist hier bei uns auf der Bank, in meiner Stube und in deinem Herzen. Ja, so nahe ist uns das Himmelreich.

***

Es gab ein paar Jahrgänge, die waren so fruchtbar, dass uns die Konfirmandenzahl für unsere Wohnung nun doch zu groß wurde. Also belegten wir dafür ein Rüstzeitheim.

Die jungen Leute reisten an, das heißt, sie wurden von ihren Eltern mit dem Auto gebracht. Sie stammten alle aus Wohnwagen, hatten also keine Wohn**haus**erfahrung.

Die erste Attraktion für sie waren die Treppen und die dazugehörigen Geländer. Es begann das große Rutschen, durch drei Stockwerke, nicht nur auf dem Geländer, nein, auch auf den gebohnerten Stufen, die Mädchen vornweg, auf dem Hosenboden.

Der Hausvater zog die Stirn in Falten. Seine Augen fragten mich: »Was habe ich hier noch alles zu erwarten?«

Er sollte es bald merken.

Die Zimmer wurden verteilt, Einzelzimmer und Doppelzimmer. Kein Jubel war darüber zu hören, endlich einmal einen Raum und ein Bett für sich allein zu haben.

»Hier fürchte ich mich ja zu Tode!«

Das war die Reaktion!

Ergebnis? Wir bezahlten zwar vierzehn Zimmer, bewohnten aber nur vier, eins für die Mädchen, eins für die Jungen, eins für meine Frau und mich, und eins für ein paar Übriggebliebene, die beim besten Willen in keins der überfüllten Betten passten. Aber es wurde eine dufte Rüstzeit. Der Hausvater lud uns für das nächste Jahr wieder ein.

***

Hin und wieder hielt ich den Konfirmandenunterricht aber auch während der Saison im Zirkus. Dann mussten am Tag mindestens drei Zeiten gefunden werden, in denen Unterricht möglich war. Es eignete sich die Zeit vor dem Mittagessen, eine Stunde vor der Nachmittagsvorstellung und eine Stunde nach der Abendvorstellung.

Die Konfirmanden im Zirkus ›ALBERTI‹ waren sehr unterschiedlichen Alters: Der Clown war schon über dreißig Jahre alt, die Kassiererin zwanzigjährig und unser ›KÜCKEN‹, die Drahtseilartistin, hatte das sechzehnte Jahr vollendet.

In der nachmittäglichen Konfirmandenstunde lieferten wir einen besonders köstlichen Anblick. Es war heiß, und darum saßen wir vor dem Wohnwagen, unter einem Zeltdach. Ich trug nur eine Badehose, die Kassiererin eine Wickelschürze, die Artistin hatte sich schon für ihre Darbietung zurechtgemacht und saß im duftigen Kostüm am Tisch. Der Clown fiel durch seinen bunten Anzug, durch seine überdimensionalen Schuhe und die Tennisballnase auf. Jeder hatte vor sich eine Bibel und das Schreibzeug. Der Unterricht gestaltete sich sehr lebhaft, weil die ›Schüler‹ gut mitarbeiteten.

An einem solchen schönen Nachmittag beobachtete ich einen jungen Mann – etwa achtzehnjährig –, der sich als Tierschaubesucher auf dem Zirkusgelände bewegte. Ihm waren wir aufgefallen. Kein Wunder. Er näherte sich uns so unauffällig wie möglich, aber so, dass er von unserem Gespräch etwas mitbekam. Dann entfernte er sich ein Stück, kam aber bald zurück und lauschte wieder. Seine Neugier stand ihm ins Gesicht geschrieben.

»Darf ich Sie mal stören?«

Unsere Jüngste antwortete: »Du darfst, wenn du keine blöden Fragen stellst.«

»Ich möchte gern wissen, was Sie hier machen. Ob das eine blöde Frage ist, weiß ich nicht.«

»Das entscheide ich, wenn du uns verrätst, **warum** du uns danach fragst.«

»Ich habe den Eindruck, Sie unterhalten sich über Gott.«

»Dein Eindruck ist richtig, Junge. Und jetzt sage du mir, was du von Gott weißt, ob du an IHN glaubst, ob du in die Kirche gehst und ob du konfirmiert bist.«

»Nein. Ich glaube natürlich nicht. Sie etwa? Sie sehen doch gar nicht fromm aus.«

»Jetzt reicht's aber. Du hast wohl zu viel Rotlicht abbekommen?« Sie stand auf, damit er sie in ihrer ganzen Größe und Schönheit bewundern konnte. »Sieh mich richtig an, damit du weißt, wie ein frommer Mensch aussieht. Setze dich zu uns und sperre deine Ohren auf.

Dann hörst du vielleicht zum ersten Mal in deinem Leben etwas Vernünftiges. Hier, du kannst meine Bibel mitbenutzen.«

»Eine Bibel im Zirkus?«

»Ja, eine echte Bibel. Soll ich dich mal in deinen Hintern kneifen, damit du weißt, dass du nicht träumst? Wir halten hier Konfirmandenstunde.«

Der junge Mann sah uns der Reihe nach an. Er begriff die Welt nicht mehr.

»Ich kannte mal einen aus meiner Klasse, der ging auch dahin. Aber den Unterricht hielt ein Pfarrer. Kann man denn Konfirmandenstunde auch ohne Pfarrer halten?«

»Wieso ohne Pfarrer? Hier sitzt er doch. Hast wohl noch nie einen Pfarrer in Badehose gesehen? Wir haben hier nicht nur Löwen, Tiger und Pferde; wir haben auch einen Pfarrer! Der reist mit uns.«

»Das soll ein Pfarrer sein? Glaub ich nicht!«

»Ich bin aber trotzdem Pfarrer, auch wenn Sie es nicht glauben. Sie sollten die Einladung annehmen und sich zu uns setzen. Es wäre bestimmt gut für Sie.«

Er aber schüttelte sich und floh, als wären ihm die Löwen auf den Fersen.

Unsere Jüngste lachte. Sie rief ihm hinterher: »Vor uns kannst du weglaufen, vor Gott nicht.«

***

Nicht alle unsere jungen Leute sind so herzerfrischend direkt wie dieses Mädchen, aber vor Überraschungen sehr effektvoller Art bist du bei keinem von ihnen sicher.

Wir sind oft von einer Ohnmacht in die andere gefallen, haben es aber immer überlebt, und – o Wunder – die jungen Leute auch.

Ich hielt in Satzung, im Erzgebirge, eine Jugendrüstzeit für zwölf Jungen und Mädchen im Teenageralter.

Es war tiefster Winter, mit viel Schnee und Kälte. Natürlich wollten sich die jungen Leute draußen so richtig austoben. Ich hätte ja nichts gegen eine zünftige Schneeballschlacht gehabt, aber darin lag für sie kein Reiz. Sie kletterten auf hohe, vereiste und verschneite Bäume; sie sprangen wie die Affen von Ast zu Ast; sie jubelten, wenn dabei recht viel Schnee auf die unter ihnen Stehenden fiel, sie ließen sich purzelbaumschlagend fallen und versanken bis über die Ohren im Schnee; sie robbten über eine hohe Schneewehe auf ein Hausdach; sie ließen sich auf dem First und der Esse häuslich nieder und winkten von da aus den Leuten auf der Straße; sie balancierten von einem Schornstein zum anderen; sie rutschten auf dem Bauch das Dach herunter und ließen sich aus drei Meter Höhe im freien Flug in den Schnee fallen; sie lieferten sich Reiterkämpfe auf Schneeschuhen und rodelten im Handstand die Dorfstraße hinunter; sie benutzten eine Wäscheleine als Lasso, warfen sie geschickt über ein Eisen an der Ladefläche eines vorüberfahrenden LKWs und ließen sich auf diese bequeme Weise mit fünf aneinander gebundenen Schlitten die Dorfstraße nach oben ziehen.

»Guter Gott, schicke heute vorsichtshalber ein paar Schutzengel mehr als sonst!«

Es war acht Uhr früh. Ich weckte die Bande. Die ›Frühaufsteher‹ bewegten sich schon in Richtung Waschhaus.

Da brüllte einer: »Wer zuerst am ›Hirtstein‹ (eine Gaststätte auf dem Berg, etwa zwei Kilometer vom Haus entfernt) ist!«

Plötzlich waren alle auf und rannten barfuß und in

ihren Schlafsachen bei fünfzehn Grad Minus in Richtung ›Hirtstein‹.

Ich rannte natürlich nicht mit. Dafür war ich aber auch der Einzige, der zitterte, zwar nicht vor Kälte, aber vor Angst, sie könnten sich den Tod holen. Außerdem machte ich mir Gedanken, was wohl die Dorfleute sagen, wenn sie die verrückte Meute in **dem** Aufzug über die verschneiten Felder hetzen sehen.

Sie kamen alle glücklich und erhitzt zurück. Ein Mädchen hatte gesiegt. Als Preis dafür musste sie der kräftigste Junge auf seinen Schultern heim tragen.

Sich zu waschen war an diesem Morgen nicht mehr nötig. Es ging gleich zum Frühstück und anschließend zur Bibelarbeit. Alles wurde mit Eifer und Freude aufgenommen.

Ein anderes Jahr, eine andere Gruppe, eine andere Jahreszeit und eine andere Umgebung – Großstadt mit gepflasterten Straßen.

An einem Haus hängt ein Briefkasten. Wozu mag der wohl nützlich sein? Du weißt es natürlich. Ich sage dir: Du weißt gar nichts!

Einer unserer Jungen setzt zum Sprung an und schon steht er oben. Aber das war nicht sein Kunststück. Noch ehe ich es verhindern konnte, sprang er los, drehte einen Salto und landete sicher auf seinen Füßen.

»Bist du verrückt, hier auf dem Pflaster? Wenn dir etwas passiert!«

Aber da war er schon wieder oben und wiederholte das Schauspiel, nur diesmal mit einem doppelten Salto.

Mein armes Herz!

Romeo und Julia

»Es waren zwei Zirkuskinder
(sie achtzehn- und er zwanzigjährig),
die hatten einander so lieb.
Sie konnten zusammen nicht kommen,
weil der Vater den Jungen vertrieb.«

Und eben dieser in die Zirkustochter verliebte Romeo stand eines Tages vor unserer Wohnungstür.

»Darf ich ein paar Tage bei Ihnen bleiben, um mich hier mit Julia zu treffen?«

»Freilich darfst du das.«

Die beiden jungen Leute waren uns sehr ans Herz gewachsen; und da sie ihre Kinderschuhe längst ausgezogen hatten, halfen wir ihnen auch gegen den Willen des Vaters. Wir hatten versucht, seinen Widerstand zu brechen. Das aber war gründlich misslungen. Der Vater – selbst ein Prachtkerl – konnte so stur sein, wie seine Ochsen in der Manege.

Der Zirkus, zu dem Julia gehörte, reiste in unserer Nähe. Romeo holte sie mit dem Rad ab; sie blieben ein paar Stunden bei uns, und pünktlich vor der Nachmittagsvorstellung fuhren sie wieder zum Zirkus zurück.

Als wir vom Fenster aus die Abfahrt der beiden beobachteten, blieb uns fast das Herz stehen.

Romeo setzte sich ganz normal auf das Rad und fuhr allein los. Julia rannte ein paar Schritte neben ihm her und sprang dann mit einem Satz auf den Gepäckträger, ach wo, nicht sitzend, stehend, freihändig, wie in der Manege auf einem galoppierenden Pferd. So radelten sie fröhlich die Dorfstraße entlang, einen Steilhang hinunter auf einen Fußweg und so weiter, bis zum Zirkus.

Der misstrauische Vater roch Lunte. Er sah es seiner Tochter an, dass der Geliebte in der Nähe weilte, und er ahnte auch, wo das Liebesnest zu finden ist.

Eines nachmittags, als im Zirkus die Vorstellung lief, Julia also voll beschäftigt war und wir mit Romeo in unserer Stube saßen, kam er angerast. Er klingelte Sturm. Ich öffnete.

»Wo ist der Zwerg?« (Romeo ist an Zentimetern etwas kleiner als Julia, aber nur an Zentimetern!)

Der wütende Vater raste durch unsere Wohnung, wohlmeinend den ›Zwerg‹ hier zu finden. Ich meinte das auch. Doch Romeo war vom Erdboden verschwunden, wie entrückt.

Ich konnte guten Gewissens, selbst staunend, sagen: »Ich weiß nicht, wo er ist. Hier jedenfalls nicht.«

Als der Vater merkte, dass er den ›Schurken‹ bei uns nicht fand, zog er unverrichteter Dinge ab.

Wo aber steckte Romeo? Eine Weile später, als sich Gewitter, Sturm und Hagel verzogen hatten, öffnete sich einen Spaltbreit die Speisekammertür. Ganz vorsichtig spähte Romeo aus seiner Fluchthöhle.

»Ist er fort?«

Ein starker Kaffee brachte den völlig Verstörten wieder auf die Beine. Und obwohl die Lage für das Pärchen so hoffnungslos traurig war, mussten wir lachen.

Schließlich brauchten die beiden aber doch nicht bis in Ewigkeit aufeinander zu warten. **Jetzt** sind sie eine glückliche Familie, mit allen Freuden und reichlichen Lasten, die nur zwei sich liebende Menschen miteinander tragen können.

Der Pfarrer und das Zirkusballett

»Pfarrer, du machst uns Sorgen!« Der das im zweiten Jahr meines Zirkusdaseins sagte, war ein alter Artist aus der Zeit vor der Enteignung. »Ist es dir nicht aufgefallen, dass wir Männer bei deinen Veranstaltungen unter uns sind? Es gibt am Geschäft so viele Mädchen und Frauen, aber sie fühlen sich ausgeschlossen, und daran bist du schuld. Du hast nie versucht, diesen Zustand zu ändern. Hast du Angst vor Frauen? Hier beißt dich keine.«

Recht hatte er. Aufgefallen war es mir längst. Aber wie sollte ich es ändern?

Ein bisschen unheimlich waren mir die Frauen am Zirkus schon. Ich war in Heidersdorf, mitten im Erzgebirge aufgewachsen. Da zeigte das weibliche Geschlecht nicht mehr als sein Gesicht, die Hände und die Füße, im Sommer auch mal die Arme. Am Zirkus zeigten sie mehr. Das irritierte mich. Manche hatten das längst mitbekommen und machten sich daraus einen Jux.

Um den Wagen der Zirkusballettdamen lief ich einen großen Bogen, als könnte ich mir schon beim Vorbeigehen die Pest holen. Immerhin, ich versprach Besserung. Doch wie die praktisch aussehen sollte, wusste ich nicht.

Es vergingen Wochen, in denen ich nichts unternahm. Aber mein Gewissen rumorte. Wenn ich mir morgens vornahm, heute auf jeden Fall die Frauen anzusprechen und einzuladen, fand ich im entscheidenden Moment einen Grund, das auf den nächsten Tag zu verschieben.

Du kannst dir nicht vorstellen, wie schüchtern und unbeholfen, wie tölpelhaft und verklemmt ich war.

Als ich meine Frau kennen lernte, damals ein Mädchen von siebzehn Jahren, bot ich ihr nach Wochen erstmalig auf einem holprigen Spazierweg im Finstern meine Hand zur Stütze an, um sie ihr, auf normaler Straße angekommen, sofort wieder zu entziehen.

Ja, lache nur. Ich war so blöd!

Der Sommer bescherte herrliches Wetter. Die Stimmung war bestens. In den Wohnwagen herrschte allerdings brütende Hitze, sodass man kaum Luft holen konnte.

Ich kam bei den Ballettdamen vorbei. Ihre Tür stand offen, wie alle Wagentüren am Zirkus. Fünf der Bewohnerinnen saßen am Tisch, schreibend, lesend, rauchend.

»Los jetzt!«, kommandierte ich mir.

Nachdem ich die kleine Treppe einmal betreten hatte, gab es kein Zurück mehr. Die Mädchen hatten mich kommen sehen. Ihre Augen leuchteten vor Neugier. Jetzt nur keine Schwachheit spüren lassen.

»Entweder es geht augenblicklich die Welt unter oder es wachsen uns Hörner. Der Pfarrer verirrt sich zu uns verlorenen Schafen.«

Das war der Empfang. Ich hatte ihn nicht anders verdient.

»Weder wird jetzt die Welt untergehen, noch werden Ihnen Hörner wachsen. Ich komme heute zu Ihnen, um das nachzuholen, was ich zugegebenermaßen schon vor Monaten hätte tun sollen: sie besuchen.«

»Dorit, raus aus den Betten. Es ist gleich Mittag, und wir haben allerhöchsten Besuch. Der Pfarrer ist da!«

Ich hörte murmeln, gähnen und einen dumpfen Schlag, als wenn jemand von oben aus dem Bett springt. Der Vorhang öffnete sich, und es erschienen die drei Langschläferinnen, eine gekleidet wie Eva nach ihrer Erschaffung, die beiden anderen trugen ein ›Feigenblatt‹ in Orange und in Weiß.

Nach einer heil überstandenen Schocksekunde meinerseits und einem übergeworfenen Negligé andererseits kam ein gutes Gepräch in Gang.

Die Mädchen hörten auf, sich über mich lustig zu machen. Sie erzählten von sich und sie fragten mich. Sie waren alle getauft, einige gingen als Kinder gelegentlich mit in die Kirche, zwei sprachen regelmäßig ihr Abendgebet, eine war katholisch und hatte über ihrem Bett ein Bild der Gottesmutter hängen.

»Sie sind Pfarrer. Sagen Sie uns die **Wahrheit**?«

»Ja, warum sollte ich Sie belügen?«

»Verachten Sie uns? Halten Sie uns für minderwertig?«

»Nein.«

»Warum haben Sie uns dann bis heute gemieden?«

»Weil ich schüchtern bin. Aber es wird sich geben, je länger ich hier bin.«

»Sagen Sie, was Sie von uns halten.«

»Sie sind von Gott maßgeschneiderte Geschöpfe, mit vielen Gaben zu einem guten Leben erfüllt.«

»Wenn Sie das aus ehrlichem Herzen sagen, freut uns Ihre Antwort, auch wenn wir mit Gott nicht viel anzufangen wissen. Wir hatten den Eindruck, für Sie Ausschussware zu sein, keiner Beachtung wert. Für viele Leute ist das Wort ›TÄNZERIN‹ ein Synonym für ›UNMORAL‹.

Kreisende Hüften im kurzen Rock und hoch das Bein – mehr traut man uns nicht zu. Dass unser Beruf harte Arbeit ist und wir ein Herz haben, das wie jedes andere fühlt, sich ängstet und freut, wen interessiert das schon.«

Das Empfinden der Damen war nicht unbegründet. Ich kam damit noch mehrfach in Berührung und werde dir an anderer Stelle davon erzählen.

»Ich bedaure es, dass Sie das von mir denken mussten. Ich bitte Sie dafür auch um Verzeihung. Sicher stimmt es, dass Sie von vielen so oberflächlich beurteilt werden. In **Gottes** Augen sind Sie aber auf jeden Fall kostbar. Ich wünschte, Sie würden SEINE Aufmerksamkeit, die ER Ihnen schenkt, und SEINE Liebe, die ER Ihnen zuwendet, erkennen und darauf reagieren. Dann hätten Sie den Himmel auf Erden.«

Eine Weile herrschte nachdenkliches Schweigen im Wagen.

»Sie geben uns das gute Gefühl, etwas wert zu sein. Aber in welcher Weise erwartet Gott von uns eine Antwort?«

»Das verrate ich Ihnen nicht. Sie müssen selbst darauf kommen, sonst gilt sie nicht.«

»Wenn Sie jetzt damit rechnen, dass wir nun regelmäßig und vollzählig zu Ihren Veranstaltungen kommen, werden Sie sehr bald von uns enttäuscht sein. Aber Ihr Besuch in unserem Wagen hat uns gefreut. Wir bedanken uns dafür. Sie dürfen auch gern wiederkommen; bitte nicht erst in einem Jahr.«

Ich hatte Wort gehalten. Der Anfang zur gemischtgeschlechtlichen Gemeinde war gemacht.

Gott heilt alle Wunden

Wenige Tage nach meinem ersten positiv verlaufenen Versuch bei dem femininen Geschlecht startete ich einen zweiten.

Im Stallzelt der Exoten traf ich die Tierlehrerin Pia. Sie molk, sie fütterte, sie kehrte und sie beschimpfte das faule Personal.

Ich ging auf sie zu und wollte ihr die Hand geben. Doch sie übersah mich einfach. Na gut. Es geht ja auch ohne das Händeschütteln.

»Frau Pia, wir vermissen Sie in unseren Bibelstunden und Gottesdiensten. Wir würden uns sehr freuen, wenn ...« Weiter kam ich nicht.

Die Frau knallte den Besen in die Ecke, warf beide Arme in die Luft und schrie: »Das ist zu viel. Du schwarzer Lügenprediger. Lass mich in Frieden mit deinem Gott. Betrüger seid ihr alle. Gott ist ein Hirngespinst. Geh mir aus den Augen!«

Donnerwetter! Das war hart. Kein Mann war mir je so begegnet. Ob draußen jemand ihr Geschrei gehört hatte?

Ich beeilte mich, aus dem Stallzelt zu kommen und verkrümelte mich zwischen den Wohnwagen. Dabei geriet ich auch vor Pias Wagen. Die Tür stand offen. Ihr Mann saß am Tisch und las Zeitung. Er war auch noch nie zur Kirche mitgekommen.

Ich klopfte und trat ein.

Pius – die ganze Familie hörte auf diesen Namen, die zehnjährige Tochter eingeschlossen – lud mich zum Sitzen ein, auf dem Stuhl gleich neben der Tür. Ich brachte mein Sprüchlein vor und erhielt diesmal eine mildere Antwort.

»Ja, wissen Sie, Herr Fischer, das ist bei mir kein Unglaube, sondern Faulheit. Wenn ich nachts aus dem Zelt komme, gehe ich zwar noch nicht schlafen, aber ich müsste mich nochmal umziehen, und ..., na ja, Sie wissen schon.«

In diesem Augenblick wurde es neben mir dunkel. Es kam jemand zur Tür herein.

»Wenn das die **Frau** ist, kannst du dein Testament machen«, schoss es mir durch den Kopf.

Sie war es! Ich hatte gehofft, dass sie im Stall noch eine Weile zu tun hat. Denkste!

»Du mistiger Pfaffe! Wagst du dich in meinen Wagen? Na warte, dir werde ich es zeigen!«

Und sie **hat** es mir gezeigt.

Ich fühlte ihre Hand an meinem Kragen. Sie zog mich hoch, drehte mein Gesicht zur Tür, ich spürte ihr Knie in meinem werten Hinterteil, und dann flog ich mit Nachdruck an die frische Luft.

Lieber Gott. Diese Frau hat nichts von der Zartheit einer Eva. Sie muss Goliath zum Urahnen haben.

Einige vom Zirkus hatten meinen Rausschmiss miterlebt. Sie lachten.

»Du kannst aber dämlich sein. Mit **der** Frau ist doch nicht zu reden. Die ist ungenießbar!«

Also stimmte die These doch nicht, dass hier am Zirkus keine Frau beißt. Ich musste befürchten, nicht nur gebissen, sondern gleich gefressen zu werden.

Kein Wunder, dass ich diesen Wagen und seine Besatzung von Stunde an mied, für mehrere Jahre.

Dreimal zeigte ich allerdings Mut.

Ich wusste genau, dass keiner im Wagen ist, da schob ich eine ›FROHE BOTSCHAFT‹ durch die offene Tür unter den Fußabstreicher und war stolz auf meinen Missionseifer. Danach zitterte ich allerdings vor dem zu erwartenden Wutausbruch. Doch den schien Gott zu verhindern.

Tochter Pia wurde vierzehn.

Mutter Pia wurde von mir noch immer gemieden. Da geschah etwas Schreckliches.

Ich lief auf schmalem Pfad zwischen Wohnwagen und Zirkuszaun. Wer kommt mir von der anderen Seite entgegen? Du ahnst es: Pia – die Mutter!

Was tun? Über den Zaun springen **konnte** ich nicht, weil …, na du weißt schon. Unter einen Wagen kriechen **wollte** ich nicht. So blieb mir als letzte Möglichkeit, dem drohenden Unheil ins Auge zu blicken.

Noch drei Schritte, dann standen wir uns gegenüber. Ich stellte fest: Sie hat weder einen Knüppel noch ein Messer in den Händen. Aber ihre Fäuste leisteten auch gute Arbeit.

Um aneinander vorbeizukommen, hätten wir uns hautnah drängeln müssen. Doch was wirklich passierte, übertraf alle meine Vorahnungen.

»Guten Morgen, Herr Fischer. Schön, dass wir uns begegnen, … so unausweichlich. Ich habe lange auf diese Gelegenheit gewartet. Ich möchte Sie um etwas bitten.«

Fast klang es, als ob ihre Stimme zitterte. Aber das war gewiss nur ihre neue Masche, mich in eine Falle zu locken.

»Guten Morgen! Worum wollen Sie mich denn bitten?«

Kürzer ging es nicht.

»Meine Tochter ist vierzehn. Sie soll konfirmiert werden und braucht Unterricht. Würden Sie den übernehmen?«

Ich wuchs zum Riesen. Die Frau sollte mich kennen lernen!

»Frau Pia, wenn ich nicht genau wüsste, dass Sie nie scherzen, würde ich jetzt denken, Sie wollen mich zum Besten halten. Ihre Tochter konfirmieren, das ist ein schlechter Witz. Ihre Gottlosigkeit haben Sie mir sehr deutlich und empfindlich demonstriert. Wenn Sie eine schöne Feier haben wollen, dann wenden Sie sich bitte an den Herrn Parteisekretär. Der wird Ihrer Tochter das Kommunistische Manifest zu lernen aufgeben und sie mit Lenin segnen.«

Auf diese Antwort war ich stolz, ... für zwei Sekunden.

Am Gesicht der Frau konnte ich ablesen, was ich angerichtet hatte. Jahrelang wartete sie auf diese Gelegenheit, und ich machte in einem Augenblick alle ihre Hoffnungen zunichte. Traurig und elend stand sie vor mir.

Die Engel im Himmel werden über mich geweint haben. Pia flüsterte: »Sie haben Recht. Sie können mir meine Bosheit von vor vier Jahren nicht verzeihen. Entschuldigen Sie, Herr Fischer, ich werde Sie nie wieder belästigen.«

Ich hätte heulen können. Was hatte ich angerichtet? »Bitte, bitte, Frau Pia, verzeihen Sie mir. Ich habe Sie beleidigt und im Herzen schwer verletzt. Ich war grenzenlos dumm, eingebildet und böse. Bitte, lassen Sie uns miteinander reden.«

Sie sah mich aus ihren traurigen Augen an. »Kommen Sie mit in meinen Wagen?«

»Ja, gern.«

Wir saßen uns gegenüber, ich auf dem Stuhl von vor vier Jahren. Pia erzählte mir ihre Geschichte. Was davon jeder wissen darf, erzähle ich dir jetzt. Sie ist wertvoll für uns alle. Pius und Pia hatten schon einmal eine Tochter. Dieses Mädchen bewies bereits als Kind Tierliebe und Dressurverstand, sodass sich die Eltern viel von ihm erhofften.

1945 im Dezember. Der Krieg war zu Ende. Sie standen mit ihren Wohnwagen in Berlin zwischen den Trümmern. Kein Licht, keine Heizung, wenig zu essen.

Drei Tage vor Weihnachten wird das Kind krank. Die Mutter treibt einen Arzt auf, doch der kann nicht helfen. Er bringt für die Kranke ein Päckchen Tee, das ist alles, was er für sie tun kann. Die Mutter sucht zwischen den Trümmern nach etwas Brennbarem. Aber es ist ja schon alles verbrannt. Sie kämpft um ihr Kind, sie betet. »Gott, heute ist Weihnachten. Rette mein Kind!«

Es ist später Nachmittag. Irgendwo in der Ferne läutet eine Glocke zur Christvesper. Das Kind fiebert. Die Mutter bettet seinen Kopf in ihren Schoß. Da atmet das Mädchen noch einmal tief, zum letzten Mal.

»Mein Kind! Mein Kind! Gott, warum nimmst du mir mein Kind? Du bist kein Gott, du bist ein Mörder!«

Die Glocke läutet noch immer. Die Mutter weint und schreit. Niemand ist da, der sie trösten könnte.

Von dieser Stunde an ist Pia ein anderer Mensch, ein Mensch mit einem ›versteinerten Herzen‹, wie sie selbst sagt.

Ihr wird eine zweite Tochter geboren. Aber das heilt nicht ihren Schmerz. Die Erinnerung an die Verstorbene ist stärker als das lebendige Kind. Pia kann niemanden mehr lieben, am allerwenigsten sich selbst. Alle Liebe hat sie mit in das Grab gelegt.

Sie erzählt weiter: »Sie, Herr Fischer, waren nach zehn Jahren der erste Mensch, der mich an Gott erinnerte, an diesen schrecklichen Gott, der den Tod meines Kindes hätte verhindern können, es aber nicht getan hat. In dem Augenblick kam der Zorn und meine Verzweiflung der letzten Jahre so massiv über mich, dass ich nicht anders konnte, als Sie zu beleidigen, Ihnen wehzutun, um damit Gott selbst zu treffen. Wir gingen uns aus dem Weg. Aber Sie legten mir einige Male eine Zeitung in unseren Wagen. Als ich die erste fand, war ich so wütend, dass ich Sie auf dem Platz suchen wollte, um Ihnen das Blatt um die Ohren zu schlagen. Aber da fiel mein Blick auf eine dick gedruckte Zeile vorn auf der Titelseite: ›ICH WILL DAS STEINERNE HERZ VON EUCH NEHMEN UND EUCH EIN NEUES HERZ GEBEN.‹ Das traf mich so blitzartig, dass ich genau wusste: Hier geht es um mich. Mir wurde die ganze Tragödie meines Lebens bewusst. Aller Zorn auf Gott war wie weggeblasen. An seine Stelle war eine tiefe Sehnsucht nach IHM, nach SEINER Hilfe und Geborgenheit, getreten. Mein Herz schrie: ›**Vergib mir, Gott, vergib mir meine Sünde. Mache mich neu.**‹

Ich wollte zu Ihnen, um es Ihnen zu sagen und Sie zu bitten, mir zu helfen. Aber ich war zu feige, jahrelang zu feige. Heute nun ergab sich die Gelegenheit. Mein Herz zitterte, als ich Sie mir auf dem engen Weg entgegenkommen sah. Ich brauchte allen meinen Mut, um Sie anzusprechen. Es ging mir gar nicht um die Konfirmation unserer Tochter. Das war nur der Aufhänger. Es geht um mich. **Ich** brauche Ihre Hilfe, das Gespräch und das Gebet.

Ich weiß es auch heute nicht, warum Gott mein Kind sterben ließ. Aber ich weiß, dass Gott trotzdem Liebe ist, unbegreifliche Liebe. ER will uns nicht verderben, sondern retten. Mein Kind ist bei IHM.«

Was wir weiter miteinander sprachen, war nur für Gott bestimmt. Ich selbst hatte vor IHM viel ins Reine zu bringen. ›HIRTE‹ wollte ich sein? Wie ein Mietling hatte ich mich benommen, der vor dem Wolf flieht und ihm seine Schafe überlässt.

Pia und ich vereinbarten für die Tochter die Konfirmandenstunde, die diese nur widerwillig über sich ergehen ließ. Umso aufmerksamer und aufgeschlossener folgte die Mutter dem Unterricht. Wie ein ausgedörrtes Stück Ackerland den Regen, so nahm sie die Segensströme Gottes in sich auf.

Pia war ein neuer Mensch geworden. Gott hatte ihr Leben zurechtgebracht. Den Kollegen um sie herum fiel das auf.

»Pastor, was hast du mit der Frau gemacht? Aus ihr ist ja die reinste Goldmarie geworden?«

Das stimmte. Nur hatte ich es nicht getan, sondern Gott.

Für die nächste Saison bekam Pia einen Vertrag nach Japan. Kaum dort angelangt, schrieb sie uns: »Ich bin hier sehr einsam. Keiner spricht Deutsch. Viel schlimmer ist es aber, dass ich auch keinen Christen gefunden habe, mit dem ich beten kann. Die Bibel und das Andachtsbuch von Ihnen sind meine einzigen, täglichen Begleiter. Der christliche Abreißkalender hängt über dem Stuhl, auf dem Sie damals saßen.

Wenn es in Japan um sieben Uhr früh ist, ist es bei Ihnen abends um zehn Uhr. Da bin ich mit dem Füttern der

Tiere fertig und sitze in meinem Wagen zur Andacht. Es wäre mir ein großer Trost zu wissen, dass Sie zur gleichen Zeit beten. Ich wäre auf diese Weise in eine Gemeinschaft hineingenommen.«

Wir haben ihr geschrieben, dass wir jeden Abend zur gewünschten Zeit **mit ihr und für sie** beten. Das haben wir auch durchgehalten. Damals erlebte ich zum ersten Mal, wie kostbar es ist, zu einer bestimmten Zeit über die Zentrale Gottes aneinander zu denken.

Pia kam aus dieser Saison nicht wieder in die DDR zurück, sodass wir uns lange nicht sahen.

Endlich, Anfang der Siebzigerjahre, fanden wir auf einer Fahrt durch die CSSR ein Zirkusplakat mit Pias Namen auf dem Programm. Nichts wie hin!

Es war gegen elf Uhr, eine ungünstige Besuchszeit im Zirkus. Meine Frau und ich beschlossen, noch zwei Stunden zu warten und erst dann zu Pia zu fahren. Ich wollte bis dahin im Auto eine Runde schlafen; meine Frau nahm sich einen Schaufensterbummel vor.

Längst hatte ich ausgeschlafen. Nur meine Frau kam nicht zurück. Da parkte neben mir ein Krankenwagen mit meiner Frau im Sanitätsabteil. Sie war auf verkehrsreicher Straße umgeknickt und hingestürzt. Das kam ab und zu vor, seit einem Schulunfall, bei dem sie sich die Fußgelenkbänder verletzt hatte. Passanten bestellten den Krankenwagen, der sie ins Krankenhaus zum Röntgen fuhr. Gebrochen war nichts. Ein Arzt legte ihr einen festen Verband an und nun durfte ich sie übernehmen.

Wenn du mich ein wenig kennst, ahnst du meine Reaktion. »Alles klar! Wir müssen unsere Reise abbrechen! Heimfahren! Sofort! Das ist das einzig Sinnvolle!«

Die Krankenpfleger hatten mir meine Frau ins Auto gesetzt. Dort war sie meiner Wut ausgeliefert. Heute tut sie mir nachträglich leid. Ich hatte kein gutes Wort für sie, nur Maulerei, Klagen und dusseliges Geschimpfe. Sie ging nicht darauf ein. Sie kannte mich.

»Wir reisen wie vorgesehen. Jetzt fahren wir erst einmal auf den Zirkusplatz zu Pia.«

»Quatsch, mit deinem Fuß! Du kannst keinen Schritt laufen.«

»Kann ich auch nicht, aber **du** kannst mich fahren.«

»Ja, heimfahren!«

»Nein, zu Pia!«

Wir fuhren ... zum Zirkus. Ich stieg aus und suchte Pias Wagen. Sie kam gerade von ihren Bären. Ein Aufschrei: »Herr Fischer!« Sie umarmte mich, weinte und lachte, und es fehlte nicht viel, sie hätte mich erdrückt. Sie vergaß wohl in ihrer Freude, dass ich kein Braunbär von drei Zentnern bin.

»Haben Sie Ihre Frau nicht mit?«

»Doch, sie sitzt im Auto und kann nicht laufen.«

»Dann holen Sie sie doch her.«

»Geht nicht. Dafür bin ich zu schwach.«

»Dann werde **ich** Ihre Frau auf Händen tragen.«

Wir liefen zum Auto. Dort hat sie erst einmal meine Frau umarmt und geküsst; dann nahm sie sie wie ein Bärenjunges auf ihre Arme, trug sie mühelos in ihren Wagen und legte sie auf ihrem Bett nieder.

»Ich koche Ihnen erst einmal einen guten Kaffee.«

Wie ein Wiesel sprang sie in den Nebenwagen. Wir blieben allein.

»So freut sich selten jemand. Nur ihre Küsse, die schmeckten nach Bärenschnauze.«

Das stimmte. Pia küsste ihre Bären und Gänsegeier wie eine Mutter ihre Kinder. –

»Und unter meinem Kopf drückt mich etwas. Sieh mal nach.«

Ich griff unter das Kopfkissen und zog ein Buch vor – die Bibel. Hast du mal einen Spielzeugteddy gesehen, der von seinem Besitzerkind so geliebt wurde, dass er schließlich wie ein ›Lumpen‹ aussah? Zerliebt! So sah **Pias Bibel** aus: **Zerliebt.**

Sie kam mit dem Kaffee und Gebäck zurück, sah ihre Bibel auf dem Tisch liegen und entschuldigte sich.

»Ich schäme mich, dass meine Bibel so schmutzig und zerrissen ist. Ich lese sie oft mit ungewaschenen Händen, und einmal hat sie auch ein Bärenjunges in seinen Pfoten gehabt.«

»Dafür müssen Sie sich nicht entschuldigen. Schlimm wäre es, wenn das Buch wie neu dort hinter Glas stehen würde – unbenutzt. Das Aussehen Ihrer Bibel zeigt den Wert, den Sie ihr beimessen.«

»O ja, **meine Bibel.** Ihre Worte trösten mich, leiten mich und bauen mich auf. Gott redet mit mir. Ohne dieses Wunder möchte ich nicht mehr leben.«

Pia, dein Foto klebt noch in unserem Album, du selbst aber bist in Gottes starker Hand.

Kampf gegen Vorurteile

›GETANZTE AKROBATIK‹ stand im Programmheft. Da wehte sie auch schon auf die Bühne, leicht wie eine Feder im Wind. Zwölf Minuten zeigte die junge Frau eine außergewöhnliche Darbietung. Einarmige Handstände, Saltos, Bogen, Spagat, ja, selbst jedes Kompliment wurden von ihr in scheinbarer Leichtigkeit als eine Tanzrevue dargeboten.

Die Artistin war schon als kleines Kind in einer Ballettschule ausgebildet worden und dort als besonders talentiert aufgefallen. Sie liebte ihren Beruf und sie wurde von allen geliebt, die mit ihr im gleichen Programm arbeiteten, egal in welchem Haus und Programm das auch war.

Die Nachricht von ihrem schweren Autounfall erschütterte uns alle. Eine Kopfverletzung bereitete ihr von Anfang an die größten Probleme. Die Brüche und Quetschungen heilten normal.

Sie wurde aus dem Krankenhaus entlassen. Daheim begann sie langsam wieder mit dem Training. Die Kopfschmerzen ließen nicht nach. Der sie behandelnde Arzt ließ ihren Kopf noch mehrfach von Spezialisten untersuchen. Die übereinstimmende Aussage lautete: »Im Kopf ist alles in Ordnung. Die Frau ist arbeitsfähig.«

Wie gern hätte sie ihre Arbeit wieder aufgenommen.

Aber mit den schlimmen Kopfschmerzen war das nicht möglich.

Sie wurde vor eine Vertrauensärzte-Kommission gerufen. Deren Urteil: »arbeitsfähig«.

Ein Arzt aus dieser Gruppe machte sich zum Sprecher für alle: »In Ihren Unterlagen steht, dass Sie Tänzerin sind. Das heißt, Sie haben noch nie richtig gearbeitet. Solche Fälle kennen wir aus der Erfahrung. Sie neigen zur Leichtlebigkeit. Das liegt wohl in der Natur der Sache. Wir empfehlen Ihnen, eine ordentliche Arbeit aufzunehmen. Auf diese Weise werden Ihre Kopfbeschwerden am ehesten in Ordnung kommen. Wir schreiben Sie arbeitsfähig.«

Ich besuchte die Frau und fand sie in einer verzweifelten seelischen Verfassung. Sie konnte es nicht begreifen, dass man ihr Arbeitsbummelei, Oberflächlichkeit und liederlichen Lebenswandel vorwarf, nur weil in ihrem Ausweis stand: »TÄNZERIN«.

Mein Besuch tröstete sie zwar etwas, aber damit war ihr nicht geholfen.

Nach meiner Heimkehr besprach ich mich mit unserem Hausarzt, dem ich den Vorgang erzählte.

Er kannte in der Nähe der Artistin einen Facharzt, mit dem er studiert hatte; ihn rief er an und bat ihn, sich der Frau anzunehmen.

Die Artistin wurde von ihm untersucht, und siehe da, dieser Arzt fand die Ursache der Schmerzen, behandelte sie, und schon nach kurzer Zeit spürte die Patientin Erleichterung und war nach einigen Wochen so gesund, dass sie ihre Bühnenarbeit wieder aufnehmen konnte.

Ihre ›GETANZTE AKROBATIK‹ hatte die alte Qualität. Aber ihrem sonst so heiteren Wesen war es anzumerken, dass sie die Kränkung, die man ihr zugefügt hatte, nicht vergessen konnte.

***

Dazu eine zweite Geschichte in gleicher Tonart.

Das Friedrichstadt-Palast-Ballett in Berlin zählte ungefähr vierzig Tänzerinnen und Tänzer.

Es ging mir mit ihnen wie mit den Damen aus dem Zirkusballett, ich wich ihnen aus und wartete auf eine ›günstige Gelegenheit‹, die sich aber jahrelang nicht fand.

Dann passierte es.

An einem Sonntagnachmittag hatte das Ballett in der Vorstellung acht verschiedene Auftritte. Das bedeutete für die Akteure, sich in den kurzen Zwischenzeiten aus-, an- und umzuziehen, auch die Frisuren zu wechseln, und für alle kam erschwerend hinzu, dass die Garderoben weit weg von der Bühne lagen. Ein langer Gang führte zu einer Treppe in die untere Etage, durch eine riesige Flügeltür, dann nochmals ein langer Flur und erst dann waren die Gehetzten am Ziel.

Also war Eile angesagt.

An diesem Nachmittag geschah es. Eine der jungen Frauen war die Treppe hinuntergestürmt, hatte mit der Hand die Flügeltür aufstoßen wollen, erwischte aber nicht den Rahmen, sondern die Scheibe und flog voll durch das zersplitternde Glas. Die schlimmste Schnittwunde hatte sie am Arm. Der war vom Handgelenk aus bis zum Ellenbogen längs zerschnitten, die Pulsader voll getroffen.

Ein sofort fachkundig angelegter Notverband verhinderte erst einmal das Schlimmste; dann wurde sie ins Krankenhaus gefahren. Man legte sie dort auf eine Krankentrage in einem der langen Flure. Sie trug nur das dürftige Kostüm des ›Girltanzes‹ und war über und über mit Blut beschmiert.

Eine Krankenschwester trat zu ihr, sah sie an, und die Tänzerin las in den Augen der Frau Verachtung; aber sie hörte kein gutes Wort, und ihr fast nackter Leib wurde mit keinem Tuch zugedeckt. Doch das Schlimmste kam erst noch.

Die Schwester ging in einen Raum, in dem noch andere Schwestern und auch Ärzte zum Kaffeetrinken zusammensaßen. Die dort Eintretende klärte die Unwissenden auf: »Kein Grund zur Eile. Da haben sie uns so ein Flittchen aus dem Palast hergestellt, schamlos bis hinter die Ohren. Wahrscheinlich hat sie sich vor Eifersucht die Pulsadern aufgeschnitten. Wie die sich zugerichtet hat, ist ekelhaft.«

Cornelia vergaß ihre Schnittwunden; unendlich viel schmerzhafter wirkte diese böse Rede auf ihre Seele. Bis dahin hatte sie die Tränen zurückgehalten. Jetzt musste sie ihnen freien Lauf lassen.

Nach etwa zehn Minuten trat das Stationspersonal aus dem Raum. Ihre Blicke trafen die blutende Frau wie Messerstiche. Jeder neugierige Blick schien zu sagen: »Da liegt das Flittchen!«

Ein Arzt blieb neben ihr stehen, betrachtete sie gründlicher, fragte nach der Ursache und meinte schließlich: »Kein Grund zum Heulen; das kriegen wir alles wieder hin.«

Am Montagnachmittag besuchte ich die Verunglückte im Krankenhaus. Unter Tränen erzählte sie mir ihr Erlebnis.

Ich war empört und wollte sofort zum Chefarzt gehen und mich beschweren. Sie hielt mich zurück.

»Bitte, Herr Fischer, lassen Sie das. Es ändert nichts an der Tatsache, dass viele Menschen uns so sehen: ›Lange Beine, straffe Busen, aber nichts im Gehirn.‹ Verzeihen Sie mir, Herr Fischer, aber ich möchte auch **Sie** fragen. Ich freue mich ganz toll, dass Sie heute hierher zu mir ins Krankenhaus gekommen sind; **warum** haben Sie nicht schon längst mit uns gesprochen? Warum haben Sie sich in der Kantine nur immer zu den Artisten gesetzt? Warum haben Sie uns nicht in unseren Garderoben besucht?«

Ich fühlte mich mies. Mit Recht musste die junge Frau mich auch zu denen rechnen, die von oben herab auf die Varieté-Tänzer sehen, obwohl das nicht stimmte.

»Ich bedaure es sehr, und ich habe mich nie dabei gut gefühlt, wenn ich Ihnen aus dem Weg ging. Mein Gewissen hat mich dafür geplagt.«

»Vergessen wir es. Umso schöner ist es, dass sie **heute** zu mir gekommen sind. Lassen Sie diesen traurigen Anlass einen Anfang dazu sein, dass wir in Zukunft besser miteinander zurechtkommen. Wir hätten ja auch von uns aus auf Sie zugehen können. Aber dazu waren wir nun wieder zu stolz.«

Nach vierzehn Tagen wurde sie aus dem Krankenhaus entlassen. Ich besuchte sie daheim und traf bei ihr noch etliche andere Tänzerinnen und Tänzer.

Wir vereinbarten ein Nachttreffen – nach der Palast-Vorstellung – in einem kirchlichen Gemeinderaum. Ich versprach, drei Autos bereitzustellen, die zwischen dem Varieté und dem Kirchenhaus pendeln, um alle, die mitkommen möchten, recht schnell dahin zu bringen.

22.00 Uhr war Programmschluss. Unsere Autos standen abfahrbereit am Hintereingang, der von den Künstlern und dem Hauspersonal benutzt wurde.

Es vergingen mindestens 25 Minuten, ehe die Erwarteten das Haus verließen, denn sie müssen sich ja erst noch abschminken, duschen und wieder anziehen.

Inzwischen kam auch ein ›Funktionär der Heiteren Muse‹ aus der Tür, bemerkte mich und die leeren Autos, lächelte und rief mir zu: »Das bedaure ich aber außerordentlich, dass Sie hier so allein gelassen stehen. Sie wollten den Damen und Herren vom Ballett eine biblische Vermahnung halten, und nun kommt keiner von ihnen mit. Wie traurig!«

In dem Augenblick drängten sich die Massen aus der Tür und riefen: »Herr Fischer, da sind wir schon – frisch gebadet strömen wir zum Fest!«

Der Zyniker verzog sich postwendend.

Und nun kam mein **nächster** Fehler. Da es sich um unser erstes Beisammensein handelte, wollte ich nicht so dick auftragen, mich ihnen lieber erst einmal vorstellen – meine Frau inbegriffen – und aus unserer Arbeit erzählen. Auch ein kleiner Imbiss stand bereit.

Mitternacht war längst vorüber. Wir dachten ans Heimgehen. Da steht der Mann einer Tänzerin, der aus Interesse mitgekommen war, obwohl er selbst gar nicht zur Truppe gehörte, auf und sagte: »Sie haben das ganz schön gemacht, Herr Fischer. Nun wissen wir viel über Sie, Ihre Familie und Ihre Arbeit. Aber über Gott wissen wir nicht viel mehr als vorher. Das ist schade. Die Bibel ist ein dickes Buch; außer dem von Ihnen zu Beginn gelesenen Psalm hätte sich doch noch etwas mehr für uns darin finden müssen. Wir hoffen, dass diesem ersten Versuch Fortsetzungen folgen.«

Sie folgten – allerdings nicht mehr mit diesem ›Andrang‹ wie beim ersten Mal. Aber seitdem setzte ich mich in der Kantine auch zu den Damen und Herren vom Ballett, sprach mit ihnen, besuchte einige in der Wohnung, und es ergaben sich viele gute Gespräche.

Nur ihre Garderoben mied ich nach wie vor, was sie mir mitleidig lächelnd verziehen.

Zirkuspfarreralltag

»SO EIN LEBEN, REICH WIE DEINS, JA, DAS WÜNSCHT SICH UNSEREINS!«

Es liegt eine Gefahr darin, wenn ich dir aus meinem Leben solche ›BROCKEN‹ erzähle. Du könntest auf den Gedanken kommen, ich erlebe sie wie am Fließband.

Weit gefehlt.

Ich kenne den nüchternen Alltagstrott wie du; den zermürbenden Kleinkram von früh bis spät, den Ärger, die Sorgen, die Enttäuschungen, die Ängste, das Aufgezwungene, das sich ständig Wiederholende. Ich gebe dir eine Kostprobe meines Zirkuspfarreralltags.

Bad Salzungen. Früh acht Uhr. Ich gehe zur Post und gebe an meine Frau ein Telegramm auf: »Reiseroute geändert – bin in Bad Salzungen wegen Unfall der Niagaras – habe Frau des Verunglückten von Halle nach Eisenach gefahren …«

Und so war das gestern: früh Abschied in Lommatzsch von der Familie. Die Kinder nehmen es gelassen, fragen höchstens, wann sie wieder einmal mitfahren dürfen. Für meine Frau ist jeder Abschied ein Stück Sterben. Trotzdem hat sie ein volles JA zu meinem Dienst.

Die Wohnwagen helfen uns, so oft es geht, als Familie zusammensein zu können. Aber das ist nicht immer möglich. Ein Telefon wurde uns, trotz mehrerer Dringlichkeitsbescheinigungen, erst nach vielen Jahren genehmigt. So wusste meine Frau oft nicht, wo ich mich aufhalte.

»Vorsicht! Schlaglöcher!« – Meine armen Stoßdämpfer! – Wenn ich bloß wüsste, woher das Geräusch kommt. Hoffentlich ist nichts mit der Kurbelwelle.

Ortseingangsschild Oschatz – Ortsausgangsschild Oschatz. Ich zünde mir eine Zigarette an. Wozu eigentlich? Wenn ich das wüsste. Dummheit pur! Meinen Kopf zwanzig Mal gegen die Wand zu schlagen oder mir eine Stopfnadel in den Bauch zu stechen wäre auch nicht dümmer. Aber wer macht das schon. Dagegen hat das Rauchen den Geruch von besonderem Genuss, und wir bezahlen es teuer mit Geld und Gesundheit. (Ich habe einen Tag vor meinem vierzigsten Geburtstag die letzte Zigarette geraucht – fünfundzwanzig Jahre zu spät!)

Ortseingangsschild Wurzen – Ortsausgangsschild Wurzen. Sigrid wird jetzt einkaufen gehen. Ob der Klempner heute endlich den Wasserhahn repariert? Ich hätte gestern noch einmal hingehen sollen.

Leipzig Gohlis. Mein erstes Ziel, ein vor Wochen erkrankter Artist. Ich klingle. Niemand öffnet.

Ein Nachbar hört mich. »Sie wollen zu Herrn Freiwald? Der wurde vorige Woche beerdigt. Seine Frau ist zu ihrer Schwester gefahren.«

Ich komme zu spät!

Leipzig Mockau. Die junge Dame hat ihren Partner verlassen. Sie hatten Streit. Nun ist der Arbeitsvertrag für beide geplatzt. Vielleicht ist Versöhnung möglich?

»Kein Wort rede ich mit Ihnen über diese Sache. Der

Kerl hat sich für mich erledigt. Ich werde bald in einer anderen Nummer mitarbeiten. Aber damit habe ich Ihnen schon zu viel verraten.«

Die Tür flog zu.

Dieser Vormittag war nicht sehr produktiv.

Ich verspürte Hunger. Es gibt in Leipzig genug Bockwurstbuden. Zu Hause essen sie heute Makkaroni und Tomatensoße. Mir tropft der Zahn.

Schkeuditz. Festes Quartier eines Zirkus. Der alte Direktor freut sich, wenn ich bei ihm reinschaue. Er kann nicht mehr reisen.

»Vor einer Stunde hat ihn sein Sohn mit dem Auto geholt. Er kommt erst heute Abend zurück. Wenn er hört, dass Sie hier waren, wird er es bedauern, nicht da gewesen zu sein.«

Halle. Gleich 14.00 Uhr. Erst tanken, dann zum Varieté. Durch eine Nebentür gelange ich ins Innere des Hauses und treffe einen jungen Mann, der vor Jahren als Kraftfahrer bei Zirkus BUSCH arbeitete.

»Haben Sie es schon erfahren, Herr Fischer?«

»Was denn?«

»Von den Niagaras ist der Fänger beim Abgang verunglückt. Es soll nicht gut um ihn stehen.«

»Der wohnt doch gleich hier in der Nähe.«

»Ja, seine Frau, zwei Straßen hinter der Kreuzung.«

»Ich weiß.«

Ich lasse mein Auto stehen und laufe bis zu dem Haus. Die Frau öffnet mir. Sie weint.

»Das Krankenhaus hat erst vorhin in meiner Arbeitsstelle angerufen. Bei meinem Mann besteht die Gefahr einer Querschnittslähmung.«

»Wie kommen Sie hin?«

»Ich kann mit dem Zug erst 18.30 Uhr fahren und bin um Mitternacht dort. Es ist alles so umständlich.«

»Packen Sie ein. Ich fahre Sie.«

Die Frau kocht mir einen Kaffee, packt inzwischen für sich und ihren Mann etwas ein, und eine halbe Stunde später fahren wir los.

Ich kann die Frau nur schwer trösten. Sie ist im dritten Monat schwanger und befürchtet wegen der Aufregung einen Schaden für ihr Kind. Ihren Mann sieht sie bereits im Rollstuhl sitzen. Solche Reaktionen verstehe ich gut; sie entsprechen meiner eigenen Mentalität.

Hermsdorfer Kreuz. Wir parken und gehen ins Restaurant. Die Frau hat keinen Appetit. Sie trinkt nur einen Tee. Ich esse.

Erfurt – Gotha – Eisenach. Wir fragen uns zum Krankenhaus durch.

19.30 Uhr. Wir sitzen im Stationsflur und warten auf den Arzt.

»Ihr Mann hatte Glück. Die gründlichen Untersuchungen heute haben ergeben, dass keine Gefahr einer Querschnittslähmung besteht, wie wir es zunächst befürchteten. Aber es wird lange dauern, bis er geheilt ist.«

Die Frau bekommt wieder Farbe in ihr Gesicht.

Sie darf für eine halbe Stunde ins Zimmer zu ihrem Mann. Ich hole sie dann ab und kann kurz mit dem Patienten sprechen, der zwischen langsam tropfenden Flaschen, Schläuchen, Metallstangen und Gewichten mehr hängt als liegt.

Die Frau nimmt ihr Nachtquartier in einem billigen Hotel. Ich verabschiede mich von ihr und fahre nach Bad Salzungen, wohin Zirkus BUSCH inzwischen umgesetzt hat.

Die Abendvorstellung ist gerade zu Ende gegangen. Die Besucher drängen nach draußen.

Ich habe keine Lust mehr, mich jetzt in Gespräche einzulassen. Ein nahe gelegener Parkplatz scheint mir günstig für die Übernachtung zu sein.

Ich baue im Auto mein Bett zurecht, spreche mein Abendgebet und finde doch keine Ruhe. Noch scheint die Straße unter mir zu fließen.

Meine Frau wird schon schlafen.

›**DENKSTE!**‹

Sie sitzt daheim auf der Couch und kühlt ihren angeschwollenen Fuß. Die Gelenkbänder haben wieder einmal versagt; sie ist gestürzt, hat im Fußgelenk einen schlimmen Bluterguss und kann nur unter Schmerzen laufen.

Ihre Gedanken suchen mich in Halberstadt beim Zirkus SARANI, denn der war heute mein geplantes Ziel.

›**DENKSTE!**‹

Gott leitet ihre Grüße über 150 Kilometer Luftlinie nach Bad Salzungen zu mir ins Auto um.

So war das also gestern!

Darum heute früh acht Uhr. Ich gehe zur Post und gebe ein Telegramm an meine Frau auf: »Reiseroute geändert – bin in Bad Salzungen …«

Und jetzt erst einmal zum Zirkus BUSCH.

Besuche und Gespräche.

Wie kam es zu dem Unfall?

»Packt mir mal die Sachen zusammen, die ich eurem Kollegen ins Krankenhaus mitbringen soll.«

Ich esse im Zirkus noch Mittag. Dann fahre ich zurück nach Eisenach.

Die Frau sitzt am Krankenbett. Sie fährt heute mit dem Zug nach Halle zurück.

Ich fahre weiter nach Meiningen zu einer Hochseiltruppe. Dort herrscht Chaos.

Bei einem Verkehrsunfall wurde ein Gittermast verbogen. Die Reparatur wird noch mehrere Stunden dauern, aber um 19.00 Uhr beginnt die Vorstellung. Bis dahin muss der Aufbau abgeschlossen sein. Hier bin ich nur im Wege.

»Herr Fischer, gucken Sie mal unter Ihr Auto. Irgendetwas stimmt da nicht.«

Öl aus der Bremsleitung. Also eine Werkstatt suchen. Die hat Feierabend. Der Meister ist jedoch noch im Betrieb.

»Wir haben keine Zeit für auswärtige Kunden. Unsere eigenen Leute müssen schon wochenlang warten.«

Nach dem Austausch eines Fünfzigmarkscheines aus meiner Brieftasche in die seine darf ich das Auto morgen früh 6.30 Uhr bringen.

Zurück zur Hochseiltruppe. Ich sammle die Kinder unter eine Linde und erzähle ihnen die Josephgeschichte.

Der Programmbeginn verspätet sich um eine Stunde. Das zahlreiche Publikum zeigt Verständnis und wartet geduldig. Die Akteure aber sind abgespannt. Hoffentlich geht alles gut.

Ich beobachte aus der Ferne das Programm mit gefalteten Händen. Letzter Trick.

Ende. Gott sei Dank!

Ich sitze bis nach Mitternacht beim Truppenchef im Wagen. Er hat viel zu erzählen.

Nächster Morgen. Ich bin pünktlich in der Werkstatt. Einer aus der Hochseiltruppe hat mich hingeschleppt.

Der Meister von gestern Abend ist nicht da. Die Angestellten wissen von nichts und beachten mich gar nicht.

Elf Uhr. Der Meister fährt vor.

»Ja, lassen Sie Ihr Auto hier. Ob wir es allerdings heute noch schaffen, kann ich nicht versprechen. Kommen Sie heute Nachmittag her. Um 16.30 Uhr machen wir Feierabend.«

Die Hochseiltruppe hat abgebaut und ist schon weitergefahren.

In der Stadt wohnen zwei Artistenfamilien. Vielleicht treffe ich sie an.

Bei meinem ersten Versuch habe ich Pech, doch der zweite glückt. Ich bleibe bis nach 16.00 Uhr und bin pünktlich in der Werkstatt. Mein Auto ist fertig.

Der Alltag läuft weiter.

Der »Fuhrpark«

Wer reist, ist in Bewegung. Wer viel und lange reist, hat auch Gepäck. Wenn einer mit dem Zirkus reist, dann hat er mehr Gepäck als du, wenn du in Urlaub fährst.

Es kann natürlich sein, dass du die halbe Wirtschaft in Koffer verpackst, obwohl eine Badehose im Plastikbeutel durchaus genug wäre!

Wir brauchten mehr. Wir waren ja auch länger unterwegs, und wir fuhren zur **Arbeit**.

Ich reiste nicht allein. Wenigstens zeitweise begleiteten mich meine Frau und unsere – erst ein, dann zwei, dann drei – Kinder. Im Sommer blieben wir gleich zehn Wochen hintereinander unterwegs – von einer Woche vor Ferienbeginn, weil da in der Schule sowieso **nichts mehr** gelernt wurde, bis eine Woche nach Schulbeginn, weil da **noch nichts** gelernt wurde.

Außerdem gehörten zu meinem Reisegepäck die Requisiten eines Pastors, der seine Kirche – zumindest ihr Inventar – mitnehmen muss, um ein Zirkuszelt in ein Gotteshaus umzufunktionieren.

Du schmunzelst so in dich hinein. Ach, ich ahne die Gedanken deiner blühenden Fantasie, die sich vorstellt, wie ich mit heraushängender Zunge Altar, Taufstein und Kanzel – und die möglichst noch aus Lausitzer Granit – huckepack von Zirkus zu Zirkus schleppe.

So meinte ich das natürlich nicht; aber Bibeln, Gesangbücher, Leuchter, Kerzen, Kruzifix, Altarbuch, Abendmahlskelche, Wein und Hostienteller, schwarzen Talar, weißen Talar, Büchertisch, Dia-Projektor, Tonbandgerät, Flanelltuch, Kasperpuppen, Bildtafeln … haben auch ihr Gewicht.

Der Fuhrpark, den ich über ostdeutsche Straßen bis ins sozialistische Ausland kutschierte, bestand aus: einer Zugmaschine ›LANZ BULLDOG‹, zwei Fünf-Meter ›WOHNWAGEN‹, hartgummi- bzw. luftbereift; vier ›CAMPINGANHÄNGERN‹, so eng, dass wir darin wie Ölsardinen in der Dose lebten, was uns am besten nachts gelang; fünf PKWs: vom ›Haufen Blech und Lack‹ die Marke ›HANOMAG‹, über die ›Pappschachtel‹ ›TRABANT‹ bis zum ›WOLGA‹, der ›Zugmaschine im Frack‹.

Ich besaß diese Fahrzeuge natürlich nicht alle zu gleicher Zeit, sondern im Laufe der über zwanzig Reisejahre. Die Wohnwagen waren, bis auf den Letzten, vom Schrott, von mitleidigen und geschickten Leuten für uns aufpoliert und brauchbar gemacht. Dienstwohnungen auf Rädern.

Mir zittern noch heute die Knie, wenn ich an die LANZ denke. Weißt du, wie man sie zum Fahren bringt? Da ist nichts mit Zündschlüssel und Anlasser. Die Zündkerze wird mit einer Lötlampe zum Glühen gebracht. Ist das geglückt, steckt man das Lenkrad seitlich auf eine Motorwelle und setzt diese kraftvoll in Schwung. Aber Kraft allein genügt nicht. Es gehört auch eine Portion Geschick dazu. Denn wenn es geklappt hat, und der Motor zum Laufen kommt, musst du im Bruchteil einer Sekunde – also blitzartig – das Lenkrad von der Welle ziehen, sonst fliegt es mit rasender Geschwindigkeit davon, und mäht rücksichtslos alles nieder, was ihm in den Weg kommt, vorzugsweise Hände und Köpfe.

Es gibt Männer, die betreiben das Anwerfgeschäft einer LANZ ›mit links‹. Ich kenne einen, der betete erst, um schließlich das lebensbedrohliche Unternehmen – aus sicherer Distanz beobachtend – einem anderen zu überlassen. Der Beter war ich!

Weite Strecken sind mit dieser Zugmaschine nicht zu schaffen. Stelle dir vor: Zirkus AEROS gastiert in Zwickau. Der Zirkuspfarrer ist dabei. Anschließend wird sein Besuch bei Zirkus BUSCH in Rostock erwartet.

Und diese Strecke mit der Lanz! Bubububububububu… Abfahrt in Zwickau Montag früh. Ankunft in Rostock Freitagnacht. So etwas macht man **nur einmal**.

Angeregt durch eine DDR-Losung ›SCHNELLER – BESSER – BILLIGER‹, kam ich auf den Gedanken, mein Fuhrunternehmen der – damals war's – ›DEUTSCHEN REICHSBAHN‹ anzuvertrauen. Wohnwagen lassen sich ja auf einem Güterwagen verladen.

Ich besorgte Ketten und Klötzer, damit mein gutes Stück auf dem Waggon nicht davonrollt. Der zuständige Bahnbeamte schmückte unser Gefährt mit einem Zettel, auf dem der Zielbahnhof angegeben war. Außerdem zierte unseren Wagen ein mit dicken roten Buchstaben gedruckter Aufkleber… – Quatsch, nicht: ›VORSICHT GLAS‹, sondern: **»VORSICHTIG RANGIEREN! BEWOHNT!«**

Aber diesen roten Zettel muss der Rangierlokführer übersehen haben. Er zog uns auf das richtige Gleis, gab uns einen ordentlichen Schwung, und mit dem rollten und prallten wir tempogeladen auf den schon bereitstehenden Güterzug. Der Waggon vor uns beherbergte eine Kälberherde.

Die Kälber waren auf den Anprall ebenso wenig vorbereitet wie meine Familie.

Unsere Kinder flogen samt ihrer Mutter von den Stühlen an den Küchenschrank. Der Tisch kam hinterher. Die zum Glück eben abgegessenen Teller sortierten sich gleich im Mülleimer neben der Tür, und das noch vorhanden gewesene Apfelkompott durften die Kinder anschließend von der Wand lecken.

Ich war auch im Wagen, aber zufällig hinten, im Schlafabteil, um von da etwas zu holen.

Der Anprall verhalf mir zum weitesten Sprung meines Lebens. Ich sprang durch den ganzen Wagen, und das waren immerhin fünf Meter. Weil unsere Wagentür wohlweislich verschlossen war, endete mein Sprung an diesem Hindernis. Ansonsten hätte der Schwung auch noch für die paar Meter über den Kälberwagen ausgereicht, und ich wäre im Buch der Rekorde gelandet. Schade. Es sollte halt nicht sein.

Wenn ein Trabi zum Wohnmobil wird

Als ich 1975 mit der Arbeit aufhörte, übernahm die Artistengemeinde ein anderer Diakon und führte sie als Artistenpfarrer weiter. Ich selbst, und mit mir meine Familie, wurde wieder sesshaft.

Wenn ich ohne Familie reiste, genügte mir ein kleiner Wagen, z. B. der ›TRABI‹. Der Fahrersitz diente mir nicht nur als solcher, sondern zugleich als Küchenstuhl, Schreibtischsessel, Couchgarnitur, Kleiderständer und Nachttisch. Die Küche befand sich im Handschuhfach: ein Messer, ein Löffel und zwei Gläser ›APFEL-MÖHREN-BREI‹ ab drittem Monat.

Den meisten Platz im Wagen nahm das Schlafzimmer ein, das heißt das Bett. Dafür ließ ich alle übrigen Sitze in der Garage zurück. So konnte ich ausgestreckt auf einer Luftmatratze gut schlafen – den Kopf unter dem Benzinhahn und die Füße im Kofferraum.

Das Bad baute ich mir auf den Kühler. Nein! Natürlich nicht während der Fahrt. Ich wasche mir doch nicht bei Tempo 100 die Füße. Du traust mir vielleicht was zu! Also, nur wenn ich parkte, baute ich mir das Bad auf den Kühler – eine Plastikschüssel, einen Waschlappen, eine Seifendose, ein Handtuch und eine Zahnbürste samt Paste und Mundwasser.

Auf den Luxus einer Innentoilette musste ich verzichten, weil die in grauer Vorzeit noch nicht erfunden war. Dafür bot ›MUTTER NATUR‹ Ersatz. Aber auf dieses delikate Thema komme ich noch einmal zurück.

Zum Schlafen benutzte ich Schlafanzüge. Um kein öffentliches Ärgernis zu erregen, zog ich mich in meiner Luxusvilla aus und an. Meine Zirkusleute meinten, dieses Kunststück sei manegenreif.

Damit mir bei diesem einmaligen Trick aber niemand zuschauen konnte, ließ ich mir von meiner Frau bunte Gardinen nähen. Hübsch sahen sie aus. Nur wirkten sie leider auch auffällig. Es gibt so viele neugierige Leute. – Ich habe dich ja gar nicht gemeint. Am schlimmsten sind die Nachtschwärmer.

»Bestimmt schläft da einer!«

»Vielleicht auch zwei!«

»Nee, dafür ist die Schachtel zu eng.«

»Quatsch. Zwei brauchen auch nicht mehr Platz als einer.«

»Kann ja ooch ne sie sein.«

»Na, das gloob ich nu gleich gar nicht. Die hätt' viel zu viel Angst, so alleene.«

Da ich meine Ruhe haben wollte, blieb mir nichts anderes übrig, als die Gardine zu lüften, damit sie Einblick nehmen konnten.

»Ihr könnt euch beruhigen. Ich bin ein Mann und ganz allein. Kapiert? Und jetzt lasst mich gefälligst in Frieden! Gute Nacht!«

Solches konnte sich in einer Nacht mehrfach wiederholen.

In Stralsund hatte ich mein ›SOZIALISTISCHES WOHNMOBIL‹ in der Nische einer Kirche geparkt, weil ich da auf besonderen Schutz und geruhsamen Schlaf hoffte.

Als ich nachts gegen 23.00 Uhr von meinen Artistenbesuchen ›NACH HAUSE‹ kam, lehnten zwei Stralsunder Teenager weiblichen Geschlechtes an meiner Staatskarosse.

Ich blieb abwartend in angemessener Entfernung stehen. Die jungen Damen hatten das Bett im Auto entdeckt, denn meine Gardinen waren noch hochgezogen. Ich hörte:

»Mensch, der bleibt ja ewig!«

»Wenn dir's zu lange dauert – geh. Ich kann warten! Die Gelegenheit kommt nicht so schnell wieder.«

»Du weißt ja gar nicht, was das für'n Kerl ist. Vielleicht 'n Opa.«

»Von wegen ›OPA‹. Der schläft nicht im Auto. Das ist ein Bengel von höchstens dreißig Jahr'n. Wetten?«

»Na gut. Ich warte mit.«

Die beiden Mädchen zeigten Geduld.

Bis nachts ein Uhr durfte ich mir mein Bett nur aus der Ferne ansehen. Dann endlich verschwanden sie maulend.

»So ein blöder Affe. Was der sich entgehen lässt! Das kriegt er nie wieder geboten!«

Zum Glück! Es blieb bei der einen Nachtwache.

***

Einen ganz anderen Verdacht hegten die Freunde von der ›STASI‹. Aber das erfuhr ich erst, als ich meine Akte zu lesen bekam. Sie vermuteten hinter den Gardinen ein Funkgerät, das mich mit dem Klassenfeind verbindet.

Sie suchten es über viele Jahre in meinen sämtlichen Fahrzeugen, die Wohnwagen eingeschlossen. Die IMs trauten es sich schon kaum noch, in ihren Berichten zu erwähnen, dass das Gesuchte nicht zu finden sei. Am Zettelrand stand mehrfach mit Rot geschrieben: ›SAUEREI!‹

Wie sollten sie aber etwas finden, was es nicht gab?

Ihr Verdacht erhärtete sich ein paar Jahre später, als ich in meinem Auto tatsächlich ein Kästchen installiert hatte. Aber davon erzähle ich ein andermal.

***

Zwei Polizisten spürten mich eines frühen Morgens auf, als ich mir gerade meine Zähne putzte.

Ich hatte mir bei Fuchs und Hase einen wunderschönen Schlafplatz gesucht – auf offizieller Parkmöglichkeit einer Waldstraße. Mit freiem Oberkörper stand ich da, in meiner grün gestreiften Schlafanzughose, da kamen sie mit ihrem Motorrad auf mich zu.

»Was machen Sie denn hier?«

Kein Guten-Morgen-Gruß, nur diese barsche Frage.

Da ich sehr gut geschlafen hatte, war ich auch in entsprechender Stimmung.

»Guten Morgen, meine Herren. Was ich hier mache, sehen Sie selbst. Ich wasche mich und putze mir meine Zähne.«

»Hier ist aber kein Campingplatz!«

»Darf man sich nur auf einem Campingplatz den Hals waschen?«

Diese Frage überhörten sie.

»Wer sind Sie?«

»Ich bin ein Engel!«

Betretenes Schweigen.

Die beiden Uniformierten schauten sich an.

»Wir wollen wissen, wer Sie sind!«

»Ich habe es Ihnen schon gesagt: Ich bin ein Engel. Ich stehe bei Gott in Brot und Lohn und reise von Zirkus zu Zirkus. Jetzt bin ich unterwegs vom Zirkus MILANO zum Zirkus PROSCHO. Ich besitze einen gültigen Personalausweis der DDR, und falls Sie mehr über mich wissen möchten, fragen Sie einfach bei Ihren Genossen in Meißen an. Dort bin ich als Lommatzscher Einwohner polizeilich gemeldet.«

»Ja, Ihren Ausweis möchten wir sehen.«

Ich öffnete meine ›SCHLAFZIMMERTÜR‹ und entnahm meiner Aktentasche den Ausweis.

»Dürfen wir hier mal reinsehen?«

Damit meinten sie nicht den Ausweis, sondern mein ›WOHNMOBIL‹.

»Sie schlafen tatsächlich hier drin?«

»Wie Sie sehen, ja.«

»Und das geht gut?«

»Sehr gut sogar. Ich kann im Himmelbett nicht besser schlafen.«

Die Beamten traten ein paar Schritte zur Seite, schrieben sich meinen Ausweis ab und gaben ihn mir zurück – inzwischen sehr höflich – mit den Worten: »Bitte warten Sie hier, bis wir zurückkommen. Wir müssen erst noch einige Informationen einholen.«

»Ja, gewiss, holen Sie! Wenn ich mit meiner Morgenwäsche fertig bin, frühstücke ich und schreibe meiner ›Engeline‹ einen Gruß. Inzwischen werden Sie zurück sein.«

So war es dann auch.

»Es ist verantwortbar, Sie weiterfahren zu lassen. Gute Reise.«

»Das ist sehr freundlich von Ihnen. Ich hätte nur gern

gewusst, welche Auskunft Sie in Meißen über mich erhalten haben.«

»Als die Ihren Namen hörten, und wir erzählten, wo und wie wir Sie gefunden haben, hat der Genosse gelacht und gesagt: ›Der ist verrückt aber harmlos. Wir führen ihn als Wanderprediger.‹« –

Genossen, Genossen! Was ist das für eine Schlampenwirtschaft. Kein Wunder, dass euer System wie ein Kartenhaus zusammengebrochen ist. Bei gut funktionierender Zusammenarbeit mit der Stasi hättet ihr wissen können, dass die mich anders einstufen. In deren Akten stand im gleichen Jahr geschrieben: »Geschickt agierender Staatsfeind.« Wie konntet ihr da von ›HARMLOS‹ reden?

Ist der Ruf erst ruiniert …

Ganz schlimme Erfahrungen machte mein geliebter, kleiner Trabi in Reichenbach im Vogtland. Ich parkte ihn auf dem Marktplatz vor dem Hotel, in dem ich übernachtete. Ab und zu leistete ich mir solchen Luxus.

Am frühen Morgen war mein Trabi weg, einfach verschwunden. Erst glaubte ich an einen Scherz. Vielleicht hatten ihn Spaßvögel um ein paar Ecken getragen. Aber so viele Ecken ich auch erforschte, meinen Trabi fand ich nicht.

Wenn ich deine entsetzten Augen sehe, will ich dir, ehe du in Ohnmacht fällst, gleich verraten, dass er wieder zum Vorschein kam. Betrunkene Jugendliche hatten ihn in der Nacht aufgebrochen, kurzgeschlossen und waren dann mit Tempo 100 in Richtung Plauen gefahren. Unterwegs hatten sie gehalten und mein Auto in eine üble Kneipe verwandelt. Gequalmt und gesoffen haben sie. Ich konnte in den nächsten Wochen nur mit offenen Fenstern fahren.

Aber das alles wussten an diesem Morgen weder ich noch die Polizei. Die hatte bei einer Kontrollfahrt das Auto quer auf der Straße gefunden und zur Seite geschoben.

Sie suchten nach Hinweisen, wer wohl der tolle Fahrer und Besitzer sein könnte, der hier offensichtlich Orgien gefeiert hatte.

Sie fanden einen Briefumschlag mit dem Absender: Pfarrer Gerhard Fischer – Radebeul.

Na, das war für sie ein Ding. Ein Pfarrer! So sind die Heiligen!

Gegen acht Uhr morgens klopfte der eine Polizist im Kirchenbüro der unteren Stadtkirche an und traf den Kanzleiinspektor.

»Kennen Sie einen Pfarrer Fischer aus Radebeul?«

Ja, den kannte er. Ich hatte in der Reichenbacher Kirche schon mehrfach gepredigt.

»Der muss heute Nacht stinkbesoffen gewesen sein. Wir haben sein Auto in Richtung Plauen quer auf der Straße gefunden. Es liegt voller leerer Schnapsflaschen und stinkt fürchterlich.«

Der Kircheninspektor grinste: »Kein Wunder. Bei dem ist alles möglich. Der reist ja auch mit dem Zirkus.«

***

Dreimal tief Luft holen, oder – wie es die Engländer machen – ›count ten‹ = ›zähle bis zehn‹! Warum soll es dem Zirkuspfarrer besser gehen als seiner Gemeinde? Unsere Zirkusleute werden häufig als wenig vertrauenswürdig abgestempelt.

Eine Zirkusfrau spürte das Bedürfnis, in die Dorfkirche des Ortes zu gehen, in dem sie gerade gastierten, **um dort zu beten**. Sie nahm eine große Kerze mit, lief ins Pfarrhaus und bat den Pfarrer, ihr die Kirche aufzuschließen. Sie wollte gern still vor dem Altar verweilen.

Der Pfarrer musterte sie von oben bis unten.

»Sie kommen vom Zirkus?«

Die Frau bejahte das.

»Na, dann gehen Sie schon mal voraus. Ich komme mit dem Schlüssel gleich nach.«

Er ging in seine Wohnung zurück. Da die Zirkusfrau sich aber nicht so sehr beeilte, musste sie noch mit anhören, wie der Pfarrer zu seiner Frau sagte:

»Hast du das schon einmal erlebt? Eine Zirkusfrau will in der Kirche beten. Da will ich mal lieber ein Auge drauf haben, sonst fehlen uns am Ende die Kelche.«

Die Zirkusfrau hatte Mühe, in der Kirche zur Stille zu kommen. Immer wieder hörte sie in sich die Verdächtigung des Pfarrers. Sie zündete ihre mitgebrachte Kerze an und blieb eine Weile vor dem Altar stehen.

Als sie sich umdrehte um hinauszugehen, saß der Pfarrer auf der hintersten Kirchenbank.

Sie konnte es sich nicht verkneifen, beim Abschied ihre Arme auszubreiten und ihn zu fragen: »Wollen Sie vorsichtshalber eine Leibesvisitation vornehmen? Genieren Sie sich nicht, in meine Taschen zu greifen. Zirkusleute sind gefährlich. Sie haben da sicher Ihre Erfahrung.«

Der Pfarrer reagierte verlegen.

Am Nachmittag ging die Frau noch einmal ins Pfarrhaus und bat um den Kirchenschlüssel. Der Pfarrer sah sie unsicher an. Sie half ihm.

»Ich will aus Ihrer Kirche gern etwas holen, was Sie gewiss entbehren können. Ich lege Ihnen dafür etwas Neues hinein.«

Er murmelte Unverständliches, ging aber mit und schloss die Kirche auf. Die Frau lief nach vorn, räumte den Altar ab, vertauschte das vergilbte und verschmutzte Altartuch mit einem neuen, strich es zurecht und platzierte die Leuchter und die Bibel wieder an ihren Platz.

»Nun habe ich doch noch gestohlen, Herr Pfarrer, und

das vor Ihren Augen. Zirkusleuten ist eben nicht zu trauen.«

Sie packte das Tuch in ihren Beutel und verschwand.

***

Mit der Zeit gewöhnte ich mich an solche Verdächtigungen – etwa nach der Devise: »Ist der Ruf erst ruiniert, lebt es sich ganz ungeniert.«

Mein Freund Armin, der mit dem Zirkus nichts zu tun hatte, und ich waren bei einer Pfarrfamilie zum Abendessen eingeladen. Die Hausfrau deckte bereits den Tisch. Die übrige Familie wurde erst erwartet. Wir saßen also vorläufig allein im Zimmer.

Die Hausfrau brachte einen Wurstteller und stellte ihn auf den Tisch. Dann ging sie, um aus der Küche die Tassen, Teller und das Besteck zu holen.

Mein Freund hatte mit Adleraugen erspäht, dass auf dem Wurstteller nur **eine** Scheibe seiner Lieblingswurst lag.

In der Sorge, dass ihm beim Abendbrot einer aus der Tischrunde zuvorkommen könnte, nutzte er die Gunst des Augenblicks. Kaum war die Hausfrau aus dem Zimmer verschwunden, nahm er sich die Wurstscheibe und schob sie sich genüsslich in den Mund.

Die Hausfrau kam ins Zimmer zurück, entdeckte auf Anhieb den Frevel, sah mich mit einem durchbohrenden Blick an und erklärte: »Man merkt doch gleich, dass man einen vom Zirkus im Hause hat!«

***

Auch Behörden sind von solchen Vorurteilen nicht frei. In Thüringen erlebte ich beim Zirkus ›ALBERTI‹ ein schlimmes Beispiel.

Der Zirkus hatte am Ortsrand einer Kleinstadt neben einem Waldstück aufgebaut. Der Platz war mehr lang als breit. So standen die Wohnwagen ein ganzes Stück vom Zelt entfernt.

Die letzte Vorstellung war beendet und die Männer voll mit dem Zeltabbau beschäftigt.

Die Uhr lief bereits auf Mitternacht zu.

Nur ein paar Zirkusscheinwerfer spendeten noch Licht. Die Stromkabel zwischen den Wohnwagen waren schon abgezogen, weil noch in der Nacht die ersten Transporte zum nächsten Gastspielort gefahren werden sollten.

Einige wenige neugierige Einwohner beobachteten trotz der späten Stunde das nächtliche Treiben.

In einem etwas abseits stehenden Wohnwagen räumte eine junge Frau bei Kerzenschein ihren Wagen auf und machte ihn transportfertig: Gläser und Porzellan müssen verpackt, das Radio auf den Fußboden gestellt und die Schränke zugebunden werden.

Da rissen ein paar junge Kerle die Tür auf. Einer von ihnen packte die Frau und warf sie zu Boden.

»Schrei nicht, sonst polier ich dir deine Fresse. Bis dein Alter kommt, sind wir mit dir fertig, Zirkusflittchen.«

Er hatte die Frau unterschätzt. Sie war schneller wieder auf den Beinen, als er denken konnte und schrie: »Stefan!!!«

Der war noch mit dem Zeltabbau beschäftigt. Als er seine Frau schreien hörte, stürmte er auf seinen Wagen zu, sprang mit einem Satz hinein – ohne dabei die Treppe zu berühren –, packte den Kerl, der sich mit seiner Frau balgte. Er gab ihm mit der Faust einen Schlag auf die linke Gesichtshälfte und einen auf die rechte – währenddessen die beiden Mittäter flohen – und beförderte den Wüstling mit einem Tritt ins Freie. Dieser kam bei seinem Abgang auch nicht dazu, die Treppe zu benutzen und krachte an einen Zaun.

Da wurden bereits die ersten Stimmen laut. »Schlägertypen« – »Zirkusgesindel« – »Gangster« – »Tagediebe«.

Die jungen Männer drohten von weitem: »Wir gehen zur Polizei. Das lassen wir uns nicht gefallen.«

Der Hinausgeworfene blutete aus der Nase und dem Mund und hatte auch sonst jede Menge Verletzungen und Schmerzen, denn Stefan hatte ganze Arbeit geleistet, und seine Frau hatte sich auch erfolgreich gewehrt.

Es dauerte ungefähr zwanzig Minuten, da rückte die Polizei an.

»Wo ist der Mann mit dem Namen Stefan?«

»Der bin ich.«

Alle Zirkusleute hatten sich inzwischen vor Stefans Wagen versammelt, und dazu einige Männer aus der Stadt.

»Sie haben diesen Mann zusammengeschlagen. Das ist schwere Körperverletzung. Der Arzt wird noch Genaues feststellen. Sie kommen mit aufs Revier.«

Stefan hatte Mühe, die Beherrschung zu behalten.

»Ist das alles, was Sie mir zu sagen haben?«

»Nein, Ihre Frau kann gleich mitkommen. Die hat den jungen Mann an empfindlicher Stelle schwer verletzt.«

»Und wenn Sie nicht sofort das Gelände verlassen, mache ich Sie gleich mit zum Eunuchen. Sie wollen Polizist sein? Sie sind ein Schuft!«

»Das ist Beamtenbeleidigung! Das ist Aufruhr gegen die Staatsgewalt. Sie sind mit Ihrer Frau verhaftet!«

Die Lage drohte zu eskalieren. Die Zirkusleute bildeten einen Kreis um Stefan und seine Frau. Sie drohten: »Noch **ein** Wort und wir ...«

Da trat ein Mann aus der Dunkelheit heraus, etwa fünfzig Jahre alt, der entweder ein Lehrer oder sogar der Schuldirektor war. Auf jeden Fall kannten ihn die Polizisten gut.

»Was hier geschieht, ist eine grenzenlose Schweinerei. Nicht genug damit, dass sich die Zirkusleute von solchen Strolchen demütigen lassen müssen, jetzt widerfährt ihnen dasselbe auch noch von der Polizei. Ich bin bereit, mit diesem Ehepaar auf die Wache zu kommen, um **Sie**, die Polizisten, anzuzeigen. Ich habe hier unfreiwillig alles miterlebt: den Einbruch, die versuchte Vergewaltigung und die Notwehr der Frau. Es ist eine Schande, dass Sie, ohne zu zögern, diesen Trunkenbolden geglaubt haben, sie wären von den Zirkusleuten grundlos verprügelt worden.«

Die Polizisten standen ziemlich betreten da.

»Wir konnten das doch nicht wissen. Und immerhin, sehen Sie sich den Jungen mal an, wie der zugerichtet ist.«

»Der soll froh sein, dass er noch lebt. Hätten **Sie** vielleicht Ihre Hand in der Hosentasche gelassen, wenn Ihre Frau überfallen wird?«

Das Ende vom Lied: Der Mann fuhr mit Stefan und seiner Frau in die Kreisstadt auf die Polizeiwache. Dort erstattete er Anzeige gegen die jungen Männer und die Polizisten und gab einen genauen Bericht zu Protokoll, wie und was sich alles zugetragen hatte. Was daraus geworden ist, wissen wir nicht. Der Zirkus reiste weiter, und die Polizei meldete sich in dieser Angelegenheit nie wieder.

Wenn mancher Mann wüsste …

Kennst du das?

»WENN MANCHER MANN WÜSSTE, WER MANCHER MANN WÄR', GÄB' MANCHER MANN MANCHEM MANN MANCHMAL MEHR EHR'«

Du sollst mir diesen Satz nicht nachsprechen. Am Ende bin ich daran schuld, wenn du dir deine Zunge verleierst. Ich habe mit diesem weisheitsreichen Sprüchlein nur meine nächste Geschichte eingeleitet.

Ich kam auf meinen Reklamefahrten für den Zirkus – davon erzähle ich später ausführlicher – in ein Haus mit der Bitte, aus meinem Auto ein Stromkabel für meine Verstärkeranlage an einer Steckdose anschließen zu dürfen. Unsere Batterien zur Versorgung der Anlage waren ausgefallen.

Ich klopfte im Erdgeschoss an eine Tür.

»Herein!«

Ich trat ein, und beim ersten Rundblick durchs Zimmer entdeckten meine Augen gleich so viel Schönes, dass ich mich freute. Eine Frau hantierte in ihrer Wohnküche. An der Wand hing ein großes Bild im Goldrahmen: ›JESUS IM GARTEN GETHSEMANE‹; rechts neben der Tür der christliche Abreißkalender ›BROT FÜR DEN TAG‹; und auf der Nähmaschine lag die ›HERRNHUTER LOSUNG‹.

Ich fühlte mich zu Hause. Hier wohnten meine Geschwister. Zuversichtlich brachte ich meine Bitte vor, ob ich durch das offene Küchenfenster ein Kabel an ihrer Steckdose anschließen dürfe – für unsere Zirkusreklame.

Augenblicklich verwandelte sich die Frau in eine Furie.

»Raus aus meiner Wohnung! Elendes Zigeunervolk! Diebesbande! Was unterstehen Sie sich eigentlich, hier hereinzukommen. So eine Frechheit. Raus, habe ich gesagt, oder ich rufe die Polizei!«

Die Frau schrie nicht, sie kreischte!

»Was habe ich Ihnen angetan, gute Frau? Ich habe anständig geklopft. Sie haben mich hereingebeten. Ich habe Sie höflich um etwas gebeten. Wenn es Ihnen nicht recht ist, dass ich mein Stromkabel durch Ihr Fenster lege, so können Sie mir das gern sagen. Dann frage ich im Nachbarhaus. Aber warum beschimpfen Sie mich?«

»Dafür habe ich gute Gründe. Und außerdem ist das **meine** Sache, die Sie gar nichts angeht. ›Ihr Leute, nehmt die Wäsche ab, der Zirkus kommt!‹ – Nein, nein, – bei mir nicht. ›Raus!‹, habe ich gesagt!«

Sie kam auf mich zu, als wolle sie mich mit Gewalt hinausbefördern. In dem Augenblick hatte ich das sächsische ›SONNTAGSBLATT‹ auf ihrem Tisch entdeckt.

»**Sie sind Christ!** Schämen Sie sich nicht? Sie haben Jesus an der Wand hängen und den christlichen Abreißkalender dazu, aber aus Ihrem Mund kommen wüste Beschimpfungen!«

Die Frau erschrak. Sie musste sich setzen.

»Ja, setzen Sie sich. Ich habe mit Ihnen noch ein paar Minuten zu reden. Hier liegt das ›SONNTAGSBLATT‹.

Da hat vor ein paar Wochen ein Artikel drin gestanden über die evangelische Artistenmission. Haben Sie den gelesen?«

»Ja.«

»Und was stand da drin?«

»Dass im Zirkus ein Pfarrer mitreist.«

»Ach, sehen Sie einmal an. Ein Pfarrer im Zirkus. Was der dort wohl macht?«

»Er hält Gottesdienste, Christenlehre und sogar ›JUNGE GEMEINDE‹.«

»Gut wissen Sie das. Da haben Sie sich vielleicht auch den Namen des Pfarrers gemerkt?«

»Ja, weil ich bis zu meiner Hochzeit auch so hieß: Fischer.«

»Sehr gut! Nun darf ich mich bei der Gelegenheit Ihnen vorstellen: Ich bin der Zirkuspfarrer Fischer.«

Die Frau wurde blass und blässer. Ich war froh, dass sie schon auf einem Stuhl saß, sonst wäre sie mir wohl unfreiwillig in die Arme gefallen.

»Aber das konnte ich doch nicht ahnen!«

»Nein, das konnten Sie natürlich nicht ahnen. Es steht mir ja zum Glück nicht auf der Stirn geschrieben. Danken Sie Gott, dass **ich** es war, und nicht unser Reklamechef, den ich heute nur vertrete. Wenn Sie **den** so angegangen wären wie mich, wäre der sehr enttäuscht worden. Er hätte die Bilder auch gesehen und nicht verstanden, warum Christen ihn so ungerecht anfahren. – Sind Sie denn von Zirkusleuten schon einmal beklaut worden?«

»Nein. Aber alle sagen es doch.«

»Das ist eine feine Begründung. Weil es alle sagen, müssen **Sie** es auch sagen! Sie kennen doch das achte Gebot: ›Du sollst kein falsches Zeug reden von deinem

Nächsten.‹ – Ich will Sie trösten. **Nicht nur Sie** machen vor Gott verkehrtes Zeug. **Ich auch!** Darum brauchen wir **alle** die Vergebung Gottes. Ich verabschiede mich von Ihnen. Denken Sie daran: Jesus kommt inkognito zu uns, so wie ich heute zu Ihnen kam. Wenn Sie gewusst hätten, wer ich bin, hätten Sie sich mir von Ihrer freundlichsten Seite gezeigt. – Nichts für ungut. Den Strom hole ich mir aus dem Nachbarhaus.«

Ich gab ihr die Hand und ging nachdenklich davon.

Wie oft mag **mir** JESUS schon im Nächsten begegnet sein, und ich bemerkte IHN nicht.

Als Zirkuspfarrer inkognito erlebte ich noch manches Interessante.

Eines Tages stand ich vor unserem Wohnwagen bei Zirkus ALBERTI und putzte meine Schuhe. Da rief mich über den Zirkuszaun eine Frau an: »Sie, junger Mann, haben Sie mal eine Minute Zeit?«

»Freilich habe ich das. Was möchten Sie denn?«

Meistens hatten die Leute, die an unseren Zaun kamen, etwas anzubieten, zum Beispiel Futter für die Tiere, oder sie fragten, wie lange die Vorstellung dauern würde.

Sie wollte aber etwas anderes.

»Wissen Sie etwas über JESUS?«

Jetzt war ich platt.

»Wie kommen Sie dazu, mich das zu fragen?«

»Weil das die wichtigste Frage überhaupt ist, auch für Leute vom Zirkus.«

»Aber das kann Ihnen doch egal sein, ob und was ich glaube. Das kann doch jeder halten, wie er will.«

»Das meinen **Sie**. Ich würde Ihnen raten, sich das sehr gut zu überlegen. Es hängt Ihre Seligkeit daran.«

»Warum interessieren Sie sich für meine Seligkeit?«

»Weil Gott sich für Sie und Ihre Seligkeit interessiert, und weil ER allen Menschen dazu helfen will. Gott hat Sie lieb. Das möchte ich Ihnen gern sagen. Und nun nehmen Sie bitte von mir diese Zeitungen. Bitte lesen Sie sie.«

»Gute Frau, ich danke Ihnen sehr dafür, dass Sie mich angesprochen haben. Nach meinem Glauben hat mich hier noch niemand gefragt. Ich bin der Zirkuspfarrer. JESUS **ist** mein Heiland.«

»O, entschuldigen Sie, das konnte ich nicht ahnen.«

»Sie müssen sich nicht dafür entschuldigen. Sie haben mir mit Ihrem Zeugnis für JESUS eine Freude gemacht. Kommen Sie herein. Hier gibt es noch viele Leute, denen Sie Ihre Frage stellen dürfen.«

Das tat sie dann auch. Sie war eine Frau aus der örtlichen Kirchgemeinde – evangelisch-lutherisch.

***

Jetzt bin ich ganz von meinem geliebten Trabi abgekommen. Eine Geschichte von ihm muss ich noch erzählen.

Es war Winter – und was für einer! Es war das Jahr, in dem die Leipziger Frühjahrsmesse im Schnee versank.

Ich fuhr mit meinem Trabi auf einer Straße zweiter Ordnung. Sie war verweht. Schon wollte ich aufgeben. Da kam der Schneepflug gefahren und hinter ihm ein Bus. Nichts wie ranhalten. Ich fuhr ganz dicht hinter dem Bus her. Es fuhr sich gut – bis zu einer bestimmten Stelle. Plötzlich flogen Schneemassen über das Busdach und schütteten mich zu. Mein Trabi war begraben und ich mit ihm. Es war finster um mich her.

Mein erster Gedanke war: »Hoffentlich kommt nicht noch ein Schneepflug hinter uns. Der quetscht mich glatt zusammen.«

Ich versuchte, die Tür aufzustoßen. Doch vergebens. Ich schob die Fensterscheibe zurück – denn beim Trabi ließ sie sich nicht herunterkurbeln, so viel Service war da nicht dran – und steckte meine Hand nach draußen, um zu fühlen, wie hoch die Schneedecke auf mir lag.

Mein Arm reichte nicht. Ich musste hoch zugeschüttet sein.

»Angst« kommt von »Enge«.

Mir war es sehr eng in meinem Schneegrab, und mir wurde angst! Der Weg zum Gebet war nicht so weit wie der Weg nach draußen.

»Herr, du siehst mich unter dem Schneeberg, auch wenn ich von draußen wahrscheinlich nicht zu sehen bin. Um mich herum ist es dunkel wie in einem Grab; aber deine Augen sehen auch in der Finsternis. Bitte, bewahre mich, und hole mich hier raus.«

Dann wartete ich.

Es dauerte gewiss nicht länger als zehn Minuten. Aber die waren lang. Wenn wir in der Schule zehn Minuten Pause hatten, waren die immer zu kurz. Wie unterschiedlich doch die Zeit sein kann.

Nach etwa zehn Minuten jedenfalls hörte ich es kratzen. Ein Gesicht erschien an meinem Fenster, lachte und meinte:

»Musst du bei diesem Sauwetter auch mit der Pappschachtel draußen rumfahren? Dein Glück, dass wir's noch merkten, ehe wir mit der Schneefräse durchschoben. Wir hätten dich unbekümmert kleingehäckselt durch die Luft fliegen lassen.«

Ja, **mein Glück!?**

Deine Bewahrung, mein Gott. DANKE!

Mein Wolga, –
die Zugmaschine im Frack

Nach meinem Trabi fuhr ich einen Wolga. Mit ihm konnte ich meinen Fünf-Meter-Einachswohnanhänger ziehen. Das war eine große Erleichterung, denn dieses straffe Fahrzeug machte die Lanz überflüssig. Auch war ich nicht mehr auf die Eisenbahn angewiesen.

Als ich ihn in Berlin abholte – für schmutziges Westgeld, das die ›NATOKIRCHE‹ dem sozialistischen Staat dafür bezahlte – und mich zum ersten Mal hinter das Steuer setzte, hatte ich das Gefühl, in einem Panzer zu sitzen.

»Den lerne ich nie und nimmer zu fahren!«

»Wenn **du** ihn nicht fährst, fahre ich ihn.«

Das war die kurze und bündige Erklärung meiner Frau. Und weil ich wusste, dass sie das wahr machen würde, fuhr ich ihn **doch**.

Wie **gern** ich ihn fuhr! Er war für Russlands Straßen gebaut. DDR-Straßen wurden diesen angeglichen. Also war ich dafür gut gerüstet.

Auf unserer Heimfahrt von Berlin nach Lommatzsch machten wir eine Entdeckung. Es war ein glühend heißer Tag und unser Wolga heizte, was das Zeug hielt. Wir öffneten sämtliche Fenster.

»Besser wäre es, wir könnten die Heizung abstellen.«

Können vor Lachen. Ich drückte und drehte an allen sichtbaren und unsichtbaren Knöpfen und Hebeln. Es nützte nichts. Der Wolga heizte!

Ja, so schlau wie du waren wir auch. Wozu gibt es eine Gebrauchsanweisung?

Aber lies die mal, wenn sie in perfektem Russisch geschrieben ist. Die deutsche Ausgabe sollte uns in vier Wochen nachgeschickt werden. Bis dahin waren wir verschmort.

Mittags zwölf Uhr. Die Sonne brannte aus der Senkrechten. Der Wolga heizte von allen Seiten.

»Ich bin erledigt. Ich kann nicht mehr!«

Meine Frau blieb vorsichtig. Sie wusste, dass ein unbedachtes Wort den neuen Wagen in die Luft sprengen konnte.

In Freienhufen hielt ich an. Ich stellte den ›... eißkarren‹ auf den Parkplatz, in der Hoffnung, einen Wolgafahrer zu treffen, der sich auskennen würde.

Aber zu dieser Zeit fuhren in der DDR nur privilegierte Parteigenossen höchsten Ranges diese Automarke.

Schließlich fuhr doch einer an die Tankstelle.

»Kennen Sie sich mit dessen Innenleben aus?«

»Kommt darauf an, was Sie wissen wollen.«

»Ich will wissen, wo und wie man die Heizung abstellt.«

Er lachte.

»Ja, das kann ich Ihnen sagen. Sie haben wohl auch nur eine russische Beschreibung? Die Genossen da drüben denken, wir sprechen alle ihre Sprache. Aber so weit geht die Freundschaft nun auch wieder nicht.«

Er lief mit mir auf den Parkplatz zu meinem Heißluftballon.

»Öffnen Sie mal die Kühlerhaube.«

Er beugte sich von der rechten Seite aus über den Motor, griff weit nach hinten unten und drehte einen Hahn zu.

»Einfacher haben's die Freunde nicht hingekriegt. Aber ansonsten ist er ganz okay.«

Wir atmeten auf.

Aber es blieb dabei. Das Auto war zu Streichen aufgelegt.

Auf der zweiten oder dritten Fahrt verloren wir die Lichtmaschine. Als ich endlich eine Vertragswerkstatt gefunden hatte und dort aufgeregt erzählte, was mir mit dem neuen Auto passiert war, lachten die Monteure mich aus.

»Du hast nur die Lichtmaschine verloren? Du bist ein Glückspilz. Andere verlieren das halbe Auto. Wenn du einen neuen Wolga fährst, musst du als Erstes sämtliche Schrauben fest anziehen, denn das vergessen die Russen. Autos, die montags zusammengeschraubt werden, sind die gefährlichsten, denn da steckt den Monteuren noch der Wochenendsuff im Blut.«

Eine Woche später ging der Anlasser nicht mehr. Der war wohl auch montags gebaut worden.

Ahnst du meine Reaktion? Na, dann ist ja alles in Ordnung, und ich kann mir die vielen Worte sparen, die ich aus meinem Herzen schoss.

»Sputniks in den Weltraum schießen, und Schrottmühlen für die Erde bauen!«

Die Vertragswerkstatt konnte mir keinen neuen Anlasser einbauen, den defekten aber auch nicht reparieren.

»Wir bestellen einen. In spätestens acht Wochen haben Sie ihn.«

Wie tröstlich!

Ich musste fahren!

Ein Monteur meinte gutmütig: »Mit Anschieben geht's auch.«

Eine großartige Idee.

Ein Mann, der mit der Werkstatt nichts zu tun hatte, aber Zeuge des Gespräches geworden war, sprach mich an.

»Wenn du Mut hast, brauchst du den Karren nicht anzuschieben.«

»Nein? Wie bringe ich ihn denn dann in Fahrt?«

»Warte. Ich helfe dir.«

Er kam wieder mit einem stabilen, langen und gut isolierten Draht. Den bog er zu einer riesigen Haarnadel. Mit dem einen Drahtende berührte er den einen elektrischen Kontakt, mit dem anderen einen weiteren. Die Funken sprühten, dass ich dachte, die Kiste würde gleich explodieren. Stattdessen lief der Motor an. Welches Wunder! Er nannte das Wunder ›überbrücken‹.

Ich merkte mir die beiden Kontaktstellen, nahm den Draht, bedankte mich und zitterte vor dem Augenblick, an dem ich eigenhändig das Feuerwerk würde loslassen müssen.

Jetzt erst einmal fahren, und nur ja den Motor nicht ausgehen lassen.

Wir kamen in einem Zug bis an unser Ziel.

Nach sechs Wochen beherrschte ich das neumodische Anlassen so perfekt, dass ich eigentlich auf einen neuen Anlasser hätte verzichten können. Da aber meine Frau und die Kinder bei jedem Start halbtot vor Angst in angemessener Entfernung standen und mich samt dem Auto schon in die Luft fliegen sahen, nahm ich das großzügige

Angebot des Garantie-Service an und ließ mir kostenfrei einen neuen Anlasser einbauen.

Den Draht verwahrte ich gut im Auto, brauchte ihn aber nie wieder. Ja, Qualität bleibt Qualität!

***

Nach einem Jahr Wolga-Fahrt mit fest angezogenen Schrauben und funktionierendem Anlasser, parkte ich mein Prachtstück an einem Sonnabendvormittag in Berlin mitten in einem riesigen Neubaugebiet. Ich besuchte ein Artistenehepaar, das von einem langen Auslandsengagement zurückgekommen war.

Gegen 14.00 Uhr trat ich aus der Haustür, um weiterzufahren. Da hörte ich einen mir bekannten Hupton, anhaltend, nervenzerfetzend. Ich erbleichte.

Eine schimpfende Menschenmeute umringte mein Auto. Mütter schrien aus den Fenstern: »Das ist eine unverschämte Ruhestörung. Unsere Kinder können nicht schlafen. Schlagt dem Karren die Scheiben ein, und macht dem Spuk ein Ende.«

So feuerten sie ihre Männer an.

Was tun?

Eine Erklärung für das Spektakel, das mein Auto aufführte, hatte ich nicht.

Ich fasste mir ein Herz und mit der rechten Hand den Autoschlüssel. So mengte ich mich mitschimpfend unter die Meute.

»Lasst mich mal ran hier. Das ist ja eine Frechheit, in der Mittagszeit solchen Lärm zu veranstalten. Dem werde ich ein Ende setzen.«

Auf diese Weise drängte ich mich bis zu meiner Autotür vor. Und nun folgte das Meisterstück, auf das ich noch heute stolz bin.

Also: aufschließen, Tür öffnen – dabei die Leute zur Seite drücken und wüst schimpfen –, ins Auto springen, die Tür zuknallen und verriegeln, Zündschlüssel ins Schloss stecken, Motor anlassen, Kupplung treten, Gang reindrücken, den Motor aufheulen lassen, so dass alle vor Angst zur Seite flohen, die Bremse lösen und die Kupplung loslassen, das war alles eins und viel schneller geschehen als erzählt.

Mein Auto machte einen Satz nach vorn. Wir waren hupend auf der Flucht.

Im Rückspiegel sah ich die hinter mir herrennende und fluchende Meute. Mein Wolga war schneller, die Straße zum Glück frei.

Ich konnte einbiegen und Gas geben. Fort, nur fort. Bei der ersten Linkskurve hörte das Hupen plötzlich auf, begann aber bei der nächsten Rechtskurve wieder.

Egal, jetzt nur fahren, fahren, bis ich eine Werkstatt finde. Ich fand sie, nur, der zu mir steigende Meister fand die Ursache der Huperei nicht. Wir fuhren und hupten, wir hielten und guckten, wir fuhren und hupten, und hielten und schraubten, und fuhren und hupten. Da fand er die Erklärung: »Dein Auto hat den Verstand verloren.«

Ich konnte nur ergänzen: »Es hat wohl nie einen gehabt.«

Er lenkte zur Werkstatt. Dort machten sie eine Reparatur für achtzig Mark, und mein Wolga war zwei Tage ruhig. Aber dann!

Meine Frau saß mit im Auto. Es war Nacht. Wir fuhren nach einem Zirkusbesuch nach Hause. Da besann sich mein Wolga auf das Berliner Lustspiel und wiederholte es – nur diesmal um Mitternacht!

Laut hupend fuhren wir durch Dörfer und Städte.

Ich schimpfte über den verkommenen Russenkarren. Meine Frau blieb still. Sie wusste, dass jedes noch so gut gemeinte Wort die Situation nur verschlimmern würde. Sie tat wohl daran!

Jetzt half auch keine Linkskurve mehr. Der Wolga hupte ohne Unterbrechung. Ich trat auf die Bremse, riss Tür und Kühlerhaube auf, griff die Drähte der Hupe und riss sie ab. Augenblicklich herrschte Ruhe!

Meine Heimatwerkstatt brachte das dann endgültig in Ordnung, nachdem sich die Monteure nach meinem Erlebnisbericht vor Lachen gebogen hatten.

Frage mich bitte nicht, was die Ursache dieses Defektes war. Ich habe nur so viel verstanden, dass ein Draht innerhalb der Lenksäule Masse bekam. Sollte dir einmal Ähnliches widerfahren, hier mein Rat: Drähte abreißen hilft immer!

Nach meinen zuletzt erzählten Wolga-Episoden würdest du wahrscheinlich nie auf den Gedanken kommen, dir diese Automarke zu kaufen. Vielleicht gibt es das Wolga-Autowerk auch gar nicht mehr. Aber ich will dir verraten: Wäre ich **heute** unterwegs wie damals, und ich brauchte **ein Auto für alle Fälle** – Matsch, Berge, Kälte, Schwerstlasten, Schnee, Schlaglochstraßen usw. – würde ich mir einen WOLGA zulegen! Er hatte viel mehr Sonnen- als die von mir geschilderten Schattenseiten! Das muss ich zu seiner Ehrenrettung sagen!

Denn ER hat seinen Engel gesandt

Als ostdeutscher Kraftfahrer war es am besten, gleichzeitig Autoschlosser zu sein und die Kunst zu beherrschen: »AUS ALT MACH NEU.«

Ich beherrschte nur das Autofahren, war also ständig auf fremde Hilfe angewiesen. Manches ließ sich in Werkstätten beheben, nachdem man sein so genanntes ›ARBEITSBESCHLEUNIGUNGSGELD‹ abgeliefert hatte.

Das gutdeutsche Wort ›SCHMIERGELD‹ war nicht im offiziellen Sprachgebrauch, da es für korrekte Finanzabrechnungen ungeeignet erschien.

Aber was wurde **unterwegs** aus mir, wenn keine Werkstatt in Sicht war?

Landstraße zwischen Halle und Magdeburg. Nachmittags 17.00 Uhr. Mein Auto bockte und blieb stehen.

»Na schön – du willst nicht mehr. Ist ja fantastisch. Siehst du hier eine Werkstatt? In einer Stunde muss ich in Stassfurt sein. Kannst du mir sagen, wie ich das schaffen soll, wenn du einfach stehen bleibst? Schrottkarren!« – Damit meinte ich in dem Fall den Wartburg.

Vor mir hielt einer an, kam auf mich zu und fragte:

»Is was?«

»Ja. Ich weiß nur nicht was.«

»Na, wir gucken mal.«

Und er schaute meinem Auto in den Brustkasten, griff hierhin und dahin, holte aus seinem Auto Werkzeug, schraubte, prüfte und blies, dann schien er sich seiner Sache schon sicher zu sein.

»Lass ihn mal an.«

Ich startete. O Wunder. Der Motor lief.

»Wie haben Sie denn das gemacht?«

»Es war ganz einfach. Aber lass ja dein Portemonnaie stecken. Gute Fahrt!«

Weg war er.

Jetzt redete ich nicht mehr mit meinem Auto, sondern mit meiner Seele. »Siehste. Hast wieder rumgemault und schwarz gesehen. Dabei war Gottes Engel längst unterwegs. Wann wirst du endlich begreifen, dass Gott mit im Auto fährt?«

Zu meiner Schande muss ich gestehen: Ich habe es nie begriffen. Solange ich unterwegs war mit den verschiedensten Autos, hat mich jede Panne aus der Fassung gebracht. Doch **immer** hatte Gott schon einen Helfer in meiner Nähe.

Hätte ich doch **wenigstens einmal** mit Gelassenheit und Vertrauen reagiert und gesagt: »Na schön, mein liebes Auto will mal wieder nicht. Aber wie ich Gott kenne, hat er seinen Engel längst auf der Strecke, der uns wieder flottmacht.«

Ich habe diese Gedanken nicht ein einziges Mal zustande gebracht. Aber Gottes Hilfe kam **immer**. Immer! Begreifst du das? Nein! GOTT IST UND BLEIBT DER UNBEGREIFLICHE!

***

Ich erinnere mich an eine Nachtfahrt auf der Autobahn. Meine Frau saß neben mir.

Erst hörten wir ein Klappern, dann ein undefinierbares Geräusch, endlich war Ruhe – totale Ruhe. Es drehte sich kein Rad mehr.

»Ach welche Freude! Es ist Nacht, und es ist kalt. Kein Mensch kommt hier vorbei. Diese Karre sucht sich für ihre Pannen die günstigsten Zeiten aus. Mir platzt vor Wut der Kragen.«

Meine Frau schwieg auch dieses Mal. Nur ihre Seele schwieg nicht. Die redete mit Gott – nach biblischem Muster: **Sie bedankte sich** für Gottes Hilfe, die ER uns auch diesmal schenken würde.

Vorschusslorbeeren für Gott! Ich hatte damit immer wieder meine Probleme. Ich musste die Erhörung erst sicher in meiner Tasche haben, dann fand meine Seele auch die Dankesworte.

Aber, wie gesagt, meine Frau hat das bei Paulus anders gelernt, und sie hält sich dran, auch wenn es nicht um Autopannen, sondern um Gewichtigeres geht.

Fünf Minuten später hielt ein LKW-Fahrer an. Er schaute unter unsere Kühlerhaube und stellte fest, dass wir eine Mutter verloren hatten, die ein autolebenswichtiges Teil festhielt, deren Gewinde aber ein sehr seltenes ist.

»Hast du ein Glück! Ich habe gestern auf unserem Werkgelände eine solche Mutter gefunden und in meinen Werkzeugkasten geschmissen.«

Er stieg auf seinen Lkw, um sie zu holen. Lange kramte er in der Kiste herum, bis er sie schließlich fand und bei uns einsetzte. Unser Auto fuhr wieder!

Was soll ich dazu sagen?

Gott hatte schon gestern gewusst, was ich heute für mein Auto brauchen würde.

Mein Dank kam verspätet!

Als wir den Opel fuhren, riss der Keilriemen – auch auf der Autobahn. Einen Ersatzriemen besaßen wir deshalb nicht, weil es in der DDR keine Opel-Ersatzteile gab.

Also was nun?

Der Engel kam schon geflogen – ebenfalls in einem schwarzen Opel, mit vier Männern besetzt.

Kaum hielt er, schnauzten die drei gut gekleideten Herren ihren Fahrer an, was er sich erlaube. Sie hätten es schließlich eilig.

Sie waren mit dem ›Bonbon‹ geschmückt, dem Parteiabzeichen der SED. Der Fahrer – ebenfalls ein Genosse – ließ sich nicht beirren, fragte, ob und wie er uns helfen könnte, öffnete seinen Kofferraum und brachte einen neuen Keilriemen zum Vorschein.

Die Superfunktionäre schrien, er solle sofort den Riemen in ihr Auto zurücklegen. Der wäre Staatseigentum. Außerdem könnten sie ihn ja selbst bald brauchen.

Den Fahrer focht das aber nicht an. Er baute uns den Riemen ein – da er kundigen Auges meine Hilflosigkeit bemerkt hatte – und raunte mir zu:

»Ich habe noch zwei Riemen. Aber das brauchen die nicht zu wissen. Gute Fahrt!«

Tolle Engel hat Gott!

Sooft ich mich an das Erlebte erinnere, sehe ich Gottes Spuren in meinem Leben.

Ich könnte sagen: »Es fuhren viele menschenfreundliche Kraftfahrer mit mir auf den Straßen.«

Stimmt.

Aber es stimmt nicht ganz. Es ist zu ungenau.

GOTT SIEHT AUF ALLE, DIE AUF ERDEN WOHNEN. ER LENKT IHNEN DAS HERZ (aus Psalm 33).

So entspricht es der Wirklichkeit.

Gott ›ist so frei‹, in unsere Verlegenheiten einzugreifen, wann, wo, wie und durch wen es IHM gefällt. Wir bemerken es staunend und preisen den Zufall oder das günstige Horoskop. Das ›GOTT SEI DANK‹ bleibt dagegen vielen im Halse stecken.

Als ich 1975 mein Dienstauto in Radebeul ablieferte, weil ich als Zirkuspfarrer aufhörte, da wusste ich, **wem** ich mein jahrelanges unfallfreies Fahren zu verdanken hatte. Keinesfalls meiner Fahrkunst, aber **der Gnade Gottes!**

BARMHERZIG UND GNÄDIG IST DER HERR, GEDULDIG UND VON GROSSER GÜTE (Psalm 103,8).

Mit Kindern auf Reisen

Unsere Kinder verbrachten Stunden und Tage im Auto. Um ihnen die Zeit zu verkürzen, sangen wir, erzählten Geschichten oder spielten ›Ich sehe was, was du nicht siehst‹.

Aber sechs bis acht Stunden und länger im Auto eingesperrt zu sein, langweilt schließlich doch.

Für solche Mammut-Fahrten besaßen sie auch ein Skatspiel. Sie spielten zwar keinen Skat, aber sie waren unerschöpflich im Erfinden noch nie da gewesener Kartenspiele.

Nun betrug der Altersunterschied unserer Kinder aber immerhin neun Jahre. Da hatten sie es nicht ganz leicht miteinander.

Es konnte nicht ausbleiben, dass es auch mal zum Streit kam, was allerdings selten passierte. Dann brummte der Vater: »Ruhe dahinten!«

Das wirkte eine Minute. Die nächste Ermahnung kam von der Mutter: »Hört auf, euch zu streiten!«

Wirkungsdauer wieder eine Minute. Der Streit wurde heftiger und nicht mehr nur mit Worten ausgefochten. Sie konnten sich über eine neu erfundene Spielregel nicht einigen.

Mutter: »Wenn es jetzt keine Ruhe gibt, werfe ich die Karten zum Fenster hinaus!«

Das wirkte für die nächsten drei Minuten. Hinter unserem Rücken war zwar kein Mucks zu hören, dafür flogen uns aber Kinderbeine um die Ohren. Die schönste Balgerei war im Gange.

Mutter griff zu, erwischte zielsicher das Kartenpäckchen und warf es durch das offene Fenster.

Schrecksekunde für alle, aber wirklich nicht länger. Die Kinder drehten sich mit Blitzgeschwindigkeit dem Heckfenster zu, knieten auf dem Rücksitz und beobachteten, wohin die Karten flogen. Was als Strafe gedacht war, wurde zum absoluten Knüller. Aller Streit war verflogen.

Nachdem keine unserer Karten mehr zu sehen war, blinzelten sich unsere Kinder verschmitzt zu. Jeder hatte etwas zu erzählen.

»Die eine Karte ist so hoch in die Luft gewirbelt, die fliegt bestimmt jetzt noch.«

»Vielleicht schwimmt sie auf einer Wolke.«

»Auf einer Wolke kann sie gar nicht schwimmen, höchstens liegen.«

»Klar kann sie auf einer Wolke schwimmen. Die ist ja voll Regenwasser.«

»Da weicht sie aber auf.«

»Die Sonne trocknet sie wieder.«

»Das war bestimmt das Rot-As«, die wichtigste Karte ihrer Spiele.

»Aber der Schell-König war der Blödeste von allen. Der ist gleich auf der Straße platt liegen geblieben.«

»Da hat ihn ein Auto längst überfahren.«

»Das macht dem nichts. Der war ja schon platt gedrückt, ehe er auf die Straße fiel.«

Für den Rest der Fahrt war aller Streit vergessen. Es gab fantasievollen Erzählstoff genug, denn immerhin hatten sechsundreißig Spielkarten ihre Weltreise angetreten.

Meine Frau gestand mir hinterher, dass sie, als die Karten zum Fenster hinausflogen, einen großen Schreck bekam. Sie befürchtete, sie könnten einem nachfolgenden Motorradfahrer um den Kopf wedeln, ihm die Sicht nehmen und einen Unfall verursachen.

Aber es fuhr kein Motorrad hinter uns, und so beruhigte sich auch der mütterliche Puls wieder.

***

Auf einer Fahrt in Thüringen setzten sich unsere Kinder während einer Rast auf die Freitreppe der Stadt und erklärten: »Wir machen nicht mehr mit!«

Sie sind aber doch wieder eingestiegen. Das Gesetz des Stärkeren zwang sie dazu.

Rabeneltern!

Leben heißt lieben

Nicht immer reiste meine Familie mit.

In **dem** Fall hatten die ›per Anhalter‹ fahrenden jungen Leute – meistens Studenten – eine Chance, von mir mitgenommen zu werden. Ich fuhr nicht gern allein, vor allem dann nicht, wenn ich weite Strecken vor mir hatte.

Ich nahm natürlich auch Leute im fortgeschrittenen Alter mit. Nur war da doppelte Vorsicht geboten!

Auf Usedom lud ich eine alte Frau ein, die mit einer schweren Einkaufstasche vier Kilometer bis nach Koserow vor sich hatte. Doch noch ehe wir das Ostseebad überhaupt erreichten, öffnete sie bei sechzig Sachen die Tür, um auszusteigen.

Ich machte eine Notbremsung, steuerte mit meiner Linken und hielt mit der Rechten die Frau fest, bis wir mit offener Tür am Straßenrand zum Stehen kamen.

»Aber gute Frau, was machen Sie denn? Sie dürfen doch nicht während der Fahrt die Tür öffnen.«

»Na, wenn ich aber gleich die Abkürzung übers Feld laufen will? Da drüben steht doch unser Haus!«

***

Es war eine kalte, regnerische Nacht. Ich fuhr in Richtung Halle. Am Straßenrand stand ein tropfnasser Mann – eine schäbige Aktentasche unter dem Arm – und winkte. Ich hielt an.

»Nehmen Sie mich bis Halle mit?«

»Warum nicht? Bei diesem Wetter möchte ich auch nicht draußen stehen. Also steigen Sie ein.«

Er stieg ins Auto und schlief gleich ein. Ich roch seine Alkoholfahne.

Eine halbe Stunde später erreichten wir Halle. Ich weckte ihn.

»Wir sind in Halle. Wo müssen Sie raus?«

Er hob seinen Kopf, sah mich grimmig an, ballte eine Faust und drohte mir: »Lass dir ja nicht einfallen, mich rauszusetzen. Fahr weiter, sonst kannst du was erleben!«

Das war nun freilich eine böse Überraschung. Ich hoffte, irgendwo einen Polizisten zu sehen. Ich schaute nach links, ich schaute nach rechts, entdeckte jedoch keinen Polizisten.

Doch!

Da vorn an dem Schaufenster standen zwar keine Polizisten, aber immerhin ein paar Jugendliche – offensichtlich auch nicht mehr ganz nüchtern.

Besser als nichts. Ich gab Gas und trat in dem Moment, in dem ich sie erreichte, voll auf die Bremse. Mein Fahrgast – nicht angeschnallt (das Gesetz gab es damals noch nicht) – flog nach vorn an die Scheibe; ich langte hinter ihm zum Türgriff, öffnete und schrie: »Nun aber raus hier! Hau ab!«

Der Mann war so überrascht, dass er mit einem Satz aus meinem Auto sprang und, als er die jungen Leute vor sich sah, die ein Abenteuer witterten, davonrannte.

Ich wartete den Ausgang der Affäre nicht ab. Aber seitdem gewährte ich nachts keinem mehr Asyl in meinem Auto, egal, ob er jung oder alt, trocken oder nass war.

Meistens standen Studenten am Straßenrand – bescheiden, aufdringlich, sehnsüchtig, keck, allein, zu zweit, ohne Gepäck, mit Riesentaschen, Tornistern, Säcken – den Zielort auf ein Plakat geschrieben, nach einem mitleidigen Kraftfahrer Ausschau haltend.

Bei stundenlanger gemeinsamer Fahrt ergaben sich gute Gesprächsmöglichkeiten, die ich gern nutzte.

Wenn ich die jungen Leute allerdings direkt nach ihrem Glauben fragte, blockten sie ab.

Darum erfand ich einen Trick – nach der Methode: »Durch den Bauch ins Auge treffen.«

Meine Frau malte mir auf Postkartengröße ein Bild. Darauf sah ein Küken dem anderen traurig hinterher, das mit dem gemeinsam gefundenen Wurm davonrannte. Darunter stand: »LEBEN HEISST LIEBEN.«

Das Bild brachte ich auf der Beifahrerseite so an, dass es dem dort Sitzenden ins Auge fallen musste.

Es funktionierte immer!

* * *

Der Zirkusplatz lag weit außerhalb der Stadt. Ich hatte im Zentrum etwas zu besorgen.

Der Geschäftsführer, zugleich der Parteisekretär (und einziger Genosse dieses Unternehmens), bat mich, ihn bis in die Stadt mitzunehmen.

»Aber gern! Steigen Sie ein.«

Er machte es sich bequem und sah das Bild.

»›LEBEN HEISST LIEBEN‹ – das ist eine gute Losung, eine kommunistische – vielleicht von Engels!«

»Ich weiß, Sie sind Kommunist. Ich muss Sie enttäuschen. Diese Losung hat uns Gott ins Stammbuch geschrieben. Gott **redet** nicht nur von Liebe. Gott **IST** die Liebe!«

»Ich steige gleich wieder aus. Aber damit Sie nicht denken, Kommunisten wüssten nichts von der Liebe, lasse ich Ihnen ein paar Benzinmarken hier. Fahren Sie gut, und denken Sie mal an mich.«

Sprachs und stieg aus.

Benzinmarken gab es für Privilegierte. Mit ihnen konnte man sehr billig tanken.

Das Bild hatte sich also gleich zweimal bezahlt gemacht.

***

Eine Studentin.

»Was haben Sie denn hier für eine tolle Losung?

›LEBEN HEISST LIEBEN!‹«

Sie sah mich von der Seite an.

»Ist das für mich gefährlich?«

»Vielleicht.«

»Sie schreiben das so auffällig in Ihr Auto. Das muss doch einen Grund haben.«

»Hat es auch.«

»Und welchen?«

»Den verrate ich Ihnen nicht. Sie müssen selbst darauf kommen.«

»Also, wenn Sie meinen, Sie können damit ein Mädchen anmachen, dann haben Sie bei mir kein Glück.«

»Das bedaure ich außerordentlich. Als ich Sie vorhin am Straßenrand stehen sah, dachte ich mir, Sie könnten etwas von der Liebe verstehen.«

Nach ein paar Schweigeminuten nahm sie das Gespräch wieder auf.

»Ich denke schon, dass ich etwas von der Liebe verstehe – von einer Liebe, die vollkommen und schön ist.«

»Aha, Sie haben einen festen Freund, der Sie in jeder Beziehung verwöhnt.«

»Wir reden aneinander vorbei. Sie reden von einem Mann; ich rede von Gott.«

Ich fuhr etwas langsamer.

»Meinen herzlichen Glückwunsch. Sie haben es herausgefunden, über welche Liebe ich mit Ihnen sprechen möchte. Von Gott wollte ich Ihnen erzählen. Aber das ist bei Ihnen wohl nicht nötig. Sie scheinen IHN gut zu kennen. Ich sage Ihnen jetzt, wer ich bin, und Sie erzählen mir, wie Sie Gott gefunden haben.«

Sie sah mich mit großen Augen an.

»Ich finde keine Worte!«

Sie fand dann aber doch welche; und als sie in Dresden ausstieg, hatte sie mir verziehen und viel von sich und ihren Glaubenserfahrungen erzählt.

***

Ein Student.

Wir fuhren von Rostock nach Berlin. Erst schien er keine Lust auf ein Gespräch zu haben.

»Darf ich essen?«

»Wenn Sie etwas haben, von mir aus.«

Er packte seine Brote aus.

»Ich gebe Ihnen gern etwas davon ab.«

»Nein danke. Ich bin noch vom Mittag satt.«

Er kaute vor sich hin. Als er mit dem vierten Brot fertig war, schien er sich zu langweilen. Trotzdem blieb er einsilbig. Er schickte seine Augen durch das Auto, zum Armaturenbrett, zur Uhr, nach hinten zu meinem Gepäck, über die verschmutzte Bodenmatte zu meinen Füßen am Gas- und Kupplungspedal, bis er schließlich auch das kleine Bild entdeckte. Mit einem Schlag wurde er munter.

»Ich hab's. Sind Sie nicht müde, jetzt um die Mittagszeit?«

»Na ja, um diese Zeit kommt schon mal eine kleine Flaute über mich. Aber die geht vorüber.«

»Ich könnte Ihnen eine Pause verschaffen.«

»Dafür fehlt mir nun wieder die Zeit.«

»Sie sollen dabei keine Zeit einbüßen. Sie legen eine Ruhepause ein, und wir fahren trotzdem weiter.«

»Dieses Kunststück beherrsche ich nicht. Entweder ich schlafe oder ich fahre.«

»Wenn ich aber fahre, können Sie schlafen.«

»Ich soll Sie ans Steuer lassen?«

»Warum denn nicht? Sie selbst haben mich ja dazu ermuntert.«

»Wie bitte? Ich habe kein Wort davon gesagt.«

»Sie haben aber hierher geschrieben: ›LEBEN HEISST LIEBEN.‹ Ich möchte Ihnen etwas Liebes tun. Da ich eine Fahrerlaubnis habe, kann ich Sie jetzt beim Fahren ablösen. Sie machen es sich inzwischen hinten bequem und schlafen sich aus.«

»Das finde ich sehr nett von Ihnen, und die Versuchung ist groß, auf Ihr Angebot einzugehen. Aber dieses Auto ist ein Dienstwagen. Ich darf ihn nicht aus der Hand geben. Ich traue es Ihnen zu, dass Sie ordentlich fahren. Aber was nicht geht, geht nicht.«

»Schade um den schönen Spruch. Da wollte ich mal echt lieb sein. Nun ist es wieder nichts.«

Inzwischen war er etwas lebhafter geworden als am Anfang. Auf meine Frage, ob er geliebt würde, antwortete er: »Ich komme mir oft mehr ausgenutzt als geliebt vor. Was Liebe ist, weiß ich nicht so richtig. Umso besser kenne ich mich mit Enttäuschungen aus.«

Wie das Gespräch weiterverlief, bleibt ein Geheimnis zwischen uns beiden.

Als der junge Mann in Berlin ausstieg, verabschiedete er sich so: »Sie haben mich zwar nicht Auto fahren lassen, aber Sie haben mir das Fliegen beigebracht. Ich bin bisher über jedes Steinchen gestolpert. Jetzt will ich glauben, dass Gott mir Flügel gibt.«

Ich sah ihm nach, wie er mit seiner Riesentasche in einem U-Bahn-Schacht verschwand.

»Guter Gott, behalte du ihn bitte im Auge!«

* * *

Zwei Dresdner Mädchen.

Sie waren drei Tage durch Leipzig gebummelt. Nun wollten sie billig wieder nach Hause. Also per Anhalter. Ich hielt an.

»Ja, ich nehme Sie mit. Aber ich habe in der Nähe von Grimma noch etwas zu erledigen und fahre einen Umweg.«

Das störte sie nicht. Sie waren froh, mitgenommen zu werden. In Golzern bei Grimma stieg ich aus und ließ die beiden für eine halbe Stunde allein im Auto. In dieser Zeit schmiedeten die Mädchen einen bösen Plan, und diesmal war **ich** der Ahnungslose.

Sie fanden im Autoatlas meinen Namen und meine Adresse: »Pfarrer Fischer / Evangelische Artistenmission«.

»Von dem hat mir mein Vater erzählt. Er führt ein spannendes Leben; er ist immer mit einem Zirkus unterwegs.«

»Hat er denn keine Familie?«

»Doch, aber die ist nicht immer dabei. – Du bringst mich auf einen Gedanken. Lies mal, welchen Spruch er hier im Auto angeklebt hat: ›LEBEN HEISST LIEBEN.‹

Ob der sich Mädchen ködert, wenn er allein unterwegs ist? Das probieren wir aus. Wenn er wiederkommt, mache ich ihn scharf. Mal sehen, wie er reagiert.«

»Und was machst du, wenn er darauf anspringt?«

»Wir sind ja schließlich zu zweit. Was soll da schon passieren?«

Ich kam zurück und bat die Mädchen, mir beim Einpacken von Porzellan zu helfen. Sie erledigten das sorgfältiger, als ich es getan hätte. Ich war sehr zufrieden.

Wir konnten nun in Richtung Dresden fahren.

Kaum eingestiegen, erspähten meine Männeraugen, dass der Rock meiner Beifahrerin jetzt kürzer war als vorhin. Das konnte zufällig beim Einsteigen passiert sein. Dass er aber immer höher rutschte, schien mir gewollt.

»Sie sind wohl viel unterwegs?«

»Ja.«

»Und immer allein?«

»Nein. Oft ist meine Familie bei mir.«

»Aber wenn Sie allein fahren, laden Sie sich gern Mädchen ein?«

»Wenn Jungs da stehen, nehme ich auch die mit.«

»Aber Mädchen sind für einen Mann unterhaltsamer. Sie haben da einen so hübschen Spruch hängen: ›LEBEN HEISST LIEBEN.‹ Der gefällt mir.«

Obwohl ich gar keine scharfe Rechtskurve fuhr, drückte sich das Mädchen immer dichter an mich heran.

»Setzen Sie sich bitte gerade. Sie behindern mich ja beim Fahren.«

»O Entschuldigung. Das will ich natürlich keinesfalls. Aber es fährt sich gut mit Ihnen. Ich fühle mich an Ihrer Seite richtig wohl, und ich werde es sehr bedauern, wenn wir am Ziel sind.«

Mir aber wurde von Augenblick zu Augenblick unwohler.

Zugegeben, es war ein heißer Tag. Aber öffnete sie ihre Bluse wirklich nur dazu so weit, damit ihr der Fahrwind mehr Kühlung brachte?

An einer Ampel musste ich halten. Plötzlich lag ihre linke Hand auf meinem rechten Bein. Jetzt gab es keinen Zweifel mehr. Ich hatte kapiert.

»Entweder Sie benehmen sich oder Sie laufen nach Dresden!«

Sie zog sich den Rock zurecht und knöpfte die Bluse zu.

»Ich bitte Sie um Verzeihung!«

»Angenommen!«

Es folgten ein paar Schweigekilometer. Doch dann kam ein gutes Gespräch in Gang.

Ich wunderte mich über den Sinneswandel dieses Mädchens.

Ein Jahr später erfuhren wir über die Mutter, dass ihre Tochter bei mir mitgefahren war und mich getestet hatte. Ein dicker Hund!

Aber zugegeben – ich selbst bin mit meinen Zusteigern ja auch nicht gerade zimperlich umgegangen.

Achtung! Hier spricht der Zirkusfunk!

Von meinem Partnerpfarrer aus der Westkirche hatte ich mir eine Verstärkeranlage fürs Auto gewünscht – und auch bekommen –, damit ich – ohne das Zweizentnergepäck der zirkuseigenen Anlage – für die Zirkusse, bei denen ich mitreiste, Reklame fahren konnte.

Wir haben immer versucht, uns für das Geschäft einzubringen, so gut wir das eben konnten.

Meine Frau kümmerte sich viel um die Kinder, sie bastelte mit ihnen, ging mit ihnen baden, und die Eltern wussten ihre Kinder gut aufgehoben.

Ich half beim Auf- und Abbau, besorgte auch mal Futter oder Plakate, was in der DDR gar nicht so einfach war, denn für alles brauchte man staatliche Genehmigungen. Am liebsten aber fuhr ich durch die Gastspielorte Reklame.

»Achtung, Achtung! Liebe Einwohner! Hier spricht der Zirkusfunk. Zirkus INTERNATIONAL gastiert heute und morgen in Ihrer Stadt. Unser Programm bietet Ihnen zwei unterhaltsame Stunden. Sie halten den Atem an, wenn Fräulein Merry in luftiger Höhe am schwingenden Trapez sich nur noch mit der großen Zehe festhält, und Dompteur FARELLI seinen Kopf in den Rachen des Löwen NERO legt.«

Ich sehe das Verkehrsschild: »SCHULE«. Es ist 11.20 Uhr, also Unterrichtszeit. Umso besser. Die Schüler werden sich über die Unterbrechung freuen.

Ich halte an.

»Hallo, ihr Kinder! Legt die Füller beiseite und spitzt die Ohren. Der Zirkus ist da. Bittet euren Lehrer, euch heute keine Hausaufgaben zu geben, damit euch Zeit für den Zirkus bleibt. Ihr könnt eure Lehrer auch gleich fragen, ob sie mit euch zur Tierschau kommen. Das ist allerbester Anschauungsunterricht.«

Zwei Fenster am Schulgebäude werden von den Lehrern geräuschvoll geschlossen. Arme Kinder!

Doch dafür öffnen sich andere Fenster, und es lehnen sich sowohl Lehrer als auch Kinder weit heraus, winken mir zu und rufen: »Wir kommen! Wir kommen!«

Ich fahre weiter.

Ein Traktor rollt langsam auf mich zu, mit einem Anhänger, auf dem eine LPG-Frauenbrigade zur Mittagspause vom Feld heimgefahren wird.

Ich lenke mein Auto so verkehrswidrig vor den Traktor, dass ich ihn am Weiterfahren hindere. Ich singe: »Wer will fleißige Landfrauen sehn, der muss nach Schönheide gehn. Rüben hacken und verziehn, und abends geht's zum Zirkus hin!«

Die Frauen lachen. So freundlich hatte sie noch kein Lautsprecherwagen begrüßt. Da hieß es höchstens: »Genossen und Genossinnen. Zum Kampftag der Werktätigen beginnt unsere Demonstration auf dem Marx-Engels-Platz und führt über die Leninstraße zum Denkmal der ruhmreichen Sowjetunion. Dort spricht der Kreisvorsitzende der Parteileitung der Sozialistischen Einheitspartei Deutschlands zu uns. Genossen und Genossinnen,

Bürgerinnen und Bürger. Erscheinen ist uns eine heilige Pflicht!«

Ich fahre durch eine Geschäftsstraße. Vor einem Gemüseladen steht eine Warteschlange.

»Welche Sonderzuteilung holt ihr denn hier ab?«, frage ich durch den Lautsprecher.

Die Frauen drehen sich nach mir um. Einige lachen und rufen: »Pro Nase eine Banane!«

»**Eine** Banane? Na, wie ich euch einschätze, gebt ihr sie ja doch euren Kindern. Die Schalen kriegen die Karnickel, und ihr selbst seht in den Mond. Aber ich habe zum Dank für eure mütterlichen Herzen ein feines Angebot. Ihr lasst euch von euren Männern heute oder morgen in den Zirkus einladen. Wenn sie heute von der Arbeit kommen, dreht ihr ihnen eure hübschen Augen zu, macht ihnen ein delikates Abendbrot, und schwuppdiwupp nehmen sie euch unter den Arm und ab geht's zum Zirkus! Und morgen Nachmittag schickt ihr eure Kinder. Macht ihr das?«

Ein lachender Frauenchor schreit über die Straße: »Jaaa!«

»Ihr gefallt mir. Macht weiter so!«

Ab geht's, in die nächste Straße.

Wenn ich keine Lautsprecherreklame fuhr, baute ich den Lautsprecher ab, aber die Geräteteile im Auto blieben fast immer fest montiert: der Verstärker, in der Größe einer Zigarrenkiste, und das Mikrofon. Letzteres war mit einem beweglichen Arm so angebracht, dass ich es mir vor den Mund ziehen konnte.

Um diese Anlage beneideten mich meine Zirkusleute. In der DDR gab es so etwas nicht zu kaufen. Sie schleppten in ihren Fahrzeugen zwei große Autobatterien, einen

Umformer und einen Verstärker im Gesamtgewicht von zweieinhalb Zentnern mit sich herum.

Als in unserem Land der WOLGA noch der Partei vorbehalten war, nahmen die Beamten, die mein Mikrofon bemerkten, an, ich gehöre dazu und sei ein hohes politisches Tier, das über Funk mit seiner Dienststelle verbunden ist. Entsprechend behandelten sie mich.

In Mecklenburg wurde zum Beispiel ein Staatsfeind gejagt und es waren an vielen Verkehrsknotenpunkten Straßensperren errichtet worden. Da es sich in der sommerlichen Urlaubszeit zutrug, gab es jede Menge Staus und kilometerlange Autoschlangen, für uns DDR-Menschen ein ungewohntes Erlebnis.

Ich nahm mein Mikrofon vor den Mund, obwohl ich gar nichts zu sagen hatte.

Es dauerte keine drei Minuten, da entdeckte mich die Polizei. Drei Uniformierte auf Motorrädern kamen an mich herangefahren, winkten mich aus der Autoschlange heraus und brachten mich unkontrolliert durch die Sperre.

Ich habe mich mit lässiger Handbewegung dafür bedankt. Wenn **die** gewusst hätten …!

Es blieb kein Einzelfall. Ich gewöhnte mich an solche Bevorzugungen, ja, ich provozierte sie. Ich fühlte mich großartig, wenn mich eine uniformierte Eskorte an kilometerlangen Autoschlangen und ungeduldig wartenden Kraftfahrern vorbeilotste und mir freie Fahrt verschaffte.

»Ehre, wem Ehre gebührt«, dachte ich … in meinem Hochmut.

Der Stasispitzel

Zurück zu meinen ›Mitreisenden‹.

Ein Pärchen stieg ein. Er setzte sich nach vorn, neben mich; sie platzierte sich auf dem Rücksitz. Kaum hatten sie es sich ein wenig bequem gemacht, da entdeckte er das Mikrofon und das Kästchen unter dem Armaturenbrett. Er deutete das seiner Herzdame mit einer unauffälligen Handbewegung an. Sie verstand das aber nicht. Umso größer war ihr Schreck – und wohl auch ihre Angst –, als sie es schließlich begriff. Ich konnte sie im Rückspiegel gut beobachten. Ich ahnte ihre Gedanken: »Wir sitzen im Auto eines Stasispitzels, der über Funk mit seiner Zentrale verbunden ist. Höchste Wachsamkeit ist geboten!«

Unbefangen, als hätte ich nichts bemerkt, redete ich zunächst von den Störchen, die wir auf der Wiese stehen sahen. Die jungen Leute antworteten nur sehr einsilbig, sagten aber von sich aus gar nichts.

Ich böser Mensch genoss ihre Angst. So viel Gemeinheit hättest du mir nicht zugetraut. Rückschauend kann ich mich selbst nicht begreifen. Aber ich verstehe seitdem recht gut, was Paulus meint, wenn er schreibt: »ICH WEISS, DASS IN MIR NICHTS GUTES WOHNT« (Römer 7,18).

»Sie sind aber schweigsame Mitfahrer. Erzählen Sie mir doch etwas von sich. Studieren Sie, oder haben Sie schon einen Beruf? Wann wollen Sie heiraten? Wie viel Kinder möchten Sie haben? Gefällt es Ihnen in unserem Land? Wohin möchten Sie gern einmal reisen? Packen Sie aus. Mich interessiert alles.«

Er: »Wieso ist das für Sie so interessant zu wissen?«

»Für mich ist jedes Menschenleben interessant. Wenn wir schon ein paar Stunden miteinander in einem Auto fahren, dann wollen wir die Zeit auch nutzen.«

»Warum fragen Sie nicht gleich, ob wir auch Westfernsehen gucken?«

Dieser Satz schien dem Mädchen zu gewagt. Es gab seinem Freund – ganz unauffällig, versteht sich – einen Stupser mit der Hand an seine Schulter. Das hieß: »Um Himmels willen, bleib vorsichtig!«

»Das hätte ich gewiss noch gefragt. Aber alles schön der Reihe nach und zu seiner Zeit. Wir fahren ja noch ein Stück zusammen.«

»Nein. Bitte halten Sie. Wir haben es uns anders überlegt. Wir steigen aus.«

»Jetzt und hier auf freier Wildbahn? Das kommt gar nicht in Frage. Sie wollten bis Neubrandenburg mitgenommen werden, und dabei bleibt es auch!«

Das Gesicht im Rückspiegel wurde immer blasser.

»Sie haben doch nicht etwa Angst vor mir? Ich bitte Sie, Sie sind zu zweit. Ihnen kann nichts passieren.«

Ich drehte mich kurz nach hinten um, damit sie merkte, dass ich die nächste Antwort von ihr hören wollte.

»Sie tragen aber eine schicke Jacke. Sie haben wohl Westverwandtschaft?«

Das war zu viel!

»Mir ist speiübel. Bitte halten Sie und lassen Sie uns aussteigen, bitte!«

»Beruhigen Sie sich. Ich gehöre nicht zur Stasi. Sie können unbesorgt mit mir weiterfahren. Öffnen Sie mal das Handschuhfach. Ja, die Fotos dürfen Sie herausnehmen und ansehen.«

Sie zeigten mich im Talar bei einer Zirkushochzeit.

Die jungen Leute sahen auf die Fotos. Sie sahen mich an. Sie waren ratlos.

Ich klärte sie auf, und dabei erfuhren sie auch den Zweck und den Sinn des Mikrofons im Auto.

»Und da bringen Sie uns in solche Angst? Das war nicht sehr freundlich.«

»Ich gebe es zu, und ich entschuldige mich dafür. Ihre Angst machte mir eine wahrhaft teuflische Freude. Dabei waren **Sie selbst** auf den Gedanken gekommen, ich könnte von der Stasi sein.«

»Ihre Apparatur hat uns irregeführt, die Sie hier im Auto haben.«

Sie: »An diese Fahrt werde ich mein Leben lang denken. Aber jetzt bitte ich Sie echt, trotzdem einmal zu halten, damit ich austreten kann. Bitte schnell!«

Die Landschaft war für einen solchen Halt wie geschaffen. Wir haben uns dann bis Neubrandenburg sehr gut unterhalten.

Als sie ausstiegen, wünschte ich ihnen Gottes guten Segen und fragte sie, ob sie **den** von mir Bösewicht überhaupt annehmen.

»O ja, gern. Wir wussten bisher von Gott nichts. Aber es muss ein guter Gott sein, wenn er solche Menschen wie Sie liebt.«

Ich habe mich vor mir selbst geschämt – zu spät.

Der Pfarrer als Atheist

Ein Pferd, das zu viel Hafer frisst, wird übermütig. Daher kommt die Redewendung: »DICH HAT WOHL DER HAFER GESTOCHEN.«

Also, Hafer gehörte nicht auf meine Speisekarte. Aber übermütig konnte ich auch ohne Hafer werden. Na, und wem sage ich das?

Zwei Studentinnen fuhren mit mir von Berlin nach Dresden. Kaum waren sie zugestiegen, sagt die eine zur anderen: »Hast du die Karten für die Matthäus-Passion zurückgegeben?«

»Ja, hab ich.«

Darauf ich: »Das ist wohl doch nicht die richtige Musik für Sie. Sie hören gewiss schärfere Klänge.«

»O nein. Wir hören diese Musik sehr gern. Aber unsere Eltern haben in Dresden Karten für die Aufführung vom Kreuzchor bekommen. Da gehen wir lieber dort hin.«

»Na ja, für so ein Konzert kann man schon mal in die Kirche gehen. Das gehört halt zur Kultur. Aber ansonsten …«

»Sie irren sich. Für uns ist das kein Konzert, sondern ein Gottesdienst. Und zum Gottesdienst gehen wir auch sonntags.«

»Was denn. Zwei so hübsche und moderne Mädchen

setzen sich sonntags in eine muffige Kirche und lassen sich vom Pfarrer Märchen erzählen?«

»Von wegen ›muffige Kirche‹ und ›Märchen‹, Sie wissen wohl gar nicht, wovon Sie reden? Auf den Gottesdienst freuen wir uns die ganze Woche.«

»Nun bleibt aber auf dem Teppich! Ein wenig verstehe ich auch davon. Ich war doch schon als Kind mit in der Kirche. Da ist zunächst die Bibel – ein alter Schinken! Wem kann der heute nützen?«

»Die Bibel ist alt, das stimmt. Aber gerade darum ist sie auch hoch aktuell. Die Menschen von damals hatten die gleichen Fragen und die gleichen Probleme wie wir heute: Wozu lebe ich eigentlich? Wo komme ich her? Wo gehe ich hin? Wofür lohnt sich das Leben? Wie kommen wir miteinander zurecht? Was wird nach dem Tod?«

»Na, da haben wir's doch gleich. Was sagt denn die Bibel vom Ursprung des Lebens? Der liebe Gott nahm Dreck und formte daraus Menschen – o nein, den Mann. Um **dem** eine Spielgefährtin zu verschaffen, nahm er eine seiner Rippen und baute daraus eine Frau. Und das zu glauben, muten Sie mir zu! Genauso fantastisch erzählt die Bibel vom Weiterleben nach dem Tod. Der gute Mensch kommt ins Paradies, wo ihm die gebratenen Tauben in den Mund fliegen. Der Böse wird in der Hölle gebraten. **Sie** hoffen natürlich, in den Himmel zu kommen. Vielleicht laufen Sie aus diesem Grund so häufig in die Kirche.«

»Sie kennen die Bibel sehr schlecht. Von gebratenen Tauben steht darin ebenso wenig geschrieben wie von gebratenen Bösewichten. Sie machen die Bibel absichtlich zum Märchenbuch, weil Sie ihre Wahrheit nicht glauben wollen.«

»Na, dann will ich Sie mal ganz konkret fragen: Glauben Sie, dass Sie von Gott geschaffen sind?«

»Ja, das glauben wir.«

»Obwohl Sie wissen, dass Sie durch Vater und Mutter Mensch wurden?«

»Natürlich wissen wir das. Aber ohne die Schöpferkraft Gottes könnten Mann und Frau kein Kind zeugen. Nur, das bedenken die wenigsten.«

»Und Sie glauben auch an ein ewiges Leben?«

»Ja, auch das glauben wir. Gott hat uns Menschen geschaffen, weil ER mit uns leben will. Das war SEIN Plan von Anfang an. Diesen Plan hat ER nie aufgegeben, auch nicht, als der Mensch Gott aufgab. Und wenn wir glauben, zum ewigen Leben in den Himmel zu kommen, dann nicht, weil wir uns für so gut oder gar für besser als andere halten, sondern weil Gott uns dazu persönlich eingeladen hat. **Sie** übrigens auch! Ich vermute, Sie besitzen eine Bibel. Lesen Sie einmal die beiden Briefe des Apostel Paulus an die Christen in Korinth. Darin erfahren Sie alles, was Gott für Sie vorbereitet hat, um Sie in den Himmel zu bringen.«

»Sie reden wie ein Pfarrer. Sie studieren wohl Theologie, das hätte ich mir gleich denken können.«

»O nein. Wir werden Sportlehrer.«

»Sie trauen sich was. Fromme Sportlehrerinnen in einem sozialistischen Land – ob das gut geht?«

»Wir werden sehen. Unser Leben ist von Gott abhängig, nicht von Ideologien.«

»Trotzdem. Ich muss Sie noch etwas fragen. Auf der ganzen Erde beten Menschen und sonntags zur Gottesdienstzeit besonders viele. Alle erwarten, dass Gott sie hört. Ist Gott da nicht überfordert?«

»Sie reden von Gott wie von einem Menschen. Aber Gott ist Gott! Eine Mutter kann sich gleichzeitig um vier bis sechs Kinder kümmern, den Haushalt versorgen und dem Mann eine gute Frau sein. Gott kann sich um seine ganze Schöpfung kümmern. Das tut ER auch!«

»Von wegen, er kümmert sich. Wo ist denn Gott, wenn sich Menschen abschlachten wie Vieh, einsperren, foltern, vergewaltigen oder verhungern lassen?«

»Sie reden wie ein ungezogener Sohn von seinem Vater. Der Sohn hat im Suff einen Unfall gebaut, dabei ein Kind überfahren und sich selbst Schaden zugefügt. Nun schimpft er auf seinen Vater. Der ›Alte‹ ist schuld. Doch auf diesen ›Alten‹ hat er nie gehört. Der war ja rückständig und kleinkariert. Ist der Sohn im Recht mit seinem Vorwurf?«

»Sie haben aber auch für alles eine Erklärung. Jetzt möchte ich von Ihnen noch etwas wissen. Es gibt doch in der Kirche etwas zu essen und zu trinken. Alle essen von einem silbernen Teller und trinken aus einem Pokal. Von dem Happen wird kein Mensch satt. Wozu soll es also nütze sein?«

»Diese Mahlzeit ist nicht zum Sattwerden gedacht. Ehe ich in die Kirche gehe, habe ich ordentlich gefrühstückt.«

»Und trotzdem beteiligen Sie sich dann an dieser seltsamen Mahlzeit?«

»Ja, sie ist sogar das Schönste am ganzen Gottesdienst. Sie geht zurück auf JESUS CHRISTUS. Ich lese es Ihnen aus meiner Bibel vor.«

Sie zog ein kleines Neues Testament aus ihrer Tasche, blätterte und las.

»Und als sie aßen – JESUS und SEINE zwölf Jünger –,

nahm JESUS das Brot, dankte und brach's und gab's ihnen und sprach: Nehmet, das ist mein Leib. Und ER nahm den Kelch, dankte und gab ihnen den; und sie tranken alle daraus. Und ER sprach zu ihnen: Das ist mein Blut des Bundes, das für viele vergossen wird.«

Mit einem Seitenblick auf meine Beifahrerin stellte ich fest, dass sie das 14. Kapitel des Evangelisten Markus aufgeschlagen hatte.

»Ich habe Brot und Wein daheim. Um das zu essen, muss ich nicht in die Kirche gehen.«

»Sie haben aber **JESUS** nicht in Ihrem Brot, das ist der entscheidende Unterschied.«

»JESUS im Brot und im Wein – wenn ich das höre, krümmt sich mein gesunder Menschenverstand.«

»Aber wenn Sie hören, dass in Ihrem Körper der Sauerstoff ins Blut eingeht, um auf diese Weise zu allen Organen zu gelangen, krümmt sich Ihr Verstand wohl nicht!? Es ist die **eine** Verbindung so **wunderbar** wie die **andere**. Jesus versorgt auf diese Weise Leib, Seele und Geist mit **seinem** gelungenen Leben.«

»Na, das haben Sie wohl in der Konfirmandenstunde gelernt. Brav, brav.«

»Ja, manches kann man lernen, auch im Glauben. Aber das Wichtigste ist **das Erleben**. Das Gelernte bleibt nur im Kopf; JESUS aber beansprucht das Herz.«

Wir schwiegen eine Weile.

»Bis jetzt haben **Sie uns** gefragt. Nun kehren wir den Spieß einmal um. **Wir** fragen **Sie**, warum Sie nicht glauben.«

Ich blinkte rechts und bog auf einen Parkplatz ein. Jetzt hieß es Farbe bekennen.

»Sie haben soeben das theologische Examen bestanden – nein, viel mehr –, Sie haben mir Ihren Glauben in einer Weise bezeugt, dass ich mich meiner Fragen nur schämen kann. Ich bin Christ und von Beruf Pfarrer.«

Den beiden Mädchen blieb der Mund offen stehen.

»Sie sind gemein!«

»Das gebe ich zu und bitte Sie um Verzeihung. Ich wollte wissen, wie junge Leute reagieren, wenn sie auf ihren Glauben angesprochen werden. Also legte ich mir die Rolle eines spöttischen Ungläubigen zu. Sie gaben Ihre Antworten aus Ihrer Seele heraus, so überzeugend, dass ich mich nur freuen kann. Ich war gemein zu Ihnen, aber es hat sich gelohnt.«

Wir hatten uns noch viel zu erzählen.

Als sie in Dresden mein Auto verließen, nahmen sie mir das Versprechen ab, so etwas **nie wieder** zu tun.

Ich habe mich daran gehalten. Es hat sich aber auch nie wieder eine so günstige Gelegenheit gefunden.

Begegnungen mit Ordnungshütern

Einen sehr ungewöhnlichen Mitfahrer hatte ich in Mecklenburg. Ein Polizist hielt mich mit seinem Signalstab an. Ich kontrollierte bei seinem Anblick schnell meinen Tacho, denn sofort meldete sich das Gewissen: »Hast du auch die vorgeschriebene Geschwindigkeit eingehalten?« Sie stimmte – ausnahmsweise! Weshalb also hielt er mich an? Mein Nummernschild war auch zu erkennen. Ich war mir keiner Schuld bewusst.

Als ich hielt, stellte er sich neben meine Tür ans offene Fenster und fragte mich, ob ich nach Güstrow führe. Ich bejahte es.

»Nehmen Sie mich mit?«

Ich bejahte es wiederum.

Er ging ums Auto und stieg ein.

Kaum war ich losgefahren, sagte er: »Was ich jetzt gemacht habe, war Amtsmissbrauch. Sie könnten mich anzeigen. Mein Dienst ist beendet, und der nächste Bus nach Güstrow fährt erst in drei Stunden.«

»Warum sollte ich Sie anzeigen? Es stehen so viele winkende Leute am Straßenrand, warum nicht auch mal ein Polizist?«

»Weil der nicht mit der bloßen Hand winkt. Bei mir **müssen** Sie halten, bei den anderen Leuten haben Sie die freie Entscheidung.«

»Schon gut. Sie können unbesorgt sein. Ich fühle mich nicht betrogen.«

Aber es war doch ein seltsames Gefühl, einen Ordnungshüter im Auto zu haben. Ich fuhr vorschriftsmäßig!

Nach einer Weile fragte er: »Fahren Sie immer so korrekt?«

»Um bei der Wahrheit zu bleiben: NEIN. Aber in diesem Falle halte ich mich ganz an die Spielregeln.«

»Genau das müssen Sie jetzt einmal nicht. Solange **ich** in Uniform in Ihrem Auto mitfahre, gilt für Sie nur eine einzige Verkehrsregel: ›Vorsicht und gegenseitige Rücksichtnahme‹. Wenn Sie **die** beachten, dürfen Sie auch hundert fahren.«

Ich nahm ihn beim Wort.

In Güstrow angekommen, bedankte er sich herzlich und ergänzte: »Nun gilt für Sie wieder die Verkehrsordnung mit **allen** Paragraphen. Vergessen Sie das nicht!«

***

Aber hin und wieder praktiziert man eben doch seine eigene Ordnung. So fuhr ich zum Beispiel bei Meißen eine Stoppstraße an, sah, dass von links nichts kam, und rollte ohne Halt weiter auf die Hauptstraße.

Übersehen hatte ich allerdings einen Polizisten, der ganz rechts an der Ecke stand. Plötzlich tauchte er neben meinem Kühler auf.

Ich war erschrocken, hielt an und erwartete eine gehörige Strafe, die ich ja auch verdiente. Doch es kam anders.

»Hauptwachtmeister Spange. Guten Morgen. ›Schlechte Beispiele verderben gute Sitten.‹ Ich wünsche Ihnen eine angenehme Weiterfahrt.«

Da war ich platt. Das hat bei mir eingeschlagen. Ich bin bei keiner Stoppstraße je wieder durchgefahren.

***

Weniger Skrupel als der Güstrower »Sheriff« hatte sein Kollege in Polen. Der stoppte mich auch kraft seines Amtes. Kaum hatte ich angehalten, öffnete er meine Beifahrertür, fragte, ob ich weiter in Richtung Warschau fuhr, und packte mir eine Familie – Vater, Mutter und zwei Kinder – vorn auf meinen Nebensitz. Meinen Rücksitz hatte ich voller Gepäck geladen.

Mein Protest störte ihn überhaupt nicht.

»Der nächste Polizist wird mich anhalten und bestrafen, wenn er sieht, dass mir kaum Platz zum Lenken bleibt.«

»Nix Polizist wird strafen dich.«

Er kassierte von der Familie Geld, knallte meine Autotür zu und ab ging die Post.

Aus der Frau bekam ich heraus, dass die Polizisten damit ihren mageren Lohn aufbessern. Da Busse sehr selten und unregelmäßig verkehren, bitten die Leute den Polizisten, ihnen kraft seines Amtes ein Auto anzuhalten, das sie mitnimmt. Der Polizist kassiert dafür das Busgeld.

Aber ich habe mich – ganz unchristlich – dafür gerächt, allerdings nicht an einem polnischen, sondern an einem DDR-Polizisten.

Ich parkte meinen Wolga hinter dem alten Friedrichstadtpalast auf einem großen Platz, um dort gleich zu übernachten.

Es war ein heißer Sommertag gewesen. Darum ließ ich auch die beiden Seitenkippfenster offen, um von der Nachtkühle etwas zu spüren. Die Türen waren verriegelt.

Den Autoschlüssel hatte ich auf das Armaturenbrett gelegt, gut sichtbar für jeden Vorbeikommenden. Das war zugegebenermaßen nicht gerade klug.

Ich wurde munter, als ich Stimmen hörte.

»Schau dir das an. Der schläft und hat seine Schlüssel so leichtsinnig hingelegt, dass sie ihm jeder wegnehmen kann. Dem werde ich einen Denkzettel verpassen.«

Zwei Streifenpolizisten standen neben meinem Wolga. Na wartet nur, ich bin auf der Hut.

Der eine Polizist langte vorsichtig mit seiner Hand durch den geöffneten Fensterspalt zum Schlüssel.

Ich schien fest zu schlafen.

Aber noch ehe er zufassen konnte, schlug ich mit aller Kraft auf seine Hand.

Er erschrak und wollte sie schnell zurückziehen; doch er blieb stecken und gab mir Gelegenheit, noch dreimal zuzuschlagen.

Erst dann tat ich ganz erstaunt.

»Ach, ein Polizist! O Verzeihung. Ich konnte nicht ahnen, dass ein Polizist bei mir einbrechen will.«

»Ich wollte bei Ihnen nicht einbrechen. Sie sollten aber merken, wohin Ihr Leichtsinn führt. Man legt doch keine Autoschlüssel bei offenem Fenster auf das Armaturenbrett.«

»Tut mir schrecklich Leid, dass ich Sie bei der Ausübung Ihrer Dienstpflicht verhauen habe. Aber das konnte ich nun wirklich nicht ahnen. Ich hab einen leichten Schlaf und merke alles. Darum gibt es auch bei offenem Fenster für mich keine Gefahr.«

Die beiden trollten von dannen. Ich schmunzle noch heute bei dem Gedanken, dass ich ungestraft einem Polizisten auf die Finger schlagen durfte.

***

Da fallen mir gleich noch zwei andere Verkehrspolizisten ein, denen ich am liebsten ein paar **hinter die Ohren** gegeben hätte, aber dazu kam ich nicht.

Wir feierten im Zirkus HEIN die Konfirmation von vier jungen Leuten – am Vormittag in der Kirche, ab Mittag in der Gaststätte, fünf Kilometer vom Zirkusplatz entfernt.

Unsere Zirkusleute wussten, dass ich auf Alkohol verzichten kann. Darum fragten sie mich, ob ich sie nachts aus der Gaststätte zum Zirkus zurückfahren würde.

»Selbstverständlich mache ich das. Fünf Kilometer im Pendelverkehr – das ist kein Problem.«

Ich ließ mich also während der ganzen Feier bis nachts ein Uhr voll Saft und Limonade laufen. Dann begann der allgemeine Aufbruch.

Ich ging zu meinem Auto vor der Gaststätte.

Kaum saß ich am Steuer, tauchten zwei Polizisten auf.

»Na, junger Mann, was haben Sie denn jetzt vor?«

»Ich will die Leute vom Zirkus im Pendelverkehr heimfahren.«

»Sie haben hier mitgefeiert.«

»Ja selbstverständlich habe ich das.«

»Und da wollen Sie jetzt Auto fahren?«

»Warum denn nicht. Ich habe nur Saft und Limonade getrunken.«

»Natürlich, nur Saft und Limonade!«

»Das ist wahr! Sie können reingehen und den Kellner fragen.«

Da klopft der eine Polizist dem anderen gutmütig auf die Schulter.

»Lass ihn fahren. Dem passiert nichts. Schließlich ist er vom Zirkus. Die können saufen **und** fahren. Die vertragen das.«

Ich begehrte auf. »Hören Sie, ich beschwindle Sie nicht. Sie können mich ja auch pusten lassen!«

»Reg' dich nicht auf! Dreh deine Runden, wie du es dir vorgenommen hast. Wir sehen nicht hin.«

Damit verschwanden sie in der Nacht.

Da hatte ich nun eine blütenreine Weste – wie nur selten; sie aber glaubten mir nicht. Wie ärgerlich! – –

Erstaunlich ist das, wie viele Erinnerungen ein Mensch speichern kann.

Jahrelang habe ich mich kaum an meine Zirkuszeit erinnert, weil die neuen Aufgaben mich ganz ausfüllten. Jetzt, wo ich mit Ruhe daran zurückdenke und erzähle, tauchen sie in einer Fülle vor mir auf wie Schätze aus längst vergangenen Tagen, die bei einer Ausgrabung ans Licht gebracht werden.

Eigentlich könnten wir einmal die Rollen tauschen. **Du** erzählst, und ich höre zu.

Du schüttelst den Kopf. Ich weiß schon. Du denkst, das wäre nicht so interessant. Irrtum! Jedes Menschenleben ist spannend! Sicher erzählst du nichts von einer Löwenjagd oder einem Elefantenritt, dafür aber vielleicht von einer Modenschau, einer Bahnreise oder einer reizvollen Insel.

Na gut, ich akzeptiere dein Schweigen. Es war ja auch nicht ausgemacht, dass wir uns im Erzählen abwechseln. Du sollst aber wissen: Ich würde dir sehr gern zuhören!

Es ändern sich die Reiche …

»ES ÄNDERN SICH DIE REICHE, ES ÄNDERT SICH DIE WELT. DOCH GOTT, ER BLEIBT DER GLEICHE, DER SIE IN HÄNDEN HÄLT.«

Bis zu meinem vierzehnten Lebensjahr wurde Deutschland von Adolf Hitler regiert.

Erst war ich ›PIMPF‹, dann wurde ich ›HITLERJUNGE‹, und als solcher war ich ›FAHNENTRÄGER‹! Darauf war ich sehr stolz. Doch größer als mein Stolz war meine Angst, denn ›Die Fahne ist mehr als der Tod!‹.

Als Fahnenträger wurden wir extra geschult: Die Fahne darf nie in Feindeshand fallen. Der Fahnenträger schützt sie mit seinem Leben.

Darum: Wenn wir durch unser Dorf marschierten und lauthals sangen »DENN HEUTE GEHÖRT UNS DEUTSCHLAND UND MORGEN DIE GANZE WELT!«, trug ich erhobenen Kopfes meine Fahne geschultert. Marschierten wir aber zum Geländespiel in die Berge, saß mir die Angst im Genick. Ich versteckte mich nicht nur einmal mit meiner Fahne unter einem riesigen Reisighaufen.

Als das ›Großdeutsche Reich‹ 1945 unterging und nichts als Trümmer hinterließ, war auch mein Leben arg geschädigt. Ich war blindlings mitgelaufen – »Im Gleichschritt Marsch!«. Wir waren einem Wolf im Hirtenmantel gefolgt.

Zum ersten Mal fragte ich bewusst nach dem Sinn und dem Ziel meines Lebens.

In dieser Zeit nahm ich eine persönliche Beziehung zu JESUS CHRISTUS auf. Es war für mich kein geradliniger Weg. Ich schlug trotz meiner Bekehrung manche Ab- und Umwege ein. Gott hatte mit mir SEINE Mühe – und das ist bis heute so geblieben. Doch JESUS, der gute Hirte, hat mich immer gesucht, gefunden und auf SEINEN Armen zurückgebracht.

Ich spürte den Unterschied.

Hitler und Goebbels hatten uns vom sicheren Bombenbunker aus mit ihrer Propaganda eingedeckt und missbraucht.

JESUS aber war dem Teufel persönlich entgegengetreten, sein eigenes Blut wurde vergossen und er weidet uns als »guter Hirte auf einer grünen Aue und führet uns zum frischen Wasser«.

Wenn ich auf Erden noch jemandem trauen und folgen kann, dann IHM, IHM ALLEIN!

»**Wer auf Gott sein Hoffnung setzt** – und nicht auf eine Ideologie, eine Partei oder einen Politiker –, **der behält ganz unverletzt einen freien Heldenmut.**«

Mit wacher Seele beobachtete ich, was **danach** kam.

Was ich jetzt erzähle, ist keine Geschichtsdarstellung für ein Schulbuch, sondern meine persönliche Erfahrung. **So** habe **ich** diese Zeit erlebt!

Die Kommunisten traten Hitlers Erbe an. Sie waren ihm in vielen Stücken wie aus dem Gesicht geschnitten.

Die ›Pimpfe‹ wurden zu ›Pionieren‹, die ›Hitlerjugend‹ zur ›Freien deutschen Jugend‹ – und ›die Fahne war wieder mehr als der Tod‹. Sie nannten sich demokratisch und praktizierten Diktatur.

Hitler hatte sich ein Jesuswort zu eigen gemacht: »Wer nicht mit mir ist, der ist gegen mich« (Matthäus 12,30) – und auf seine Weise erweitert: »Und wer gegen mich ist, den vernichte ich!« Die Kommunisten übernahmen Spruch und Auslegung nahtlos.

Hitlers Wahlergebnisse lagen knapp unter 100 Prozent. Seine kommunistischen Nachfolger prahlten mit 99 Prozent.

Nur die Juden kamen jetzt besser weg. Für sie gab es in der DDR keine KZs. Es gab aber auch keine Wiedergutmachung. Diese überließ man dem verachteten kapitalistischen Westen.

Ich konnte mich mit dem sozialistischen Staat nie anfreunden. Ich wurde erwachsen. Ich durchschaute den Betrug besser als vorher. Und dass wir erneut betrogen wurden, das war zu erkennen.

Trotzdem kam uns nie der Gedanke, uns in den Westen abzusetzen. Wir blieben freiwillig Staatsbürger der DDR und bereuten das auch nachträglich nicht.

Sooft mir allerdings der Hut hochging und der Kragen platzte, sang ich das Volkslied, das ich spöttisch zur Nationalhymne der DDR erklärt hatte: »Kein schöner Land in dieser Zeit, als hier das unsre weit und breit.« Aber außer meiner Familie hat es niemand mitgesungen.

Der ›antifaschistische Schutzwall‹, Prunkstück kommunistischer Baukunst, mauerte das ganze Volk ein. Das traf unsere Artisten empfindlich, denn von diesem 13. August 1961 an war ihre Internationalität begrenzt auf Ostdeutschland, die Sowjetunion und ihre Satellitenstaaten.

Da wurde ich eines Tages ins Ministerium für Kultur bestellt. Dort ging ich oft aus und ein. Zwar hatte mich die Kirche als Artistenpfarrer angestellt; da aber die drei großen Zirkusse volkseigen waren und ebenso die Varietés, hatte das Ministerium für Kultur über mich die Oberaufsicht.

Es war immer spannend, wenn ich dorthin kam. Meistens empfing man mich freundlich, einige Grad zu freundlich.

»Herr Pfarrer, Sie sind nun schon viele Jahre in Ihrem Dienst. Wir haben den Eindruck, dass Ihnen Ihre Arbeit Freude macht, und bei den Artisten sind Sie gern gesehen.«

Hier war Vorsicht geboten! Ich schwieg.

»Wir hatten in der Bundesrepublik eine Tagung aller Kulturbeauftragten von Ost und West.«

Ich fiel ihm ins Wort. »Und da waren **Sie** dabei?«

»Ja selbstverständlich.«

»Wie sind Sie denn da rübergekommen?«

»Mit dem Auto.«

»Über die Grenze? Einfach so, ohne Schwierigkeiten?«

»Ich reiste doch mit Regierungsauftrag.«

»Aha, ich verstehe. Mit Regierungsauftrag darf man in den Westen fahren. Warum schreibt unsere Regierung denn nicht auch unseren Artisten solche Aufträge aus, die zu einem Engagement nach drüben fahren müssen, um dort ihrer Arbeit nachzugehen?«

Er unterbrach mich. »Herr Pfarrer, wir kommen vom Thema ab. Wir haben bei dieser Tagung erfahren, dass die im Westen keinen evangelischen Artistenpfarrer haben, aber dringend einen suchen. Das wäre doch ein Angebot für Sie. Da hätten Sie einen weit größeren Bereich zu betreuen. Aber Sie würden das bestimmt schaffen.«

»Ach, Sie meinen, ich soll Zirkuspfarrer für **ganz** Deutschland werden. Da wäre die Einheit wenigstens schon mal an **einer** Stelle verwirklicht.«

»Herr Pfarrer, Sie **wollen** mich nicht verstehen. Sie sollen mit Ihrer Familie in die Bundesrepublik übersiedeln, mit regierungsamtlicher Genehmigung – also ganz offiziell.«

»Mir bleibt die Luft weg. Sie sorgen sich um meine berufliche Karriere und um das geistliche Wohl der kapitalistischen Artisten.«

»Genau so ist es. Ich merke, Sie fangen an, uns zu verstehen. Wir machen Ihnen ein großzügiges Angebot. Ich weiß, Sie halten von uns nicht viel und trauen uns immer nur Schlechtes zu. Jetzt erleben Sie einmal persönlich, wie fürsorglich wir denken und handeln.«

Er wollte mir die Hand geben und den Vertrag damit sozusagen besiegeln.

Ich übersah die Geste.

»Ich bin von Kommunisten schon allerhand gewohnt und wundere mich kaum noch. Aber diese Fürsorge heute haut mich fast um.«

»Herr Pfarrer, Sie reden immer von Kommunisten. Noch sind wir **Sozialisten** – auf dem **Weg** zum Kommunismus.«

»Umso schlimmer. Nicht auszudenken, was uns alles **noch** blüht, wenn Sie am Ziel sind!«

Er ging nicht darauf ein.

»Sie nehmen unser Angebot also an.«

»Ich bedanke mich. Sie reihen mich in die Gruppe derer ein, die Sie gern los sein möchten. Mit Speck fängt man Mäuse. Aber ich bin keine Maus. Ich bleibe so lange in der DDR, bis alle meine Artisten wieder frei reisen dürfen. Und damit Sie es wissen und weitersagen: Ich fühle mich in der DDR wohl. Wenn ich Ihnen im Wege bin, dann bedaure ich das, kann Ihnen aber nicht helfen. Ich lebe gern hier – nicht, weil die Politik, die gemacht wird, so eine Wucht ist, sondern weil auch die DDR ein Teil des Reiches Gottes ist, genauso wie die Sowjetunion, die USA, Frankreich oder Kuba. Und **wo Gott ist, lebt es sich gut.**«

Diese Aussage fand ich nach der Wende in meiner ›AKTE‹ wieder. Ein Stasi-Offizier hatte als Anmerkung an den Rand geschrieben: »Das ist für uns nicht nachprüfbar!«

Trotz allem – man krümmte mir kein einziges Haar. Andere wurden wegen eines Witzes am Stammtisch für Jahre hinter Schloss und Riegel gesperrt. Die saftigsten politischen Witze hörte ich in Ministerienkreisen.

Ich durfte ihnen ins Gesicht hinein sagen, dass die Mauer kein Schutzwall gegen den Westen, sondern eine Barrikade gegen das eigene Volk sei – und dass die Wahlen keine Wahlen seien, sondern die Zustimmung eines unmündigen Volkes zu aufgezwungenen Listen.

Sie schmunzelten.

Sie drohten mir mit dem Zeigefinger, wie man einem ungezogenen Kind droht.

Sie wurden auch mal heftig und laut, und sie bezahlten mehrere ›Bodyguards‹, die mich unauffällig bewachten.

Aber sie sperrten mich nicht ein.

Ich lernte: Auch politische Betonköpfe sind empfänglich für Gottes Güte.

Ein Funktionär, der mit mir sprach, ließ in seiner Heimat – weit weg von Berlin – ganz ›im Stillen‹ sein Kind taufen. Er erzählte es mir hinter vorgehaltener Hand. Er wollte sich nach allen Seiten absichern – auch in Richtung Himmel. Man kann ja nie wissen! Er hat immer gesehen, wie er mit dem Rücken an die Wand kommt. Er hat es geschickt angepackt. Gewiss steht er auch jetzt wieder auf beiden Füßen. Er hat das Zeug dazu. Was aber bleibt ihm, wenn er vor Gott steht? Ich mag ihn, ich mag ihn mit vielen, die ich zur DDR-Zeit als solche ›auf zwei Seiten hinkende Diplomaten‹ kennen lernte. Ich bete für ihn. Ich wünsche ihm, dass er die volle Liebe Gottes noch begreift und ergreift. **Dann** hätte er ein echtes, erfülltes Leben, jetzt und in der Ewigkeit.

Es ist in keinem anderen das Heil zu finden als allein in JESUS CHRISTUS, den Gott uns zum Erlöser gesandt hat.

Jesus liebt, rettet und beschenkt auch Sozialisten, Kommunisten und Diplomaten – echte und solche, die nur vorgeben, echt zu sein.

Heitere Muse

Anruf aus Berlin: »Herr Fischer, wir haben vor, ein Handbuch der ›HEITEREN MUSE‹ herauszubringen. Artisten, Komiker, Sänger, Zauberkünstler, Konférenciers, Tänzer usw. können sich da in einer Annonce mit Bild vorstellen und ihre Anschrift angeben. Da gehören **Sie** mit der Artistenmission doch eigentlich auch hinein.«

»Nicht eigentlich, sondern selbstverständlich! Ich belege eine ganze Seite und werde Ihnen den Text und unser Symbol umgehend zuschicken.«

Zu meiner Frau sagte ich: »Wenn die Partei dahinter kommt, dass die Kirche in dem Buch eine Werbung stehen hat, hüpft sie auf und nieder. Das möchte ich erleben!«

»Du glaubst doch nicht im Ernst, dass ihnen das entgeht, ehe es zu spät ist. Gibt es in unserem Land **eine** Zeile, die gedruckt werden darf **ohne** Zensur?«

Sie sollte Recht behalten. Das Buch war zusammengestellt. Unsere Anzeige stand auf Seite 67. Ein polygraphischer Betrieb außerhalb Berlins bekam den Auftrag zum Druck und zur Auslieferung. Sollte es **doch** unbemerkt geblieben sein?

Anruf des Druckers: »Anweisung vom Ministerium. Seite 67 ist sofort zu streichen und durch eine andere Annonce zu ersetzen.«

Aha. Wenn auch sonst nichts klappt in diesem Staat,

die Zensur funktioniert. Doch darauf war ich inzwischen gefasst.

Mein Plan lag fertig im Schubkasten.

Ich ließ einen Mitarbeiter im Kulturministerium wissen, dass die evangelische Artistenmission trotz der Streichung **auf der ersten Seite** des Buches stehen würde.

Seine Reaktion: »Das ist völlig unmöglich. Keine Druckerei wagt das.«

Ich wollte ja nur, dass er bis in die höchsten Kreise hinein bekannt macht, dass der Fischer wieder etwas vorhatte. Und das funktionierte auch.

Die Anschriften aller an der ›HEITEREN MUSE‹ Beteiligten besaß ich seit Jahren sowieso in meiner Gemeindekartei – mühsam, aber gründlich zusammengetragen.

Mit dem Drucker vereinbarte ich lediglich, dass er mir mitteilt, an welchem Tag er die Bücher ausliefere. Das sagte er mir zu.

Ich fand eine Druckerei, die mir die abgelehnte Seite als ›Visitenkarte‹ auf gummiertes Papier druckte.

In einem Brief erklärte ich meinen Handbuchempfängern: »Unsere Annonce wurde auf Parteibeschluss hin gestrichen. Aus diesem Grund erlaube ich mir, Ihnen diese zuzuschicken mit der Bitte, sie in Ihrem Buch auf die leere Innenseite des Einbandes zu kleben. Erst dann ist Ihr Handbuch vollständig.«

Die Briefe lagen fertig adressiert und frankiert – das war zu DDR-Zeiten sehr preiswert – auf meinem Schreibtisch.

Der Drucker meldete: »Am Donnerstag nächster Woche schicken wir die Bücher ab.«

»Danke. Ich auch!«

So erhielten alle Bezieher des Handbuches an **einem** Tag beide Sendungen, das Buch und unser Klebeblatt.

Ich übertreibe nicht, wenn ich behaupte, dass noch am gleichen Tag unsere Anzeige die erste Innenseite der meisten Bücher zierte.

Damit auch das Ministerium vollständige Exemplare hatte, sandte ich meinen Brief mit mehreren Einklebern dorthin. Und was soll ich sagen? Erst tobten und schnaubten sie vor Wut, so berichtete es mir eine Sekretärin, dann aber mussten sie lachen.

Bei nächster Gelegenheit zeigte mir einer der Spitzenfunktionäre sein Handbuch, und siehe da, auf der ersten Seite klebte unsere Annonce.

Darauf konnte ich nur schmunzelnd sagen: »Ihr seid noch nicht hoffnungslos verloren, ihr habt Humor bewiesen.«

Die Sache hatte ein fröhliches Nachspiel. Doch ehe ich das erzähle, muss ich etwas Schlimmes und Trauriges vorausschicken.

Berufsausweise

Der Mauerbau beendete für unsere Artisten ihre Internationalität. Verträge mit kapitalistischen Agenturen durften im besten Fall linientreue Parteigenossen abschließen. Die erwiesen sich in vielen Fällen aber auch als unzuverlässig und kamen nicht in den ›einzig rechtmäßigen deutschen Staat‹ zurück.

Ich erinnere mich an einen Jongleur, der in der DDR nicht genug schmeicheln konnte, vielen Kollegen das Leben sauer gemacht hatte, einen Vertrag nach drüben bekam und nicht ins gelobte Land zurückkehrte. Er ließ sich drüben noch als ›Märtyrer‹ feiern.

Durch diese Einschränkungen waren nun aber auch die Arbeitsplätze für Artisten knapp. Was tun?

Die Partei wusste immer Rat. Sie richtete eine Kommission ein. Die nahm im Magdeburger Varieté ›Kristall-Palast‹ den Artisten eine Prüfung ab und stellte Berufsausweise in drei Klassen aus.

Wer bei der Prüfung durchfiel, für den hatte es sich halt erledigt. Und schon reichten die Arbeitsplätze wieder.

Außerdem brauchte die LPG (Landwirtschaftliche Produktions Genossenschaft) immer Leute für die Feld- und Stallarbeit, weil viele Bauernfamilien, denen man ihren Besitz zwangsweise zur Kolchose erklärt hatte, nicht mehr in ihrem herkömmlichen Beruf arbeiteten.

Dass diese ›**Fach**‹-Kommission – unter dem Dirigentenstab der SED – zum Wohle und Nutzen der Artisten eingesetzt wurde, versteht sich von selbst.

Welche Tragödien sich während dieser so genannten ›Abnahmen‹ ereigneten, kann und will ich nicht schildern. Dazu müsste einer die entsprechenden Unterlagen einsehen können. Doch die werden wohl im Zuge der Zeit teilweise oder ganz ›verloren gegangen‹ sein.

Was ich persönlich miterlebte, reicht für eine ›Randnotiz‹.

Die Artisten hatten bei der Gewerkschaft Unterstützung und Hilfe gesucht. Das war natürlich vergebens, denn die Gewerkschaft unterstützte nicht ihre Mitglieder, sondern führte aus, was die Partei ihr vorschrieb.

»Pfarrer, du musst kommen und uns helfen.«

»Ich kann euch nicht helfen. Ihr denkt doch nicht im Ernst, dass die Partei ausgerechnet auf **mich** hört.«

»Das wissen wir. Aber du musst einfach dabei sein – **bei** uns sein. Wir brauchen dich in unserer Nähe. Wenigstens **ein** Mensch muss im Saal sitzen, von dem wir wissen, dass er ehrlichen Herzens zu uns hält.«

Also fuhr ich hin.

Wird die Kommission mich überhaupt reinlassen?

Sie ließ!

»Herr Pfarrer, wir sehen es als eine Ehre an, dass Sie dazukommen.«

»Das ist keine Ehre, sondern eine Schande, dass ich hierher kommen muss!«

Es hatte sich gerade ein ›Durchgefallener‹ das Leben genommen.

Die Kommission war taktlos genug, ihm einen Kranz am Sarg niederzulegen. Ein Artist schleuderte ihn während der Trauerfeier über die Friedhofsmauer nach draußen.

Mehrere Tage im Jahr begannen am zeitigen Nachmittag die ›Abnahmen‹.

Fünfzehn bis zwanzig Darbietungen arbeiteten vor.

Danach zog sich die Kommission zur Beratung zurück.

Die Artisten warteten im Saal auf das Ergebnis.

Nach Stunden öffnete sich die Tür. Die Mitglieder des »Hohen Rates« traten aus dem Sitzungszimmer, eilten wortlos an den wartenden Artisten vorbei und verschwanden.

Die Aufschreie, Weinkrämpfe und Wutausbrüche der Gequälten ließen sie unberührt.

Das Prüfungsergebnis wurde in den nächsten Wochen schriftlich zugeschickt.

Die Urteile trafen ja nicht nur junge Nachwuchsartisten, sondern auch die ›alten Hasen‹ mit jahrzehntelanger Berufserfahrung, zum großen Teil aus Zirkusfamilien stammend.

Ich versuchte, zu den Beratungen hinter den verschlossenen Türen zugelassen zu werden, mit dem Ziel, den draußen Wartenden am Ende das Ergebnis mitzuteilen. Das wurde mir erlaubt, mit der Auflage, erst dann zu reden, wenn die Kommissionsmitglieder vollzählig abgereist waren.

Ich hielt mich dran.

Wenn ein Artist an der Reaktion des Publikums merkte, dass seine Darbietung nicht mehr ankam, mühte er sich entweder um Verbesserung, oder er stieg in ein anderes Genre um. Er konnte zum Beispiel nur eine begrenzte Zeit als Kaskadeur arbeiten. War es ihm physisch nicht mehr möglich, diese Leistung zu bringen, brauchte er deswegen nicht die Bühnen- oder Manegenarbeit aufzugeben. Vielleicht gelang ihm eine Pudel- oder Taubendressur, oder er versuchte sich als Zauberkünstler.

Einer **Parteikommission** nahm er sein berufliches Todesurteil jedenfalls **nicht** ab.

Es kam **noch** dazu, dass die Prüflinge ohne anwesendes Publikum arbeiten mussten. Vorn standen sie auf der Bühne. In der Mitte des Saales herrschte gähnende Leere. Ganz hinten saßen an Tischen die Mitglieder der Jury.

Wer auf der Bühne arbeitet, braucht die Reaktion des Publikums. Aber mach' das mal so hoch geschulten Parteifunktionären klar. Immerhin konnte ich sie nach Jahren dazu bringen, wenigstens Rentner zu den Prüfungen einzuladen. Die kamen gern und spendeten reichlichen Beifall.

Um die Zusammensetzung des Publikums noch etwas zu verjüngen, holte ich die Mannequins eines in Magdeburg ansässigen Modeinstituts dazu, die auch gern kamen und für entsprechende Stimmung sorgten. Trotz allem blieben die ›Abnahmen‹ ein Horror!

Am Ende von vier Prüfungstagen war ich selbst total geschafft. Mancher Artist war nach den für ihn so qualvollen Stunden nicht mehr in der Lage, selbst heimzufahren, vor allem dann, wenn er ahnte oder sich einbildete, durchgefallen zu sein. Ich chauffierte ihn – oft quer durch die DDR – nach Hause.

Leidensgefährten betteten mir eine Tänzerin auf meine umgeklappten Autositze. Sie trug noch ihr Bühnenkostüm. Die Schminke klebte ihr tränenverschmiert im Gesicht. So lieferte ich sie in Leipzig bei ihrer Familie ab.

Manche bekamen nach ihrem ›Durchfall‹ die gütige Erlaubnis, es in einem halben Jahr noch einmal zu versuchen. Ich redete einem Ehepaar zu, darauf einzugehen. Wieder ein Reinfall.

Es gelang mir, sie **noch** einmal zu überreden. Doch auch dieser Versuch brachte nichts.

Ich kannte die Gründe, warum sie ständig abgelehnt wurden. Sie lagen nicht in mangelnder artistischer Leistung.

Noch einmal zog ich alle Register, um sie zu einem vierten Anlauf zu bewegen.

»Ich will euch erzählen, welches Beispiel uns JESUS in der Bibel gibt. Eine Frau geht zum Richter, damit er ihr zu ihrem Recht verhilft. Der aber macht sich nichts aus der Frau und empfängt sie gar nicht erst. Da geht sie wieder und wieder und wieder zu ihm, bis er schließlich nachgibt und ihr hilft.

Seine Begründung: ›Sonst gibt sie mir doch keine Ruhe und kratzt mir am Ende meine Augen aus.‹

JESUS sagt dazu: ›Die Frau hat es richtig gemacht. Sie hat nicht aufgegeben. Lernet von ihr. Es lohnt sich. Auch Gott hört auf die dringlichen Gebete seiner Kinder.‹

Genau das tun wir: Wir gehen der Kommission auf die Nerven, und wir beten um Gottes Hilfe.«

Ich holte sie zu dem Prüfungstermin in ihrer Berliner Wohnung ab und blieb bei ihnen, bis sie auf die Bühne mussten. Und diesmal hieß es in der ›Fachberatung‹: »Es sind deutliche Verbesserungen der Arbeit zu sehen. Wir erkennen dem Ehepaar den Berufsausweis zu.«

Na bitte!

Ein noch verhältnismäßig junges Artistenpaar, das auch schon seit Kindertagen durch die Eltern in den Beruf gekommen war, erschien zur Prüfung in Magdeburg – gezwungenermaßen.

Sie zitterte so, dass ich nichts Gutes ahnte. Dann passierte es. Beim ›Kopf auf Kopf‹ rutschte sie ab. Er bekam sie noch zu fassen, stellte sie aber sehr hart auf die Bühne. Sein Zorn stand ihm im Gesicht geschrieben. Nun war sie noch unsicherer. Es klappte gar nichts mehr.

Die an sich wunderschöne Nummer missriet. Aus und vorbei! Sie brauchten kein Prüfungsergebnis abzuwarten. Das war leicht zu erraten.

Außerdem mussten sie gleich nach Berlin zurück, da sie in einer Nachtbar ihr letztes Engagement hatten.

Als ich an diesem Abend die Ergebnisse der Kommission den Artisten mitgeteilt hatte, fuhr ich nachts noch nach Berlin. Ich wollte die beiden beim Auftritt in der Bar erleben, kam auch gerade zur rechten Zeit.

Hinter einer Säule stehend, beobachtete ich die Darbietung. Obwohl der Tag für sie so viel Aufregung gebracht hatte, arbeiteten sie ganz sauber und sicher. Das Publikum reagierte begeistert.

Ich schrieb an die Kommission einen Brief, schilderte, was ich gesehen hatte, und bat um Revidierung des Urteils. Mein Brief war scharf und deutlich. Trotzdem hatte ich keine Hoffnung auf Erfolg. Doch, o Wunder! Die beiden erhielten nachträglich ihren Berufsausweis.

Hin und wieder war man bemüht, dem Pfarrer und der Öffentlichkeit zu beweisen, wie gütig Sozialisten sind.

Jetzt will ich dir das Nachspiel meines ›Handbuch-Streiches‹ erzählen.

Mein unverschämtes Vorgehen hatte sich nicht nur im Kulturministerium herumgesprochen.

Eine neue ›Abnahme‹ in Magdeburg stand bevor.

Die Funktionäre waren sich sicher, dass ich mich nach meinem Husarenstückchen nicht in Magdeburg blicken ließe.

Die Sekretärinnen wetteten dagegen um einen Kasten sowjetischen Sekt, dass ich kommen würde wie immer.

Die Limousinen der Kommission waren vorgefahren. Ich ahnte nicht, mit welcher Spannung ich diesmal erwartet, beziehungsweise nicht erwartet wurde.

Manchmal reiste ich schon sehr zeitig an. Diesmal hatte ich vorher aber etliche Besuche gemacht und kam erst eine Stunde vor Prüfungsbeginn.

Ich öffnete die Saaltür, da tönte mir ein »Hallo!« entgegen. Mehrere Schreibtischdamen kamen auf mich zugestürzt, als wollten sie mich umarmen, und riefen: »Wir haben gewusst, dass Sie kommen! Wir haben die Wette gewonnen!«

Nur ich wusste nicht, wie mir geschah. Aber ich wurde aufgeklärt. Ich hatte nichts dagegen, dass sich die jungen Frauen über ihren Triumph freuten. Aber mir selbst war nicht zum Scherzen zumute. Die, die nicht mit meinem Kommen gerechnet hatten, klärte ich auf.

»Meine Herren, ich wüsste nicht, was ich verbrochen habe, dass ich mich verstecken müsste. Wer sich aus diesem Hause abends davonschleicht, das sind Sie!«

Einblick in Sozialisten-Seelen

Immer noch Magdeburg.

»Herr Pfarrer, heute feiern wir ein Jubiläum, den hundertsten Prüfungstag.«

»Und das ist Ihnen ein Grund zum Feiern?«

»Selbstverständlich. Wir haben mit unserer Arbeit einen sehr guten Beitrag zur Verbesserung der kulturellen Betreuung aller Werktätigen und zum Aufbau des Sozialismus geleistet.«

»Ich sehe nur die vielen Menschen, die Sie gequält und zum Teil um ihren Beruf gebracht haben.«

Ein Artist nahm mich beiseite.

»Herr Fischer, wir wissen, dass Sie keinen Grund zum Feiern sehen. Bleiben Sie trotzdem heute Nacht hier. Es wird für Sie, und damit auch für uns, aufschlussreich sein.«

Ich blieb.

Als alle Prüflinge das Haus verlassen hatten, wurden die Türen verschlossen und das Fest begann.

Ich schien für die feiernden Männer und Frauen die Attraktion zu sein. Alle wollten mit mir anstoßen.

»Wenn Sie mir Selterswasser besorgen, mache ich mit.«

Selbst das brachten sie fertig.

Am Anfang prosteten sie sich zu mit solchen Schlagworten wie: ›Es lebe der Sozialismus!‹ – ›Es lebe unsere sozialistische Kultur!‹ – ›Es lebe unser Genosse …!‹

Aber diese alle waren nur in den ersten zehn Minuten wichtig. Dann tranken die Funktionäre auf die Gesundheit ihrer ›Miezen‹ im Büro. Und schließlich folgte das Übliche, was sich unter der Gürtellinie ansiedelt.

»Pfarrer, worauf trinkst du?

»Ich trinke auf den Tag, der diese Prüfungsqualen überflüssig macht. Außerdem verdünne ich eure scharfen Prosits mit Wasser.«

»Ha, ha – unseren Sozialismus kann man nicht verdünnen.«

»Da habt ihr allerdings Recht. Den habt ihr schon **selbst** zur Wassersuppe vermanscht.«

Auch das quittierten sie mit einem lauten Lachen.

Mehrmals setzte ich zum Gehen an. Aber meine Neugier, wie so eine Fete bis zum Ende lief, siegte schließlich doch, so dass ich blieb. Es sollte sich lohnen.

Einer, der es im Fachbereich ›HEITERE MUSE‹ weit gebracht hatte, steuerte auf mich zu, im Kurvenschritt. Er hielt sich an meiner Schulter fest und lallte mir ins Ohr: »Herr Fischer, … nein, Pfarrer, … nein, du, … ich darf doch du zu dir sagen, … zu dir sagen, – heute haben wir mal Zeit miteinander, … miteinander, … zum Reden.«

Ihm war die Zunge vom Alkohol schwer geworden. Wir setzten uns abseits auf ein ledernes Sofa.

»Ich bin kein Gottverdammicher, … du, ich kann das Vaterunser, … ich kann das Vaterunser … beten, … beten wie du. Du hältst mich für einen Lumpen. Du hältst uns … uns alle für Lumpen, weil wir, weil wir für die Partei arbeiten. Was sollen wir denn sonst machen? … sonst machen? Sag mir das mal. Wer gut leben will, der muss mitmachen, … mitmachen! Ich habe die Partei, die Partei … nicht gewollt. Aber ich kann mit der Partei, … mit der Partei besser leben als ohne sie! Erst war ich nur so ein ganz kleines Licht. Ich konnte aber bessere Reden halten, verstehst du (?), Reden halten als mein Chef. Da haben sie **mich** zum Chef gemacht, und da war ich schon wer, … schon wer. Und so bin ich geklettert, geklettert, … geklettert, … in der Partei und in der Kultur. ›Genosse‹, haben sie zu mir gesagt, ›Genosse, … dich brauchen wir ganz oben‹ … haben sie gesagt. Und so kam ich auf meinen Platz, ganz weit oben. Aber du verachtest mich, weil ich so ganz oben hin gekommen bin. Du hältst mich für einen Lumpen. Ich weiß es. Ich fühle es. Ich sehe es dir an, du. Aber ich bin kein Lump! Nein, ich bin kein Lump! Nur leben will ich, leben, gut leben. Das willst du doch auch!

Jetzt gibt es einen, … einen, … der will meinen Platz. **Der** ist ein Lump. Weißt du, wer das ist? Du kennst ihn. Da drüben sitzt er, der Lump. Der will **meinen** Platz. Den mache ich fertig, ja fertig mache ich den!«

Es war sinnlos, mit ihm sprechen zu wollen. Er hatte zu viel genossen, der Genosse. Aber was er mir aus seinem Innersten heraus erzählte, das bestätigte mir, was ich schon vorher wusste: Korruption, Intrigen, Heuchelei und jede Menge Tricks gehörten zum Parteialltag.

Ich habe keinen von ihnen verachtet. Sie **jammerten** mich. Was ist das für ein elendes Leben!

Noch ein anderer Genosse drängte mir sein Gewissen auf. Dann reichte es mir, und ich verabschiedete mich, ohne das Ende der Feier abzuwarten.

Artistenschicksale

Ein Zauberkünstler stellte den Antrag auf einen Berufsausweis. Er war in einer Komödiantenfamilie aufgewachsen und hatte mit seinen Schwestern in der Zauberschau seines Vaters gearbeitet. Sein Antrag wurde wohlwollend geprüft.

Die Kommission bestellte den Mann zu sich und unterbreitete ihm folgenden Plan.

»Wir haben für Sie das großzügigste und lukrativste Angebot, das Sie sich nur wünschen können. Wir erteilen Ihnen nicht nur Ihre Berufserlaubnis als Zauberkünstler, sondern garantieren Ihnen zugleich eine Fülle von Arbeitsverträgen.«

Der junge Mann hörte dieser honigsüßen Rede kritisch zu. Hier war Vorsicht geboten.

»Sie sind sprachlos. Sie haben unsere Großmütigkeit nicht erwartet. Also hören Sie, wie wir uns Ihre Arbeit wünschen. In unserem sozialistischen Land muss noch viel Aufklärungsarbeit geleistet werden, besonders an jungen Menschen. Das geschieht zum Beispiel im Zusammenhang mit der Vorbereitung zur Jugendweihe. Sie können mit Ihrer Fingerfertigkeit, mit der Sie Menschen bei Ihren Tricks verblüffen, viel zu einer geschickten Aufklärung beitragen.

Wir denken uns das so: Ein Saal wird mit Jugendweihgruppen gefüllt. Sie begeistern die jungen Leute mit Ihrem Programm. In der zweiten Hälfte Ihrer Zauberschau offenbaren Sie sich, indem Sie einen Ihrer verblüffendsten Tricks wiederholen und dabei offen legen. ›Alles fauler Zauber. Geschwindigkeit ist keine Hexerei.‹ Die jungen Leute sollen sehen, auf welche Weise sie getäuscht werden.

An diesem Punkt setzt Ihre Agitation ein. Sie sagen etwa so:

›Ich habe euch hinters Licht geführt, ohne dass ihr es merktet. Aber ich kläre euch auf, damit keiner auf den Gedanken kommt, ich könnte echt zaubern. Das kann ich natürlich nicht, und das kann keiner! Aber es gibt Leute, die klären ihren faulen Zauber nicht auf. Das sind die von der Kirche. Die Pfarrer vernebeln seit Jahrtausenden den Menschen das Gehirn, schwatzen von Gott und seinen Kunststücken, von Gebeten und Wundern, und tun so, als wäre das alles die blanke Wahrheit. Der liebe Gott dient ihnen dazu wie mein Zauberstab zu meinen Kunststücken. Simsalabim – das eben noch rote Tuch hat plötzlich eine blaue Farbe angenommen. Simsalabim – aus dem leeren Zylinder springt ein Kaninchen. Simsalabim – Gott schuf die Welt. Simsalabim – Gott lässt den Toten leben. Simsalabim – Gott heilt den Blinden. Und jetzt zeige ich euch mein Zauberkunststück ohne meinen Zauberstab und ohne das Simsalabim.

Das rote Tuch wird trotzdem blau, und das Kaninchen hüpft ohne ihn aus dem Zylinder. Lassen wir Gott weg, besteht die Welt trotzdem. Gott ist so unnütz wie mein Zauberstab. Ich brauche ihn nur, um euch zu täuschen.‹

Sie leisten also in Zukunft populärwissenschaftliche Aufklärungsarbeit.«

Der junge Mann lehnte das großzügige Angebot ab. Damit war er aber auch ohne Beruf und Arbeit, denn ohne den Ausweis bekam er keine Verträge. Es war für ihn ein Glaubensschritt. So schwierig und heikel die Situation auch war, er vertraute auf Gott.

Wenige Monate später kaufte er von einem alten Puppenspieler das Marionettentheater mit den dazugehörenden Puppen, Kostümen und Requisiten – und ging damit auf Reisen.

Dass er dafür eine Lizenz bekam, gehört zu den Unbegreiflichkeiten des DDR-Alltags. Hier hatte irgendeine staatliche Stelle geschlafen – wahrscheinlich in Gottes Namen –, denn nach seiner Ablehnung, als Jugendagitator zu arbeiten, stand er auf der schwarzen Liste.

Er wurde ein geschickter Puppenspieler, der in schweren Zeiten auch noch manchem Kollegen über die Runden half.

In Leipzig organisierte er über viele Jahre in der Weihnachtszeit ein Treffen für ausgediente und aktive Artisten. Sie sollten miteinander Gottes Wort hören, sich im Gespräch austauschen und Gemeinschaft erleben.

Ich erinnere mich selbst noch gern an diese Begegnungen. Besonders wertvoll waren sie für die alten Kollegen, an die sonst keiner mehr dachte.

* * *

Es war kurz vor Weihnachten. Wo man hinkam, wurde einem ›FRÖHLICHE WEIHNACHTEN‹ gewünscht.

Ich besuchte noch einige Artisten, von denen ich wusste, dass es für sie kein fröhliches Weihnachten geben würde. Zum Beispiel ein Ehepaar in Halle. Fünf Jahre fehlte ihm noch bis zur Rente. Ihr Leben lang hatten die beiden auf der Bühne gearbeitet und viel Erfolg gehabt. Jetzt zeigten sie eine wunderschöne, heitere Musikalschau, die sie vorwiegend Altersheimen anboten.

Sie hatten sich geweigert, in Magdeburg zur Prüfung zu erscheinen. Mit solchen aufrührerischen Leuten wurde kurzer Prozess gemacht. Ein Schreiben aus dem Ministerium für Kultur klärte die Angelegenheit: »Sofortiges Auftrittsverbot!«

Die Frau war herzkrank. Solange sie Freude geben konnte, fühlte sie sich noch stark genug zur Arbeit. Aber Aufregung war Gift.

Die alten Leute schütteten mir ihr Herz aus. Ich versuchte, sie zu trösten. Aber ich fuhr sehr bekümmert von ihnen weg.

Am Ende meiner Reise musste ich in Berlin noch einmal ins Ministerium für Kultur.

Als ich mich dort verabschiedete, wünschte mir der Sekretär ebenfalls ein ›FRÖHLICHES WEIHNACHTEN‹.

Da platzte mir der Kragen. »Ein fröhliches Weihnachten wünschen Sie mir? Sie feiern doch überhaupt kein Weihnachten. Vielleicht feiern Sie ›Väterchen Frost‹ oder die ›hohe Nacht der klaren Sterne‹, aber keinesfalls JESU Geburt in Bethlehem. Wissen Sie, was **ich Ihnen** wünsche? Ich wünsche Ihnen ein ganz mieses Gewissen, das Sie über die Feiertage zwickt und plagt wegen der vielen Artisten, die Sie unglücklich gemacht haben. Kurz vor der Rente verbieten Sie ihnen ihren Beruf und sagen: ›Bei der LPG können Sie sich jederzeit noch Ihr Brot verdienen.‹«

»Das ist eine Unterstellung! Ich habe keinem seinen Beruf weggenommen.«

»Natürlich nicht, **Sie** nicht und auch kein anderer. Niemand ist es gewesen. Niemand hat sich die Gesetze ausgedacht. Niemand hat die Entscheidungen getroffen. Niemand ist an dem Schlamassel schuld, niemand ist dafür zuständig. So ist das immer und überall.

Aber **ich** sage Ihnen: Sie sitzen hier auf einem verantwortungsvollen Stuhl. Sie **sind** dafür verantwortlich, auch wenn Sie sich hinter anderen verkriechen.

Fahren Sie nach Halle zu den Woklings und überzeugen Sie sich, was die für ein fröhliches Weihnachten feiern.«

Ich rannte wütend aus dem Zimmer.

Als ich am nächsten Tag heimkam, hatten sich die Woklings schon gemeldet. Vor lauter Freude hatten sie kaum reden können. Der bewusste Sekretär hatte ihnen postwendend telegrafiert: »Altersberufsausweis auf unbegrenzte Zeit zuerkannt. Dokument wird im neuen Jahr per Einschreiben zugeschickt. Fröhliche Weihnachten. Unterschrift.«

Eine Ausnahme.

Wenigstens diesem Ehepaar war die Last vom Herzen genommen. Viele andere mussten weiter damit leben.

***

Es war Sommer. Ich besuchte die Privatzirkusse auf ihrer Tournee. Das Wort ›PRIVATZIRKUS‹ klingt heute unverständlich. Aber zu DDR-Zeiten war die Unterscheidung sehr wichtig. Die drei Großzirkusse ›AEROS‹, ›BUSCH‹ und ›BARLAY‹ waren ursprünglich natürlich auch in privatem Besitz gewesen. Aber die Kommunisten hatten sich ihrer nach dem Krieg in so fürsorglicher Weise angenommen, dass sie Volkseigentum wurden, also VEB.

Diese Zirkusse erhielten vom Staat jede Menge Zuschüsse, so dass sie sehr gute Programme zeigen konnten.

Und dann gab es die Privatzirkusse, die von des Staates Gnaden lebten und jede Menge Abgaben zu leisten hatten. Was sie trotz aller Schikanen auf die Beine stellten, war erstaunlich. Wenn allerdings einer von ihnen dem VEB-Zirkus zur ernsthaften Konkurrenz zu werden drohte, wurde er fertig gemacht. Dann zog man alle Register, die einem totalitären Staat zur Verfügung stehen. So wurde Zirkus PROBST enteignet und der Direktor eingesperrt. Weg war die Gefahr. Es wurde ihm auch ein ganz ausführlicher Prozess gemacht, in dem man DDR-juristisch nachwies, welche Verbrechen der Mann gegen den sozialistischen Staat und seine Gesetze begangen hatte.

Ich habe nach der Wende von keinem gehört, der auf Herrn Probst zugegangen wäre, um ihm zu sagen: »Ich habe mich damals an einer riesen Schweinerei gegen Sie beteiligt.«

Sie sind alle unschuldig!

Ich befand mich also mit den Privaten auf Tournee. In dem einen Geschäft fiel mir auf, dass die sonst übliche Clownerie nicht arbeitete.

»Wo ist denn Bobby?«

»Der liegt schon wieder im Krankenhaus.«

»Was fehlt ihm?«

»Man weiß es nicht. Er liegt in der Nervenklinik. Er hat die vierte Absage zum Berufsausweis bekommen. Sie machen ihn fertig und uns gleich mit. Wir dürfen keine gute Nummer haben.«

Am nächsten Vormittag fuhr ich in die Klinik. Bobby sah schlimm aus. Ich bat den Arzt um ein Gespräch.

Seine Meinung: »Der Mann macht es nicht mehr lange. Er hat sich aufgegeben.«

»Was könnte ihn denn retten?«

»Seine Berufserlaubnis als Musikalclown.«

Ich setzte mich ins Auto und fuhr 210 Kilometer nach Berlin. Ich neige zum Jähzorn. An dem Tag kochte ich über. Ich parkte vor dem Haus am Molkenmarkt – dem Kulturministerium –, stürmte hinein, warf dem Pförtner meinen Personalausweis hin – das gehörte zu den verordneten Sicherheitsbestimmungen – und eilte die Treppe nach oben.

Ich kannte das Zimmer, in das ich wollte.

Ich klopfte nicht an. Ich stand einfach drin – im Vorzimmer. Die Sekretärin, mit der ich eigentlich einen guten Faden spann, würdigte ich heute keines Blickes, sondern ging geradewegs auf mein Ziel zu.

Sie wollte mich daran hindern, das Zimmer ihres Chefs zu betreten. Ich aber schob sie beiseite, ohne ein Wort zu sagen. Ich war am Ziel.

Der von mir gesuchte Mann saß am Schreibtisch. Er wurde blass. Mag sein, dass meine Augen funkelten. Ich ließ ihn nicht zu Wort kommen.

»Ich werde bald eine Beerdigung zu halten haben – eine Beerdigung, an der sich Massen beteiligen. Und auf dieser Beerdigung werde ich sagen: ›Bobby wurde ermordet. Ihm wurde drei Jahre lang die Kehle zugeschnürt, bis alles Leben aus ihm fort war. Er wurde ermordet von:‹ … und dann werde ich am Grab alle die Namen nennen, die die Briefe aus diesem Haus an ihn geschrieben haben. **Ihr** Name steht an erster Stelle!«

Ich hatte mich vor seinem Schreibtisch aufgebaut, und er war spontan mit seinem Sessel nach hinten gerückt. Er musste nicht befürchten, dass ich ihm seinen klobigen Schreibtisch ins Gehirn stellte. Jeder konnte sehen, dass ich **dafür** viel zu schwach war. Aber ich hätte es liebend gern getan. (Pfui!)

»Herr Fischer, beruhigen Sie sich. Das ist doch alles nur ein Missverständnis.«

»Ein Missverständnis nennen Sie das? Na, da kommen Sie mal gleich mit mir und sehen Sie sich das Missverständnis in der Nervenklinik an. Sie können dabei sein, wenn der Mann sein Leben ausröchelt.«

»Herr Fischer, Sie wissen nicht, was Sie sagen.«

»Ich weiß es sehr wohl, aber ich sage es viel zu selten, und ich sage es in zu leisen Tönen. Ich schäme mich dafür. Was hier geschieht, und das nicht nur an Bobby, das schreit zum Himmel.«

»Wir wollen in Ruhe darüber sprechen. Setzen Sie sich doch erst einmal hin.«

»Nein. Ich setze mich nicht. Hier muss gehandelt werden, und zwar sofort!«

Ich warf ihm einen Zettel mit der Klinikanschrift Bobbys auf den Schreibtisch, dann rannte ich raus und knallte die Tür hinter mir zu.

Die Sekretärin im Vorzimmer stand am Fenster, die Hände vor ihrem Gesicht. Ich beachtete sie nicht – diesmal nicht. Sonst hatte ich ihr schon mehrfach Pralinen auf ihren Tisch gelegt, denn Sekretärinnen haben einen großen Einfluss auf ihren Chef, wenn auch nicht in jedem Falle.

An **dem** Tag blieb ich in Berlin. Ich konnte nicht mehr fahren. Ich brauchte Ruhe.

Am nächsten Tag fuhr ich die Strecke zurück, ging nochmals in die Klinik. Da kam mir Bobby freudestrahlend auf dem Flur entgegen. In der Hand schwenkte er ein Telegramm.

»Ich bekomme meinen Berufsausweis!!!«

Ich las.

»Berufsausweis als Musikalclown ist für Sie ausgestellt, gebunden an einen Vertrag im VEB-Zentralzirkus. Herzlichen Glückwunsch und baldige Genesung. Unterschrift.«

Die Gauner. Sie hatten ihm zwar seinen Berufsausweis zuerkannt, aber zugleich dem Privatzirkus eins ausgewischt. Solange er die Nummer im Zirkus seines Schwiegervaters vorführen wollte, war sie ungenügend und für das Publikum unzumutbar – entsprach nicht den Qualitäten, die im Sozialismus gefordert werden. Für das Programm des VEB-Zentralzirkus reichte sie plötzlich.

***

Wir lernten in Leipzig ein Artistenehepaar kennen, das gleich neben dem Diakonissenhaus wohnte.

Die Geschichte dieser Eheleute ist unendlich viel spannender als alles das, was ich dir von mir erzähle.

Der Mann arbeitete als Rollschuhkaskadeur, sowohl in Zirkussen als auch in Varietés. Seine Frau assistierte ihm.

Kaskaden sind waghalsige Sprünge. Seine Darbietung hatte er so aufgebaut, dass das Publikum immer den Eindruck bekam, er stehe zum ersten Mal in seinem Leben auf Rollschuhen. Ständig verlor er das Gleichgewicht und flog auf den Bauch, auf den Hintern oder auf den Rücken, ja, sogar auf den Kopf. Der besondere Effekt dabei war, dass er in seiner linken Hand ein abgeschabtes Lederkissen hielt, welches er im allerletzten Augenblick dem gefährdeten Körperteil unterschob.

Ich kann dir die Darbietung niemals so schildern, wie sie tatsächlich ablief und beim Publikum ankam. Seine Mimik allein schon wirkte ausdrucksstark. Was er aber dazu auf den Rollschuhen bot, mit denen er über Stühle, Tische und Bänke raste, war absolute Spitze. Und wenn eine Fahrt oder ein Sprung scheinbar misslang, rettete ihn im letzten Augenblick das Kissen.

Das aber war nicht das Besondere an diesen zwei Menschen. Ich erfuhr ihre Geschichte in der Tbc-Heilstätte Zschadraß. Die Frau war lungenkrank. Wir besuchten sie und trafen bei dieser Gelegenheit zum ersten Mal den Mann.

Er war Jude. Seine Eltern hatten die Nazis ins KZ deportiert. Ihn, den damals Vierzehnjährigen, versteckte ein zwölfjähriges Mädchen, bis Kriegsende! Es versorgte ihn mit allem Nötigen zum Überleben. Ihre Liebe wuchs zwischen Angst und Opfer, bis sie 1945 heiraten konnten.

Ich weiß nicht, ob in Jerusalem für dieses Mädchen auch ein Baum gepflanzt wurde. Wahrscheinlich nicht, weil diese Lebensgeschichte kaum einer kennt. Sie haben zu wenigen darüber gesprochen. Für das Ehepaar zählte nur das Glück, überlebt zu haben.

Ihre Tochter habe ich konfirmiert.

Wenige Jahre später ruft sie mich an. »Herr Fischer, mein Vater ist tot.«

Er war daheim bei einem Gespräch über den Zaun mit dem Nachbarn tot zusammengesunken, mitten im Erzählen einer fröhlichen Geschichte.

Diese Beerdigung hat mich viel Tränen und Kraft gekostet. Doch am schlimmsten war es für die Frau.

Aber der DDR-Alltag holte uns blitzschnell aus unserer Fassungslosigkeit zurück.

Die Witwe wurde ›aufs Amt‹ bestellt. Dort eröffnete ihr ein Funktionär, dass sie keinen Anspruch auf die VVN-Rente ihres Mannes habe (Vereinigung Verfolgter des Naziregimes), da 1. ihre Tochter konfirmiert und 2. ihr Mann kirchlich beerdigt wurde. Punkt! Die Frau war draußen!

Sie rief mich an. Ein paar Tage später bin **ich** ›ins Amt‹. Verzeih mir bitte, aber am liebsten wäre ich ganz unchristlich dem Lümmel mit meiner nackten Rückwärtsseite ins Gesicht gesprungen. Zum Glück reichten meine sportlichen Leistungen dafür nicht aus. Aber meine Zunge war gut in Form. Nach **dem** Gespräch bekam die Frau die Rente, die ihr zustand!

Unter der Gnade

Ein unbeschwertes Leben, das müsste herrlich sein. Aber wo gibt's das? Noch nicht einmal bei Gott. Wir möchten gern unsere Lasten bei IHM abgeben wie einen Koffer im Reisegepäck. Doch wir müssen sie tragen – zeitweise oder lebenslänglich.

Als ich jung war, ärgerte ich mich sehr darüber, dass auch Gott in der Bibel von Lasten spricht, als gehörten sie zu uns wie die Nase ins Gesicht.

An keiner Stelle steht geschrieben, dass Gott seinen Kindern auf einen Hilferuf hin einen Engel schickt, der augenblicklich aller Not ein Ende bereitet, so dass sie wieder unbeschwert durchs Leben hüpfen können.

Es steht geschrieben, dass **ER mit mir** die dunklen Schluchten durchquert. Das ist ein Trost. Doch er war mir zu wenig. Unverständlich blieb mir darum auch der Satz aus Römer 8,28: »**WIR WISSEN ABER, DASS MIT DENEN, DIE GOTT LIEBEN, GOTT IN ALLEM MITWIRKT ZUM GUTEN**« (nach der Jerusalemer Übersetzung).

Aber ein Badeunfall, der Querschnittslähmung zur Folge hat, ist schlimm und bleibt es lebenslang.

Eine unfähige oder gar brutale Regierung ist schlimm für das ganze Volk – auch für die, die nur mitmachen, um zu überleben. Wo soll da noch etwas Gutes herkommen?

Gott ist ein ›MEISTER DES GUTEN‹. Bei ihm hat das Gute eine Qualität, die von uns nicht produziert werden kann. **IHM gelingt das Gute mitten im Bösen.**

Das Mädchen **Joni** trägt die Last der Lähmung seit seinem Badeunfall vor vielen Jahren, und es wird sie weiter zu tragen haben bis an sein irdisches Ende. Aus dem Mädchen wurde eine Frau, die Gott für ungezählte belastete Menschen zur **Missionarin der Hoffnung** gemacht hat, die Trost spendet und Gottes Kraft durch ihren schwachen Körper zu anderen hinträgt.

Gott kapituliert vor keinem Problem. Keine Last macht IHN ohnmächtig – am allerwenigsten die Probleme und Lasten SEINER Kinder.

Als ich 1945 aus der Oberschule flog, weil mein Vater der NSDAP (National-Sozialistische Deutsche Arbeiter-Partei) angehörte, als man uns aus der Wohnung trieb, die Fahrräder und das Radio beschlagnahmte und schließlich meinen Vater für drei Jahre in ein Internierungslager sperrte, da konnte ich beim besten Willen nicht erkennen, dass Gott zum Guten darin mitwirkte.

Aber wenige Jahre später erkannten wir es klar. Unsere ganze Familie war in den Jahren der Not im Glauben gewachsen, vom Traditionsglauben zu einer persönlichen, verbindlichen Gottesbeziehung.

Nachdem man mir bei der Berufsfindung nur Schwierigkeiten bereitet hatte, war ich auf einen Weg gedrängt worden, den ich mir selbst nie gewählt hätte – als Diakon und Pfarrer. Das erzähle ich ein andermal.

Es war Gottes Wille für mich. ER hatte sich den Gerhard Fischer weder als Förster noch als Tischler oder gar als Bäcker vorstellen können. Für alle diese Berufe hatte ich versucht, eine Lehrstelle zu bekommen, und alle Bemühungen waren fehlgeschlagen.

Inzwischen habe ich meinem Gott viele Dankeschön für sein Mitwirken zum Guten gesagt.

Auch die notvollen Erfahrungen unter kommunistischer Herrschaft hat Gott genutzt, um zum Guten mitzuwirken. Mancher Artist hat erst unter dem Druck kommunistischer Gewaltherrschaft ein offenes Ohr für das Evangelium Gottes bekommen.

Es sitzen auch heute an den Schreibtischen der Ministerien keine Engel oder Wundertäter.

Sie **alle** brauchen dringend unsere Gebete. Je mehr wir für sie beten, umso besser können sie uns regieren. Woher soll aber die Weisheit zum Regieren kommen, wenn das Volk nur schimpft und klagt?

Gebete und Kerzen können Gewaltige vom Thron stürzen, sie verwandeln, oder aber **auch das Volk zur Umkehr bewegen** – auf Gott zu –, denn Gott achtet auf solche Worte und Zeichen.

Ich wünschte, wir Deutschen hätten diese Chance im Herbst 1989 ergriffen. Stattdessen haben die meisten vom Schlaraffenland geträumt – und als das ausblieb, von neuem begonnen das alte Lied zu brummen: »Wir werden regiert von den Dummen.«

Ich habe meinen 65. Geburtstag mit dem Lied von Manfred Siebald beschlossen:

Geh unter der Gnade, geh mit Gottes Segen,
geh in seinem Frieden, was auch immer du tust.
Geh unter der Gnade, hör auf Gottes Worte,
bleib in seiner Nähe, ob du wachst oder ruhst.

Alte Stunden, alte Tage,
lässt du zögernd nur zurück.
Wohlvertraut wie alte Kleider
sind sie dir durch Leid und Glück.

Geh unter der Gnade, geh mit Gottes Segen,
geh in seinem Frieden, was auch immer du tust.
Geh unter der Gnade, hör auf Gottes Worte,
bleib in seiner Nähe, ob du wachst oder ruhst.

Neue Stunden, neue Tage,
zögernd nur steigst du hinein.
Wird die neue Zeit dir passen?
Ist sie dir zu groß, zu klein?

Geh unter der Gnade, geh mit Gottes Segen,
geh in seinem Frieden, was auch immer du tust.
Geh unter der Gnade, hör auf Gottes Worte,
bleib in seiner Nähe, ob du wachst oder ruhst.

Gute Wünsche, gute Worte
wollen dir Begleiter sein.
Doch die besten Wünsche
münden alle in den einen ein:

Geh unter der Gnade, geh mit Gottes Segen,
geh in seinem Frieden, was auch immer du tust.
Geh unter der Gnade, hör auf Gottes Worte,
Bleib in seiner Nähe, ob du wachst oder ruhst.

Text und Melodie: Manfred Siebald;

Wie man sich bettet, so schläft man

Eigentlich ist das Zirkusleben sehr unruhig. Immer auf Achse. Frühzeitig fahren die Transporte zum nächsten Gastspielort. Nachts wird abgebaut, vormittags wird aufgebaut.

Ich habe mich in der ersten Zeit gefragt: »Wann schlafen die Zirkusleute eigentlich?«

Sie haben ihre Schlafpausen, oft allerdings zu ungewöhnlichen Zeiten und nicht auf einen Ritt.

Nachts bleiben manchmal nur drei Stunden, um die Mittagszeit vielleicht noch eine Stunde, und wer es unbedingt braucht, der fährt mit seinem Transport auf einen Parkplatz und nickt am Steuer ein.

Geschlafen wird im Sitzen, Stehen, Hocken und Liegen, auf dem Rasen, unter dem Wohnwagen – weil man da bei Hitze vor der Sonne am besten geschützt ist –, im Stroh bei den Pferden und vor dem Fernseher, aber **das** haben die Zirkusleute mit ihrem Publikum gemeinsam.

Ich habe das Schlafen in jeder Stellung und bei jedem Lärm gelernt. Das Schlafen im Stehen konnte ich schon vorher. Ich bin als Diakonenschüler in Moritzburg an einem Sonntag bei der Eingangsliturgie – sie wurde damals stehend gesungen! – fest eingeschlafen.

Es fiel auf, als sich alle setzten.

Ein Freund hat mich geweckt, damit ich nicht während der langen Predigt herumstehe.

Ich schlief in Autos, Zelten, Wohnwagen, unter freiem Himmel, in Betten, auf Bänken, Liegen, Strohsäcken, Luftmatratzen und Brettern.

Aber ich schlief hin und wieder auch **in Hotels**, vor allem in der kalten Jahreszeit, wenn ich Varieté-Artisten daheim besuchte. Doch auch das war nicht immer ›so ohne‹!

Pfarrer sind Sie?

Auf einer spätherbstlichen Besuchstour übernachtete ich im Hotel ›STADT GÜSTROW‹.

In der DDR war das Anmeldeformular sehr ausführlich. Die Polizei musste doch immer wissen, wer sich wann wo aufhält. Kragenweite und Schuhgröße blieben unter dem persönlichen Datenschutz, aber alles andere musste aufgeschrieben werden. Dazu gehörte selbstverständlich der Beruf.

Der Genosse an der Rezeption – er trug gleich zwei Parteiabzeichen, eins am Jackett und eins an seinem übergezogenen Arbeitskittel – las meine Anmeldung sehr aufmerksam. Er musterte mich vom Kopf bis zu den Füßen.

»So, … Pfarrer sind Sie!«

Ich nickte.

Er hatte wohl noch nie einen Pfarrer in ledernen Kniebundhosen gesehen – möglicherweise aber auch noch nicht im Talar.

Da ich Hunger hatte, kam ich vom Zimmer aus dem zweiten Stock noch einmal nach unten ins Restaurant. Meine Augen suchten einen leeren Tisch und entdeckten dabei einen Berliner Artisten, den ich lange nicht getroffen hatte, aber recht gut kannte. Auch er hatte mich bemerkt, kam auf mich zu und holte mich an seinen Tisch. Die Wiedersehensfreude war groß.

Ich durfte aus der Speisekarte wählen. Er bestellte. Zum Essen gehört auch ein guter Schluck oder auch zwei – oder vielleicht drei.

Er bestellte immer wieder und wieder und wieder, bis zur Mitternacht. Dann bezahlte er, und wir verabschiedeten uns. Er hatte sein Nachtquartier in der Stadt bei einer Bekannten. Ich begleitete ihn nach draußen.

Aber schon an der Garderobe, als ich ihm in seinen Mantel helfen wollte, merkte ich, dass etwas nicht stimmte.

Ich war mit dem Mantel immer neben seinen Armen. Wir watschelten wie zwei Enten umeinander her, ohne zum Erfolg zu kommen. Sollte das am Alkohol liegen?

Jetzt drehte sich der Mantel auch noch im Kreise, oder drehte ich mich? Nein, das ganze Foyer drehte sich.

Ob uns hier jemand beobachtete? Natürlich, der aalglatte Mann an der Rezeption, der mit Nachdruck bemerkt hatte: »Pfarrer sind Sie?« Dem musste ich es zeigen. Jetzt nur nicht schlappmachen. Ein besoffener Pfarrer? Das hätte gerade noch gefehlt.

Nach mehreren akrobatischen Versuchen glückte es mir, den Mantel an den Mann zu bringen. Ich überzeugte mich, dass die Knöpfe auch wirklich vorn sitzen.

Ich musste etwas sagen, und zwar so laut und deutlich, dass es der Mann in der Portierloge mitbekam, dass ich voll nüchtern war.

»Dass wir uns nach so langer Zeit endlich wieder einmal begegnet sind, wird mein Herz noch wochenlang froh sein lassen!«

Na, dieser Satz ließ doch wirklich auf einen klaren Kopf schließen!

Da vermasselte mir mein Trinkbruder das Konzept, indem er ebenso laut krähte: »Hick globb, mir sann besoffn!«

Wir schüttelten uns ausgiebig die Hände. Dann sah ich ihm noch nach, wie er davonschwankte.

Jetzt war ich dran. Ich musste quer durch das Foyer, beim Pförtner vorbei zur Treppe und diese nach oben.

Ich befahl mir: »Junge, du gehst jetzt kerzengerade auf den weißen Fliesen, wünschst dem Portier eine recht gute Nacht, hältst dich dann fest am Geländer und steigst Stufe für Stufe nach oben. Wo hast du den Zimmerschlüssel? Gewiss in der linken Hosentasche. Nein, da ist er nicht. Dann eben in der linken Jackenaußentasche. Nein, da ist er auch nicht.«

»Suchen Sie Ihren Schlüssel?«

Das hatte mir noch gefehlt. Der Portier beobachtete mich.

»Nein, nein. Ich habe ihn schon gefunden. Es ist alles in bester Ordnung.«

In dem Augenblick öffnete sich die Restauranttür und das Fräulein Bedienung trat auf mich zu.

»Ist das Ihr Zimmerschlüssel? Sie haben ihn auf dem Tisch liegen lassen.«

»O, vielen Dank. Ich hatte seinen Verlust noch gar nicht bemerkt.«

Jetzt hatte mich dieses Adlerauge nicht nur torkeln sehen, sondern auch lügen hören, und das gleich zweimal!

O du verfluchter Alkohol!

Auf den Alkohol darf man doch fluchen?! Ich fluche sonst nie – jedenfalls nicht so.

Neues Kommando an mich selbst: »Reiß dich zusammen. Es geht um den guten Ruf aller Pfarrer.«

Ich setzte Fuß vor Fuß – immer auf den weißen Fliesen. Da **musste** ja eine gerade Linie daraus werden. Dem Portier warf ich eine Kusshand zu und wünschte ihm eine angenehme Nachtruhe. Dann kletterte ich am Geländer nach oben. Jetzt musste ich nur noch den Schlüssel in das richtige Türschloss stecken. Ich überzeugte mich mehrfach davon, das die Türnummer mit meiner Schlüsselnummer übereinstimmte, erst dann schloss ich auf.

Mein erster Gang führte mich zum Waschbecken. Ich hielt meinen Kopf unter den kalten Wasserstrahl, bis es mich buchstäblich ins Bett drehte. Das fuhr mit mir Karussell, schnell und immer schneller, bis ich schließlich doch einschlief, um am nächsten Morgen mit einem schlechten Gewissen und einem krampfenden Magen zu erwachen.

Die Reue kam zu spät. Der Portiergenosse hatte nun seine Vorstellung von einem Pfarrer.

Ich bin noch mehrfach Karussell gefahren, ehe ich mich dafür entschied, meine Beziehungen zum Alkohol abzubrechen. Er ist es nicht wert, dass ich mich mit ihm an einen Tisch setze. Zu viele Menschen hat er körperlich und seelisch verkrüppelt.

Unsere sprachlichen Verniedlichungen, die nur von einem Bier-**chen** reden, nur ein Schnäps-**chen** zugeben und ein Gläs-**chen** Wein anbieten, sind ein untaugliches Feigenblatt für das Elend, das der Alkohol verursacht.

Andere vor mir, und **endlich auch ich**, sind auf den guten Geschmack von Wasser, Milch und Säften gekommen. Jetzt sitze ich mit den ›trockenen Alkoholikern‹ am Tisch und mit solchen, die aus Solidarität auf Alkohol verzichten. Das ist kein Opfer, sondern bringt ganz neue

Erfahrungen mit sich. Die Stimmung ist bestens, und ich erlebe sie mit **klarem** Kopf.

Habe ich jetzt all die beleidigt, die gern zum Abendbrot ihr Bier trinken, zum Fernsehen einen guten Wein genießen oder zu ihren Familienfeiern Alkohol aus den verschiedensten Flaschen anbieten?

Ich will niemanden beleidigen. Aber oft kommen die, die keinen Alkohol trinken, bei Festen und Feiern schlecht weg. Es scheint sich noch nicht herumgesprochen zu haben, dass es in unserer Gesellschaft alkoholkranke Menschen gibt und solche, denen Alkohol nicht schmeckt, egal aus welcher Flasche.

Der ›OHNE-ALKOHOLIKER‹ bringt manchen Gastgeber regelrecht in Verlegenheit. Der sucht dann im Keller nach einer Flasche Tafelwasser.

»Willst du **die**?«

Natürlich will er, weil ihm gar keine andere Wahl bleibt.

Oftmals heißt es aber auch: »**Na, ein Gläschen** kannst du doch mittrinken. Das schadet nicht.«

Wenn das einem ›trockenen Alkoholiker‹ gesagt wird, kann man ihm auch gleich eine Giftspritze verpassen. Er geht an ihr nicht erbärmlicher zugrunde als an dem Schluck Alkohol, der ihn in den Rückfall treibt – nicht weil er so labil ist, sondern weil er alkohol**krank** ist.

Wenn aber einer neben ihn tritt und mit ihm ein Glas Apfelsaftbowle trinkt, dann ist ihm das ein unschätzbarer Liebesdienst zum Leben. Aber eine solche Bowle muss eben auch **vorbereitet** werden.

Mein ›PROSIT‹ gilt allen, die mit mir auf ein Glas TONIC anstoßen. »**Prosit – es möge dir nützen!**«

Gibt es einen Himmel?

Die Diakonisse und Künstlerin Dorothea Steigerwald schrieb einmal: »**Gott schenkt uns Erinnerungen, damit wir Rosen im Winter haben.**«

Das kann ich ihr nachempfinden. Ich habe davon viele Sträuße unterschiedlichster Sorten, voller Schönheit und frischem Duft.

Du darfst dich an ihnen mitfreuen. Darum erzähle ich dir jetzt weiter.

Es war schon nach 23.00 Uhr, als ich zum Zirkus AEROS kam. Er gastierte in Warschau. Sollte ich zu so später Stunde überhaupt noch hineingehen oder mich lieber gleich im Auto schlafen legen?

Ich trat von außen an den Zirkuszaun heran und erkundete, ob noch jemand munter war. Stimmen drangen aus einem Requisitenwagen. Hier schienen junge Leute zusammenzusitzen.

Ich lief hin. Mein Klopfen wurde nicht gehört, also trat ich ungebeten ein.

Der Blick in die Runde genügte, und ich wusste, wer hier zusammenhockte. Zum derzeitigen AEROS-Programm gehörten fünf so genannte ›Schulnummern‹. Das waren junge Artisten, die in der Berliner Artistenfachschule ausgebildet wurden. Diese Schule gehörte zu den gelungenen Unternehmungen der DDR.

Es waren auch noch einige Absolventen zu Besuch gekommen, und nun saßen sie hier beieinander.

Sie hatten sich Tische in den Wagen geholt und Stühle, Hocker und Kisten. Es war gemütlich. Von dem, was auf den Tischen stand, durfte sich jeder bedienen – Gebäck, Waffeln, Wein, Bier, Selters und Saft.

Ich wurde mit Hallo begrüßt. Betrunken war keiner, aber ein wenig freier und zugängiger als sonst waren viele.

»Komm und setz dich, Pastor, du gehörst zu uns!«

Der das sagte, hatte es sich bisher nie anmerken lassen, ob ihm meine Anwesenheit im Zirkus angenehm oder egal war.

Ehe ich sie alle einzeln begrüßt hatte, war noch ein Stuhl geholt und ein Platz für mich zurechtgemacht worden.

»Feiert ihr einen Geburtstag?«

»Nicht die Bohne. Wir feiern, weil die Nacht zu schön ist, um sie zu verschlafen.«

»Und warum setzt ihr euch bei dem herrlichen Sommerwetter nicht draußen hin, sondern verkriecht euch in dieser Bude, in der man kaum Luft kriegt?«

»Weil wir für **draußen** zu laut sind. Da gibt es Ärger mit den Kollegen, die schlafen wollen.«

Das war einsichtig.

»Wenn der Pfarrer da ist, kann uns ja gar nichts passieren.«

Die das sagte, begann zu singen, und die Meute stimmte ein.

»Wir kommen alle, alle, alle in den Himmel – weil wir so brav sind, weil wir so brav sind …«

Es fehlte nicht viel und sie hätten mich in die Luft geworfen. Zum Glück ging das in dem Wagen nicht.

Als sie minutenlang gesungen hatten, rief ich laut dazwischen: *»Wollt ihr denn alle in den Himmel?«*

Ein vielfaches »Jaaaaa!« war die Antwort.

»Wollt ihr das wirklich?«

An dieser Stelle begann es ernsthaft zu werden.

»Es gibt ja keinen Himmel. Na ja, den Sternenhimmel gibt es schon, aber nicht den Himmel für später.«

»**Leider** gibt es ihn nicht. Ich wünschte mir, es gäbe ihn doch.«

»Ausgerechnet du wünschst dir den Himmel? Fromm bist du ja nun gerade nicht.«

»Ich meine doch keinen frommen Himmel. Mir ist dieses Leben einfach zu kurz und zu ungenügend. Ich wünsche mir einen Himmel, in dem ich jung bleibe, in dem mir alles gelingt, wo ich nichts zu bereuen brauche, in dem ich einfach glücklich bin und in dem ich von niemandem gestört werde.«

»Du möchtest einen Himmel, in dem dir die gebratenen Tauben in den Mund fliegen.«

»Nein, möchte ich nicht. Ich will gern etwas für die gebratenen Tauben tun. Ich will nicht faul sein, aber rundum froh!«

»Ich käme gern mit dir in diesen Himmel.«

»Nur das nicht, dann wäre ja meine Ruhe gleich dahin.«

»**Ihr** könnt spinnen. **Es** gibt den Glücklichhimmel nicht, von dem ihr träumt. Punkt!«

»Dein Himmel, Dagi, wird die **Erde** sein, in die sie dich scharren, wenn du mit achtundachtzig Jahren zitterig und klapprig dein Leben aushauchst und froh bist, dass es zu Ende ist.«

»Du bist gemein. Erst möchte ich einmal leben, leben und nicht an das Sterben denken.«

Jetzt meldete ich mich zu Wort.

»Seid ihr euch ganz sicher, dass es den Himmel nicht gibt?«

»Na, **du** meinst den **frommen** Himmel, in dem der liebe Gott wohnt. Von dem steht bestimmt viel in der Bibel. Das ist für mich aber auch kein Beweis. Die Bibel ist nur ein Wunschtraumbuch von Menschen wie Dagmar, die sich noch etwas Besseres als dieses Leben erhofft.«

»Glaubst **du** an den Himmel?«

»Blöde Frage. Schließlich ist er Pfarrer!«

»Bilde dir nur nicht ein, dass Pfarrer alles glauben, was in der Bibel steht. Also – glaubst du an den Himmel?«

»Nein. Ich glaube nicht an den Himmel …«

»Was, nicht einmal du? Das enttäuscht mich aber sehr!«

»Mädchen, du hast mich nicht ausreden lassen. Ich glaube nicht an den Himmel, aber ich glaube an Gott, dessen Reich der Himmel ist.«

»Das scheint logisch. Gäbe es einen Himmel, dann müsste es erst einmal Gott geben, der einen Ort zum Himmel macht.«

»Für Gott gibt es aber ebenso wenig Beweise wie für den Himmel. Ich müsste Gott sehen und anfassen können. Wenn ich sage: ›Ich bin die Evi‹, dann kann mich jeder befühlen.«

»Du würdest uns ohrfeigen, wenn wir dich alle betatschen.«

»So hab ich das nicht gemeint. Komm, bleib ernsthaft. Gott ist mir zu ungewiss, zu märchenhaft. **Wo** ist er, **wie** ist er, wo kommt er her, was hat er vor?«

Evi sah mich an.

»Deine Fragen werden in der Bibel alle beantwortet. Wenn sie dir ernst sind, dann lies die Bibel. Ich will dir eine Kurzantwort geben: Gott ist kein Mensch, darum ist er anders als du und ich. Gott plant, schafft und liebt. Du gehörst zu SEINEM Plan.

Dass du lebst, ist Gottes Absicht. Wörtlich steht in der Bibel: ›ICH BIN DER HERR, DEIN GOTT.‹«

»Du redest, als gäbe es Gott extra für mich.«

»Genau so ist es. Der eine Gott – für jeden persönlich. Eine Mutter hat vielleicht vier Kinder. Zu jedem Kind hat sie eine persönliche Beziehung. Gott hat ein paar Kinder mehr, aber seine Beziehungen zu ihnen sind wie die einer guten Mutter.«

»Du meinst, dass sich Gott für mein Leben interessiert?«

»Ja, das meine ich.«

Einer der jungen Männer war hinter mich getreten. Er wollte offenbar näher am Ort des Geschehens sein.

»Ihr seid vom Thema ›HIMMEL‹ abgekommen. Wenn es ihn gäbe, wie viel verlangt Gott von dem, der hineinwill?«

»Der Himmel ist für uns unbezahlbar. Gott erwartet von SEINEN Geschöpfen nicht mehr als das, was alle Väter und Mütter von ihren Kindern erwarten: Liebe, Achtung und Vertrauen.«

»Und wäre der Himmel dann so, wie ihn Dagmar sich vorstellt? Was steht über ihn in der Bibel?«

»Dagmar möchte den Himmel gern als zweite verbesserte Auflage ihres Erdenlebens haben. Davon steht nichts in der Bibel. Es wird im Himmel alles neu sein.

Die Mitte ist Gott. Niemand muss nach IHM suchen. Er wohnt bei den Seinen. SEINE Herrlichkeit und SEINE

Heiligkeit überstrahlen und erfüllen alle und alles. Leid, Schmerzen, Not und Tod bleiben ausgeschlossen. Dafür sind Liebe, Frieden, Freude, Schönheit und Reinheit in solcher Fülle da, dass niemand mehr auf dumme Gedanken kommt.«

»Ich könnte dir zuhören, wie ich als Kind meiner Oma zugehört habe, wenn sie mir das Märchen vom Aschenputtel erzählte. Ich stellte mir den Prinzen vor und sein Schloss, dazu das goldene Kleid für Aschenputtel und wie es mit dem Prinzen tanzte. Ich wünschte mir, dieses Aschenputtel zu sein, dem solches Glück widerfährt.

Wenn du vom Himmel erzählst, dann geht es mir genauso. Ich wünschte mir, es möchte ihn geben – für **mich** geben.«

»Die Bibel schreibt: ›Dann werden wir sein wie die Träumenden. Unser Mund wird lachen und unsere Zunge wird Gott rühmen!‹«

»Jetzt hast **du** mich nicht ausreden lassen. Ich wünsche mir den Himmel, aber ich weiß, dass er ein **Märchen** ist.«

»Du weißt gar nichts, weil du noch nie auf Gott wirklich zugegangen bist.«

»Wie kann ich auf Gott zugehen, wenn ich ihn nirgends zu fassen kriege?«

»Du **willst** IHN *gar nicht mit deinen* **Händen** *fassen, sondern mit deinem* **Verstand**. *Du bildest dir ein, der Maikäfer zu sein, der sich auf den Bauplänen eines Architekten niederlässt, um sie zu studieren. Wird es ihm gelingen? Du kannst mit deinem Verstand die Erde erforschen, aber niemals Gott.*

Doch er, der Schöpfer, hat uns Menschen eine über alles Irdische hinausreichende Fähigkeit gegeben, die uns von den Tieren unterscheidet – wir können **glauben**.

Der Glaube überwindet die Grenzen von Zeit und Raum. Er **sieht** *Gott, er* **fühlt** *Gott, er* **hört** *Gott, er* **öffnet** *sich für Gott.*«

Ein junger Mann, der bisher nur zugehört hatte, drückte seine Zigarette aus.

»Ich soll also alles für bare Münze nehmen, was in der Bibel steht und in der Kirche erzählt wird. Vielleicht gibt es Leute, die das können. Mein Großvater sagte oft: ›Man muss an die Medizin glauben, dann hilft sie auch.‹ Wer es sich suggerieren lässt, der bildet sich am Ende ein, Gott gefunden zu haben.«

»**Glaube** *heißt nicht Suggestion, sondern* **Vertrauen.**«

»Da kann man elend reinfallen. Ich habe meinem ersten Freund so sehr vertraut. Ich habe mich ganz an ihn verschenkt, bedingungslos. Aber nach einem halben Jahr musste ich erkennen, dass er mich nur ausgenutzt, missbraucht und betrogen hat. Das war bitter. Vertrauen? Nein danke, das ist für mich kein Thema mehr!«

»Ich kann dich gut verstehen. Vertrauensmissbrauch ist unter uns an der Tagesordnung. Trotzdem, wir wollen das Kind nicht mit dem Bad ausschütten. Ohne Vertrauen können wir nicht leben. Wenn du deinem Partner die Keulen zuwirfst, dann lohnt sich das nur, wenn du ihm vertraust, dass er sie auch fängt und an dich zurückgibt. Wenn du einen Zug besteigst, dann vertraust du dem Lokführer, dass er dich sicher an dein Ziel bringt. Als du Kind warst, hast du deiner Mutter vertraut und dich von ihr über die belebte Straße führen lassen.«

»Ja, als ich **Kind** war. Jetzt bin ich erwachsen.«

»Auch diese Gedanken stehen in der Bibel: ›Wer sich der Liebe Gottes **wie ein Kind** *öffnet, der wird sie erleben.‹ Das*

Kind vertraut, ohne nach den Hintergründen und Beweisen zu fragen.«

»Ich konnte nicht schnell genug erwachsen werden. Heute wünschte ich mir, noch einmal Kind sein zu dürfen.«

»Du darfst es – bei Gott –, du darfst ein Leben lang SEIN Kind bleiben und IHM wie ein Kind vertrauen. Wie hoch Gott das Kind einschätzt, seht ihr daran, dass ER selbst als Kind auf Erden kam. Und das haben die Menschen begriffen. Noch heute feiern sie kein anderes Fest mit solcher Hingabe wie Weihnachten.«

Mir gegenüber am Tisch saß ein Pärchen, eng umschlungen, das bisher nur still zugehört hatte.

Der Mann sagte: »Ich gehe sonst nie zur Kirche. Aber zu Weihnachten versäume ich es nicht. Dort ist es einfach schön. Liegt das vielleicht daran, dass in uns noch ein Stück Sehnsucht nach dem Himmel übrig ist?«

Ich gab ihm Recht. *»Gewiss. Aber wenn du* **den** *versäumst, dann hast du alles versäumt!«*

»Nein. Alles hat er nicht versäumt. Zum Beispiel bleibt ihm die Hölle.«

Der das einwarf, kam aus einem frommen Elternhaus.

»Hör auf mit dem Quatsch. Hölle! Wir haben uns ernsthaft über den **Himmel** unterhalten.«

»Ja, gerade deshalb bringe ich die Hölle ins Spiel. Sollte es den Himmel geben, dann gibt es auch die Hölle. Was soll sonst aus denen werden, die nicht in den Himmel kommen? **Einen** Platz brauchen sie ja schließlich auch.«

»Ich rieche schon den Bratenduft verbrannter Menschenkeulen.«

»Musst du alles ins Lächerliche ziehen? Die Hölle, die gibt es, die gibt es schon hier auf der Erde. Ich habe als

Kind zwischen Vater und Mutter gelebt, die sich nicht leiden konnten. Das war die Hölle!«

»Die Schwester meiner Großmutter hat den Bombenangriff auf Dresden miterlebt. Überall Feuer, Trümmer und Leichen – und dazwischen rannten Menschen um ihr Leben. Sie sagt: ›Das war die Hölle.‹«

Ich schaltete mich wieder ins Gespräch ein.

»Du bist der Hölle deines zerstörten Elternhauses und deine Verwandte ist der Hölle der Bombennacht entflohen. Der **zukünftigen** *Hölle entkommt jedoch keiner mehr. Diese Hölle ist der Zustand des Menschen, der ohne Gott auskommen muss. Das Feuerholz der Hölle ist die unstillbare Sehnsucht nach Liebe und Glück.«*

»Lieber Gott, bitte lass es dich nicht geben, damit es auch keine Hölle gibt.«

»Ich weiß ein besseres Gebet für dich: ›Lieber Gott, mach mich fromm, dass ich zu dir in den Himmel komm.‹«

»Keine Chance. Ich bin zwar nicht gerade ein schlechter Mensch; aber so gut, wie mich Gott haben möchte, falls es IHN gibt, bin ich auch nicht.«

»Aber **ich** *bin es; ich bin ja schließlich Pfarrer!?«*

»Ich weiß es nicht. Du wirst dich ja selbst am besten einschätzen können.«

»Bist du jemals auf den Gedanken gekommen, dein Vater könnte dich rausschmeißen, weil du – Verzeihung – Scheiße gebaut hast?«

»Nein, bin ich nicht. Mein Vater hätte das auch nie getan. Aber das ist wohl noch ein Unterschied. Gott ist nicht mein Vater, er ist eben Gott – falls es ihn gibt.«

»Dann wird es allerhöchste Zeit, dass du Gott als deinen Vater liebst, wobei wir wieder beim **Glauben** *wären und beim Kind-Sein. Für seine Kinder hat Gott alle*

Schulden bezahlt. Sie haben freien Zutritt zum Himmel. Ich sage es euch wieder mit einem Satz aus der Bibel: ›Ihr seid reingewaschen, ihr seid geheiligt, ihr seid gerecht geworden durch den Namen des Herrn Jesus Christus‹ (1. Korinther 6, 11). Er hat mit seinem Blut und Leben für uns bezahlt.«

»Hat das etwas mit dem Kreuz zu tun?«

»Ja.«

Sie sahen sich an. Vierzehn von einundzwanzig jungen Leuten trugen an ihrem Hals ein Kettchen mit dem Kreuz.

»Also ist das gar kein Modeschmuck?«

»Nein, sondern mein Kaufpreis für den Himmel, von dem ich immer noch nicht weiß, ob es ihn gibt.«

Seufzend legte sie ihren Kopf auf die Schulter ihres Freundes.

Inzwischen war es schon fast Morgen geworden. Wir gingen schlafen. Entscheidungen waren nicht gefallen, jedenfalls nicht offiziell.

Am Tag darauf sagten sie alle wieder ›SIE‹ zu mir.

Ein Mädchen schaute mich versonnen an und meinte: »Wenn ich einmal heirate, dann möchte ich von Ihnen getraut werden.«

War das alles? Die Ewigkeit wird zeigen, ob eine(r) das Gespräch genutzt hat und Kind Gottes geworden ist.

Sooft ich dieses Erinnerungsblatt in die Hände bekomme, segne ich sie, die damals so offen über den Himmel sprachen. Heute bitte ich dich, mit mir für sie zu beten.

Gott hat den, der von keiner Sünde wusste, für uns zur Sünde gemacht, auch für die jungen Frauen und Männer von damals im Requisitenwagen in Warschau.

Gott, unser Vater, segne und behüte sie. Erhalte ihnen DEINE Gnade und hilf ihnen zum ewigen Leben in DEINEM Reich. Amen.

Wir Christen sprechen selten vom Himmel, viel zu selten, obwohl uns JESUS von dem Leben im Himmelreich so herrliche Gleichnisse erzählt: von einem großen Fest, von einer Hochzeit, vom großen Abendmahl. Und ER sagt uns mit deutlichen Worten, dass es im Himmel keine Tränen mehr gibt, weil Leid, Krankheit und Tod ›ausgestorben‹ sind.

Wir fürchten den Vorwurf der Weltflucht.

Dumm sind wir, wenn wir uns die Vorfreude auf den Himmel nehmen lassen.

Kannst du dir ein Liebespaar vorstellen, das in ein paar Monaten heiraten will, sich aber gar nicht auf die Hochzeit freut und sie überhaupt nicht erwähnt?

Unser Leben wäre oft leichter zu ertragen, wenn wir vom Ziel her lebten.

Unser Ziel ist das Himmelreich.

Ich wünsche dir jeden Tag den Blick nach vorn.

»EWIGKEIT – in die Zeit leuchte hell herein, dass uns werde klein das Kleine und das Große groß erscheine. Selge EWIGKEIT.«

Unsere Namen sind schon dort – am Ziel, im Himmel, und Jesus sagt: »Freut euch darüber!«

Der Apostel Paulus hat das gemacht. Er hat sich so echt und innig gefreut, dass ihm nicht einmal das Gefängnis diese Freude verderben konnte.

In den Lobpreisabenden unserer Kirchgemeinde singen wir sehr gern das Lied von dieser Jesusgemeinschaft.

»Ganz nah bei DIR, und DU bei mir, vereint in alle Ewigkeit. In Liebe sind unsre Herzen eins, vereint in alle Ewigkeit. Nie mehr Tränen und Leid in den Augen, nie mehr Furcht und Scham, denn wir werden bei DIR sein, ja mit DIR zusammensein.«

Warum wird Ostern gefeiert?

Aus dem Elefantenzelt kommend, schlenderte ich über den Zirkusplatz, zwischen den Wohnwagen hindurch, nach vorn, in die Verwaltung.

Ich war zu Besuch im VEB-Zirkus BUSCH.

Eine Wohnwagentür öffnete sich.

»Herr Fischer, haben Sie ein paar Minuten Zeit für uns?«

»Warum nicht?«

Ich trat ein. Eine Clique junger Fachschulartisten saß beieinander, etwa zehn an der Zahl.

»Was Weihnachten ist, wissen wir, auch wenn wir die Geschichten nicht glauben. Warum aber Ostern gefeiert wird, wissen wir nicht. Gewiss steht das in der Bibel erklärt. Würden Sie es mit uns lesen und uns unsere Fragen beantworten?«

»Ich wüsste nicht, was ich lieber täte. Wann soll der Disput stattfinden?«

»Von uns aus gleich morgen nach der Vorstellung.«

Es war beschlossene Sache. Ich hatte zwar sehr erfreut und vollmundig zugesagt, aber ein wenig bange war mir schon. Die werden mich fertig machen, von wegen Auferstehung usw. Na, warten wir ab.

Ich nutzte den mir bleibenden Tag zur gründlichen Vorbereitung, bat Jesus um seine Hilfe und um die Gegenwart des Heiligen Geistes – da war es auch schon Zeit, zu ihnen zu gehen.

Die Gruppe setzte sich aus sechs jungen Männern und fünf jungen Frauen zusammen, im Alter zwischen zwanzig und sechsundzwanzig Jahren. Sie hatten sich in der Artistenfachschule Berlin ausbilden lassen und arbeiteten nun als so genannte ›Staatsartisten‹ im VEB-Zentralzirkus. Zur Kirche gehörte keiner von ihnen. Was sie über den Glauben wussten, hatten sie so nebenbei aufgegriffen, zumeist unter sehr negativen Vorzeichen.

Das Wohnabteil war eigentlich für zwei Personen gedacht. Sie saßen also mehr übereinander statt nebeneinander, waren aber bei bester Laune und sehr erwartungsvoll.

Ich teilte die von mir mitgebrachten Bibeln aus und erklärte, dass durch unterschiedliche Zeitzeugen an mehreren Stellen dieses Buches von Ostern berichtet wird.

»Wir beschränken uns heute auf **einen** *Bericht: Matthäus Kapitel 28, die Verse 1 - 15.«*

Erstaunt bemerkte ich, dass sich Einzelne recht gut in der Bibel auskannten. Sie fanden das Matthäusbuch ohne meine Mithilfe.

Sozusagen als Vorspann zum Ostertext erzählte ich ihnen erst einmal die Kreuzigungsgeschichte, so, wie ich sie den Kindern in der Christenlehre erzählte.

Sie hörten gespannt zu – wie die Kinder.

Nun konnten wir mit unserer Bibelarbeit beginnen. Einer las den Text für uns alle laut vor. Dann gab ich ihnen noch Zeit zum Bedenken des Gelesenen.

Der spannende Augenblick war gekommen. Sie würden frisch von der Leber weg und ungehemmt das sagen, was sie denken. Im Unterschied zu vielen Kreisen unserer Kirchgemeinden musste ich die Artisten nie zum

Sprechen ermuntern. Ich ahnte, was kommt, aber ich ahnte falsch.

Eine junge Frau, die in einer Schleuderbrettdarbietung hin- und hoch- und hergeworfen wurde, dabei Saltos zu drehen hatte, um schließlich auf den Schultern eines Untermannes zum Stehen zu kommen, sprach als Erste.

»Na, da ist ja alles klar. Zu Weihnachten lässt sich Gott als Säugling zur Welt bringen. Die Menschen wollen ihn aber nicht. Sie ärgern sich über ihn und töten ihn. Da Gott aber Gott ist, zeigt er es ihnen und verlässt lebendig das Grab. Die Leute gucken dumm, genau wie bei Kiwini (einem Illusionisten), wenn dessen Partnerin, die er vor den Augen seines Publikums eben erst zerstückelte, gesund und vergnügt dem Reißwolf entsteigt.«

»Lass das nicht den Pfarrer hören, dass du Gott mit einem Zauberkünstler vergleichst.«

»Ich habe es schon gehört. Aber sie hat nicht Gott und den Zaubermeister gleichgesetzt, sondern die erstaunten Gesichter der Leute von damals und heute.«

»Ich kann in diesem Abschnitt von Gott gar nichts finden. Nur JESUS wird erwähnt.«

»Soviel ich weiß, gilt JESUS als der Sohn Gottes.«

»Ja, das stimmt – wobei JESUS *selbst sagt, dass er mit Gott dem Vater ganz eins ist.«*

»Bliebe die Frage nach der Mutter. Aber die gehört wohl nicht hierher.«

»Mit dem Vater ganz eins? Das soll sicher heißen, dass sie gemeinsame Sache machen.«

»Vielleicht ist das bei Gott so. Bei mir ist das anders. Ich bin mit meinem Vater sehr uneins. Er ist mein Erzeuger – mehr nicht!«

»Du bist ja auch nicht Gott. Bei Gott ist das eben anders, so richtig gut, wie es eigentlich sein sollte.«

»Und weil Jesus Gott ist, darum kann man ihn auch nicht töten. Es ist schon eine feine Sache, Gott zu sein. Falls er sich beim Dreifachen mal die Knochen brechen würde, wären die im Nu wieder heil. Pillen braucht er keine zu schlucken, Spritzen muss er keine bekommen, und alt wird er auch nicht. Gott müsste man sein!«

»Jetzt verstehe ich auch, was der Pfarrer zur Beerdigung meines Großvaters gemeint hatte, als er am Grab sagte: ›Es hat dem Herrn über Leben und Tod gefallen, Herrn Willy Urahn aus diesem Leben abzurufen.‹ Mich hat das geärgert. ›Es hat Gott gefallen.‹ Mir hat es gar nicht gefallen. Ich hatte meinen Großvater gern. Er war erst sechsundsechzig Jahre alt, als er starb. Aber als Herr des Lebens und des Todes kann Gott natürlich machen, was er will. Wir haben uns da wohl zu fügen.«

»So schnell gebe ich nicht auf. Das war vielleicht früher einmal, dass Gott diesen Titel für sich allein in Anspruch nehmen konnte. Heute bin ich genauso Herrin des Lebens. Ich bestimme, ob ich ein Kind zur Welt bringe oder nicht.«

»Das hat Kerstin (seine Freundin) auch so gesehen. Sie wollte es haben. Aber schließlich darf ich ja wohl auch mitreden, denn es ist auch mein Produkt. Ich wollte das Kind nicht.«

»Und schon kämpften zwei Götter gegeneinander. Offensichtlich hat Kerstin gesiegt.«

»So entstehen Kriege. Kein Gott duldet neben sich einen anderen Gott. Krieg zwischen Freunden, Krieg zwischen Partnern, Krieg in den Familien, Krieg mit dem

Spielleiter und Direktor. Jeder ist sein eigener Gott, und wehe, der andere will nicht, wie ich es will!«

»Dann wäre es wahrscheinlich doch besser, nur **einen** Gott zu haben. Alles hört auf sein Kommando!«

»Und ausgerechnet du würdest dich fügen!? Du würdest als Erster mit diesem Gott zusammenprallen.«

»Wir wollten über Ostern reden.«

»Ihr seid mitten im Thema. Es geht bei Ostern nicht um ein einmaliges Ereignis von damals, sondern **um Gott und uns**. *Gott kam nicht um seinetwillen auf die Erde, genausowenig wie ER sich um seinetwillen ans Kreuz nageln ließ. Es geht IHM um* **uns**, *um unser Leben.*

So ist es ihm auch wichtig, uns zu zeigen, dass nicht der Tod, sondern ER, GOTT, das letzte Wort zu uns spricht.«

»Vorausgesetzt, dass es Gott gibt. Mit dem Text selbst habe ich keine Probleme. Das Wort Gott weckt in mir die Vorstellung eines Superwesens, dem alles, aber auch alles gelingt. Ein toter Gott, eingesperrt in ein Grab – unvorstellbar. Das ganze schöne Märchen wäre nichts wert.«

»Und der Engel, von dem hier die Rede ist?«

»Jeder VEB-Direktor hat seinen Chauffeur. Warum soll Gott nicht auch seine eigene Dienerschaft haben?«

»Klaus hat Recht. Mir fehlt einfach der Beweis für Gott. Ich denke, dass sich Menschen, die ähnlich wie wir mit dem Leben Probleme hatten und die sich vieles nicht erklären konnten, mit ›SIMSALABIM‹ einen Gott aus dem Hut zauberten. Der **macht** alles, der **kann** alles, dem **gelingt** alles.«

»Jesus scheint doch aber immerhin historisch belegbar zu sein.«

»Na wenn schon. Das besagt noch lange nicht, dass er Gott war.«

»Trotzdem beeindruckt mich, wie diese Ostergeschichte geschrieben wurde. Die Frauen und die Wächter erschrecken. Klingt echt. Die Verantwortlichen erfinden eine Lüge und bestechen die Wissenden mit Geld. Klingt auch echt. Es sind die gleichen Mittel wie heute, wenn etwas unterdrückt werden soll und Wahrheit nicht wahr sein darf.«

»Hört mal her! Ich habe ein paar Sätze weitergelesen. Da wird von Jesu Jüngern – ich nehme an, dass damit seine Lehrlinge oder Schüler gemeint sind – gesagt: ›Etliche zweifelten.‹ Das klingt doch auch ehrlich. Ich hätte nie gedacht, dass so etwas in der Bibel steht. Ich meinte, hier wird von lauter perfekten Menschen gesprochen, die vor Frömmigkeit triefen. Es wird zumindest in dieser Geschichte nichts schöngefärbt.«

»Und wie lässt sich das Problem des Gottesbeweises lösen? Davon hängt doch alles ab.«

»Mein Onkel geht in die Kirche. Er sagt: ›Die Welt an sich ist der Gottesbeweis. Gäbe es keinen Gott, gäbe es auch keine Welt.‹ Aber das ist für mich kein Beweis. Als Beweis lasse ich nur das gelten, was ich selbst mitvollziehen kann.«

»Aus vollem Herzen JA!

Um diesen mitvollziehbaren Gottesbeweis geht es in der Bibel von der ersten bis zur letzten Seite.

Wenn Sie für Ihre Luftnummer einen Partner suchen und Sie erfahren von einem jungen Mann, der sich in der Luftakrobatik schon erfolgreich versucht hat, was machen Sie dann?«

»Ich knöpfe ihn mir persönlich vor. Ich probe mit ihm

die Arbeit. Dann entscheide ich, ob ich ihn behalte oder nicht.«

»Genauso ist das mit Gott. Solange wir über ihn diskutieren, kommen wir seinem Dasein oder Nichtdasein keinesfalls auf die Spur. Ich muss mir Gott vorknöpfen. Gott beweist sich jedem, der sich verbindlich auf IHN einlässt.«

»Wir verstehen, was Sie meinen. Da gibt es aber noch einen Riesen-Unterschied. Der Partner hat ein Gesicht, er hat Hände und Füße. Mit ihm kann ich aufs Trapez klettern, schwingen, springen, auch fallen. Bei Gott habe ich nichts in der Hand.«

»Irrtum. Sie haben sein Wort. Das ist so leibhaftig wie Gott selbst. Lassen Sie sich auf dieses Wort ein, das vor uns liegt, so, wie Sie sich auf den Mann einlassen. Da haben Sie Gott pur. Die Bibel nennt das Glauben.

Ich würde Sie aber gern noch einmal zu Ostern zurückführen. Gott will nicht allein leben. ER will **mit uns** *leben, und das nicht nur hier auf der Erde, sondern in SEINEM Reich. Er will sein Machtwort über unserem Grab sprechen, genau wie bei SEINEM Sohn JESUS. Schlagen Sie doch einmal weiter hinten in der Bibel auf. Römerbrief Kapitel 6, Vers 5. ›Denn wenn wir mit JESUS verbunden und ihm gleich geworden sind in seinem Tod, so werden wir IHM auch in SEINER Auferstehung gleich sein.‹«*

»Entschuldigen Sie, Herr Fischer, wenn ich Ihnen ins Wort falle. Ich komme nicht mehr mit. Was auf Gott zutreffen mag, trifft noch längst nicht auf mich zu. Wenn ich tot bin, dann bin ich tot. So unangenehm mir die Vorstellung ist, aber wenn ich sterbe, verwese ich im Grab oder ich lasse mich gleich zu Asche verbrennen. Da kann Gott rufen, so lange und so laut er will. Es gibt mich nicht mehr. Bianka hat aufgehört zu sein – ist Vergangenheit.«

An dieser Stelle entglitt mir das Gespräch. Es entartete zu einer tumultartigen Erregung aller.

Als das Durcheinander abebbte, schaltete ich mich wieder ein. Aber mein Reden wurde zur Predigt, in der ich den jungen Leuten Gottes ganzen Heilsplan zu erklären versuchte. Das war ungeschickt und eine Überforderung.

Eins der Mädchen unterbrach mich. »Hören Sie auf, Herr Fischer. Wenn Sie statt Pfarrer Arzt wären, würden alle Ihre Patienten sterben. Wissen Sie warum?«

»Nein, weiß ich nicht.«

»Weil Sie ihnen die Medizin, die über Monate verteilt werden muss – jeden Tag dreimal drei Tropfen – auf einmal in den Hals kippen. Sie haben uns **genug** gesagt. Das reicht für heute. Aber wenn Sie mir erklären, was die Ostereier mit Gott zu tun haben, das verkrafte ich noch.«

»Sie haben Recht. Verzeihen Sie mir bitte. Die Ostereier sollen ein Symbol, ein Zeichen sein. So, wie das lebende Küken die Schale durchbricht, so durchbricht JESUS die Grabkammer, das Gefängnis des Todes.«

»Und warum müssen die Eier versteckt werden?«

»Aus Spaß an der Freude. Darum werden sie auch vorher noch bunt bemalt. Ostern ist ein Freudenfest, für jeden, der es glaubt. Bianka, Gott hat tatsächlich vor, Sie aus dem Grab zu rufen, auch dann noch, wenn von Ihnen nichts, gar nichts mehr da ist, außer dass Gott Sie in SEINEM Gedächtnis behalten hat. Das genügt Ihm, um Sie ganz neu zu schaffen. Und wenn der *Tag kommt, an dem Sie das glauben, werden auch Sie sich freuen, sehr freuen!«*

Milan

Zur nächsten Erinnerung, die ich jetzt erzähle, liegen zwar Jahre dazwischen, aber sie fällt mir gerade jetzt ein.

In unserem letzten, großen Wohnanhänger, den wir mit dem Wolga zogen, hing im vorderen Wohnabteil über dem Eckplatz an der Breitseite des Tisches ein Kreuz. Wenn wir Kinderstunde hielten und die Kinder zu uns in den Wagen kamen, war das der begehrteste Platz. Wenn **ich** nicht aufpasste, konnte es sogar zur Prügelei kommen.

»Heute will ich unter dem Kreuz sitzen!«, schrie es aus acht Kinderkehlen.

Wir versuchten, etwas Gerechtigkeit walten zu lassen, aber immer gelang uns das nicht.

Nun arbeitete in dem von uns besuchten Zirkus ein tschechisches Ehepaar. Ihr Junge war sechs Jahre alt und sollte im Herbst eingeschult werden.

MILAN hatte rabenschwarze Haare, fast ebensolche Augen und war immer vergnügt.

Ich rief die Kinder. Sie kamen gerannt – Milan mit in der vordersten Reihe. Geprügelt hatte er sich wegen des begehrten Platzes nie. Heute aber sagte er: »Bitte, heute ICH bei JESUS sitzen!«

»Ja, Milan, heute bist du dran. Heute ist das **dein Platz.**«

Strahlend saß er unter dem Kreuz und widerstand allen Angriffen, die ihn von dort wegdrängen wollten.

Er zeigte auf das Kreuz: »JESUS!«

Während der Kinderstunde sah er immer wieder zu dem Kreuz und wiederholte den Namen, den er kannte: »JESUS!«

Ich weiß nicht mehr, was ich den Kindern an diesem Nachmittag erzählte. Nur der Junge ist mir in seiner Freude eindrücklich geblieben.

Der Zirkus hatte unmittelbar neben dem Freibad aufgebaut. Als die Kinderstunde zu Ende war, rannten die Kinder los, um baden zu gehen. Das Wetter war hervorragend, und die Gelegenheit dazu günstig wie selten.

Wenige Stunden später kamen Mütter vom Zirkus gerannt. Sie hatten im Bad nach ihren Kindern gesehen.

»Milan ist tot!!! Milan ist ertrunken!!!«

Fassungslos hörten wir die Schreie. Es durfte einfach nicht wahr sein. Milan hatte doch eben erst noch bei uns gesessen.

Niemand hatte es bemerkt. Keiner wusste, wie es geschehen konnte. Milan trieb plötzlich leblos auf dem Wasser. Alle Hilfe kam zu spät.

Kleiner, fröhlicher Milan!

Warum, Gott, warum?

Als sich keine helfende Hand dem ertrinkenden Kind entgegenstreckte, weil keiner ihn bemerkte, da hat JESUS nach ihm gegriffen.

Milan musste sterben, und wir haben keine Erklärung dafür. Jesus aber hat einen Platz für Milan im Reich Gottes. Hatte Milan es geahnt, wo schon bald sein Platz für immer sein würde?

Gottes Plan und Wille ist es, dass ein Mensch in dem

Augenblick, in dem er auf dieser Erde stirbt, für den Himmel geboren wird. Das ist die Konsequenz aus Ostern – für Milan, für dich, für mich, für Bianka, Klaus und Kerstin und …

Luthers kleiner Katechismus

»Wir sind eine Gemeinde ohne Heimat und Hirten.« Das war der Ruf aus dem Zirkus und der Anfang zur Artistenmission. Trotz dieser klaren Aussage hatte ich es nicht für möglich gehalten, dass sie mit mir **die Bibel lesen** wollten. Darum staunte ich nicht schlecht, als ich erfuhr, dass ein Elefantendresseur regelmäßig zur Bibelstunde in seinen Wohnwagen einlud. Er las aus seiner Bibel vor, und anschließend tauschten sie ihre Gedanken über das Gelesene aus. Meistens waren sie zu fünft und manchmal auch mehr. Gott war also **längst vor mir** im Zirkus. Der Wunsch nach dem Evangelium Gottes war echt. Hier fallen die Erinnerungen wie reifes Obst über mich, das der Wind vom Baum schüttelt.

In den Anfangsjahren des sozialistischen Staates durfte ich in den großen Zirkussen AEROS, BUSCH und BARLAY im Schulwagen Christenlehre halten. Die Eltern schickten ihre Kinder fast vollzählig. Das Klassenzimmer erschien mir wie eine Puppenstube im Vergleich zu den Klassenräumen, in denen ich selbst einmal saß.

Das war den Kindern nicht entgangen. Sie nutzten die Gunst der Stunde, mich ordentlich reinzulegen.

Während eines Nachmittagsunterrichtes brauchte ich die Wandtafel. Sie reichte aber für mein Stundenbild nicht aus. Manche Tafeln lassen sich zweiseitig verwenden. Also betrachtete ich diese Zirkusschulwagenwandtafel kritisch von allen Seiten, ob hier etwas zu machen sei, was mir weiterhelfen würde. Die Kinder, ganz eifrig, klärten mich auf.

»Sie können die Tafel nach links aufklappen. Dafür ist die Klinke da.«

Aha. Wie praktisch! Ich griff zu und ... öffnete die Tür zum Wohnabteil der Zirkuslehrerin.

Vor Verlegenheit wurde ich so blass wie eine Wachsfigur. Ich entschuldigte mich bei der Frau mit vielen Worten.

Jedoch die Lehrerin winkte lässig ab. »Ich war darauf gefasst. Jeder, der hier zum ersten Mal unterrichtet, wird von den Kindern hinters Licht geführt.«

Zwölf Paar Kinderaugen blinzelten mich an. Eine Siebenjährige mit dem Gesicht Pippi Langstrumpfs belehrte mich: »Meine Mutti sagt, man müsse erst anklopfen, ehe man in das Abteil einer Frau geht! Das gehört sich so!«

Vor einer solchen Christenlehrestunde kam ein mir unbekannter Mann auf mich zu.

»Sind Sie der Zirkuspfarrer?«

»Ja, das bin ich.«

»Ich gebe Ihnen ein paar Bücher für die Kinder. Vielleicht können Sie sie im Unterricht benutzen.«

Er drückte mir einen schweren Karton in die Hände und verschwand. Im Schulwagen öffnete ich den Karton und schaute hinein. Auch die Kinder waren gespannt, was da Schönes für sie drin war. Was ich aber fand, enttäuschte mich.

Ich hatte auf Kinderbibeln mit Bildern gehofft – aus dem Westen –, denn bei uns gab es zu der Zeit solche Bücher noch nicht. Aber der Mann schien keine Westbeziehungen zu haben. Er schenkte uns ganz simple ›Luthers kleiner Katechismus‹, erweitert mit dreißig Gesangbuchliedern, hundertfünfzig Bibelsprüchen und drei Seiten Kirchengeschichte. Nicht **ein** Bild war darin zu finden.

Die Kinder gaben keine Ruhe. Sie wollten unbedingt ein solches Buch haben.

»Es stehen keine Geschichten darin und erst recht keine Bilder. Ihr werdet das Buch langweilig finden.«

Sie drängelten weiter und gaben sich erst zufrieden, als ich die Bücher an sie verteilte.

Meine Zeit in diesem Zirkus war ohnehin um. Ich vergaß die Büchergeschichte.

Drei Jahre später.

Ich besuchte den Zirkus AEROS.

Ein Junge, etwa fünfzehn Jahre alt, kam auf mich zugerannt.

»Herr Fischer, endlich treffe ich Sie. Wir waren so lange im Ausland. Dieses Jahr haben wir hier bei AEROS einen Arbeitsvertrag. Seit dem Frühjahr warte ich auf Sie. Ich hab einen ganz großen Wunsch!«

Wer war dieser Junge? Ich konnte mich nicht so recht auf ihn besinnen.

»Welche Nummer arbeiten denn deine Eltern?«

»Na, die Luftnummer. Mein Bruder und ich arbeiten mit.«

Langsam dämmerte es bei mir.

»Ich erinnere mich. Junge, du bist ja inzwischen schon fast ein Mann geworden. Kein Wunder, dass ich dich nicht wieder erkannte.«

Was wünscht sich ein Junge mit fünfzehn Jahren so sehr, dass er mit klopfendem Herzen und voller Erwartung vor mir steht?

»Sie haben mir doch vor drei Jahren ein Buch geschenkt: ›Luthers kleiner Katechismus‹. Ich habe ihn auswendig gelernt. Mein Vater sagt, in der Bibel stünde das vom Glauben an Gott und an JESUS CHRISTUS viel ausführlicher. Nun habe ich schon im Ausland versucht, eine deutsche Bibel zu kaufen. Aber es gab sie nicht. Und hier in Deutschland ist es mir auch noch nicht gelungen. Ich hoffe, Sie können mir eine besorgen.«

Mit **solchem** Wunsch hatte ich nicht gerechnet.

Sollte er tatsächlich den ›KLEINEN KATECHISMUS‹ auswendig gelernt haben? Er hatte das so locker hingeworfen, als sei das die alltäglichste Sache der Welt – wie das Zähneputzen am Morgen.

Der Fünfzehnjährige wünschte sich nicht ›WINNETOU‹ oder ›OLD SHATTERHAND‹, sein sehnlichster Wunsch war eine BIBEL!

Ich sah ihn lange an, wahrscheinlich zu lange.

»Sie können mir wohl nicht helfen? Ich hatte es so sehr gehofft!«

»O doch. Eine Bibel kann ich dir besorgen. Aber sag mal, was hast du mir vom ›KLEINEN KATECHISMUS‹ erzählt? Du hättest ihn auswendig gelernt?«

»Ja. Glauben Sie mir das nicht?«

»Was hast du denn aus dem Katechismus **gelernt**?«

»Alles, außer den letzten drei Seiten, die habe ich nur gelesen.« (Das waren die Seiten der Kirchengeschichte.)

»Du hast also die zehn Gebote gelernt und die drei Glaubensartikel?«

»Ja. Auch das Vaterunser und alles, was noch in dem Buch steht.«

»Hast du denn auch die ganzen Erklärungen mitgelernt?«

»Freilich habe ich das. Die sind doch wichtig. Ohne die hätte ich das meiste nicht verstanden.« Er schaute mich enttäuscht und traurig an. »Warum glauben Sie mir nicht? Ich kann es Ihnen beweisen. Warten Sie hier. Ich hole das Buch.«

Er lief zum Wohnwagen und kam mit dem Buch zurück. »Da, fragen Sie mich.«

Ich fragte ihn tatsächlich, weil ich es noch immer nicht fassen konnte, dass ein Junge seines Alters, und wohl auch kaum ein Mädchen, das ganze Buch auswendig lernte.

»Wie heißt das dritte Gebot?«

»Du sollst den Feiertag heiligen. Was ist das? Wir sollen Gott fürchten und lieben, dass wir die Predigt und sein Wort nicht verachten, sondern dasselbe heilig halten, gerne hören und lernen.«

Ich fragte ihn kreuz und quer durch den ganzen Katechismus. Von der Erklärung zum dritten Glaubensartikel über die vierte Bitte des Vaterunsers und ›Was gibt oder nützt die Taufe‹ bis zum Abendmahl ›Wer empfängt denn dieses Sakrament würdig?‹. Er blieb mir keine Antwort schuldig.

»Hast du auch das von der Beichte gelernt und vom Amt der Schlüssel?«

»Natürlich. ›Es ist die besondere Gewalt, die Christus seiner Kirche auf Erden gegeben hat, den bußfertigen Sündern die Sünden zu vergeben, den unbußfertigen aber die Sünden zu behalten, solange sie nicht Buße tun.‹«

»Hör auf! Es tut mir Leid, dass ich so misstrauisch war.

Jetzt glaube ich fast, du hast auch die dreißig Gesangbuchlieder und die einhundertfünfzig Bibelsprüche gelernt.«

»Freilich habe ich das. Ich hatte doch drei Jahre Zeit. Jeden Tag habe ich ein oder zwei Sätze neu gelernt und etliche wiederholt. Rechnen Sie nach. Drei Jahre reichen aus für das ganze Buch.«

Drei Strophen von ›Nun danket alle Gott‹, – fünf Strophen von ›Lobe den Herren, den mächtigen König der Ehren‹, – zwölf Strophen von ›Befiehl du deine Wege‹, – elf Strophen von ›Großer Gott, wir loben dich, Herr, wir preisen deine Stärke‹. Das alles purzelte nur so aus ihm heraus.

Von den Bibelsprüchen brauchte ich ihm nur die ersten Worte zu sagen, dann wusste er das Ganze.

»Herr, wenn ich nur ...«

»... dich habe, so frage ich nichts nach Himmel und Erde. Wenn mir gleich Leib und Seele verschmachtet, so bist du doch, Gott, allezeit meines Herzens Trost und mein Teil« (Psalm 73,25+26).

»Der Herr, dein Gott, wird ...«

»... dich lieben und segnen« (5. Mose 7,12 + 13).

»Nun aber bleiben ...«

»... Glaube, Hoffnung und Liebe, diese drei. Aber die Liebe ist die Größte unter ihnen« (1. Korinther 13,13).

Ich stand beschämt vor dem Jungen. Was hatte ihn dazu veranlasst, den vollen Inhalt des ›KLEINEN KATECHISMUS‹ aus dem Kopf zu lernen?

Wir gingen gemeinsam zu seinen Eltern. Dort brachte ich mein Erstaunen zum Ausdruck. Die Mutter meinte: »Das hat er von seiner Großmutter. Die konnte das auch.«

Und der Vater klopfte seinem Jungen auf die Schulter:

»Es ist viel besser für dich, du lernst Bibelsprüche, als dass du Krimis verschlingst.«

Zwei Tage später hatte ich dem Jungen eine Bibel besorgt. Er wollte sie mir bezahlen.

»Nein. Von dir nehme ich kein Geld. Du hast dir die Bibel verdient. Bei dir ist sie in guten Händen.«

Ich bin wenig jungen Leuten begegnet, die die Bibel so aufmerksam und interessiert gelesen haben wie er.

Auf einem Zettel notierte er sich, was er beim Lesen nicht verstand.

Wenn ich nach Wochen wieder zu diesem Zirkus kam, legte er mir den Zettel vor und fragte mich: »Warum regen sich die Pharisäer so über Jesus auf? – Was ist ›Wiedergeburt‹? – Kann sich der Heilige Geist sichtbar machen?«

Er nahm mir jedes Wort von den Lippen ab. Es war eine Freude, mit ihm zu reden.

Als Artist war er große Klasse. Er flog durch die Luft und drehte den dreifachen Salto, als hätte er schon als Säugling nichts anderes gemacht. Immer landete er sicher in den Händen seines Vaters. Er war mit Leib und Seele Artist.

Das Publikum reagierte begeistert. Ich setzte mich oft in die Vorstellung, nur um ihn zu sehen. Wenn dann in meiner Nähe junge Leute ihm applaudierten, ließ ich sie wissen: »Der ist Christ. Der betet.«

Die meisten überhörten es, andere schüttelten ihren Kopf. Ein Mädchen stupste mir seinen Zeigefinger gegen meine Stirn mit den aufschlussreichen Worten: »Du spinnst!«

»Frag ihn doch selbst!«

»Das tu' ich auch!«

Nach der Vorstellung trödelte sie mit mir so lange auf dem Platz herum, bis er aus dem Garderobenwagen zurückkam. Sie trat ihm in den Weg.

»Der sagt, du bist fromm.«

»Da hat er Recht. Ich bin es. Stört dich das?«

»Ja, sehr. Ich dachte, du wärest ein richtiger Mann. Du fliegst wie ein Pfeil durch die Luft, aber du betest. Das passt nicht zusammen.«

Er lachte und zog das verblüffte Mädchen ein wenig am Ohr.

»Du bist so hübsch, aber du betest nicht. Das passt nicht zusammen.«

Sprach's und ließ sie stehen.

Was ist aus dem Jungen geworden? Die Familie setzte sich einige Jahre später in den Westen ab. Da verlor ich den Kontakt. Gewiss ist mir aber, dass Gott sein einmal begonnenes Werk an ihm zu Ende führt.

Für solche Begegnungen gilt, was für unsere eigenen Kinder auch gilt: Nur wenn wir sie loslassen, bleiben sie uns erhalten.

Hörst du den Wind? Er weht um die Erde und berührt Wasser, Äcker, Wüsten und Wälder, Pflanzen, Tiere und Menschen.

Gottes Geist ist wie der Wind. Gib IHM deine Segenswünsche mit. Er trägt sie dir dorthin, wohin dein Herz sie haben möchte.

Ich durfte und darf auf diese Weise viele Segenswünsche empfangen und auf den Weg bringen.

Das Osterwunder

Eine neue Saison hatte begonnen. Die Wetterberichte meldeten Aprilwetter. Ihre Vorhersage stimmte auffallend. Wind, Regen, Schnee – und das alles auf einmal und tagelang –, das kann für einen Zirkus belastend sein.

Der Platz weicht auf. Die Eisenanker werden locker. Die Nähte der Zeltplanen reißen unter der Last des nassen Schnees. Die Seile müssen nachgespannt werden. Die Stimmung ist unter dem Nullpunkt.

In diese Zeit fiel das Osterfest. Normalerweise hielt ich die Zirkusgottesdienste nachts. Ostern wollte ich aber gern am Tage feiern.

Ich versuchte es.

Die Stadtmission bot mir einen vom Zirkusplatz günstig zu erreichenden Raum an.

Jetzt kam das Problem. Ich musste von Wagen zu Wagen gehen und dafür einladen.

Fast überall bekam ich zu hören:

»Warum denn am Vormittag? Da haben wir keine Zeit!«

Es regnete in Strömen! Ich betrat den Mannschaftswagen der Zeltbrigade. Sie waren vom Wetter besonders betroffen und darum auch besonders gereizt.

Damit du eine kleine Vorstellung davon bekommst, wie so ein Mannschaftsasyl eingerichtet war, will ich es beschreiben. Der Wagen hatte eine Länge von zehn Metern. Drei Meter in der Mitte gehörten zum Aufenthaltsraum. Dort standen aber weiter nichts als ein Tisch und ringsum Holzbänke. Von da aus ging es nach links und rechts in die beiden Schlafabteile für jeweils vier Personen. Zwei Doppelstockbetten und vier schmale Schränke gehörten zur Ausstattung.

Die acht Mädchen vom Ballett hatten einen ebensolchen Wagen.

Ich kehrte also zunächst bei den jungen Männern ein. Sie hatten es aufgegeben, den Schlamm und Dreck vor ihrer Tür zu lassen. Es sah im Wagen aus wie auf dem Platz. Manche lagen gleich mit ihren Gummistiefeln auf den Betten. Sie hörten noch nicht einmal Musik! Das wollte etwas heißen!

»In drei Tagen ist Ostern. Ich lade euch ein, am Vormittag um zehn Uhr zum Gottesdienst mitzukommen.«

Sie schwiegen.

»Na, wie denkt ihr darüber?«

Das nun folgende Gespräch machten sie erst einmal unter sich aus.

»Siehst du nicht das Sauwetter? Dir macht das freilich nichts aus. Aber uns! Du kommst vergebens, Pastor. Du wärest besser daheim geblieben und hättest zu deinem lieben Gott um schönes Wetter für uns gebetet. Da wäre uns geholfen.«

»Du spinnst wohl? Beten! Beten! Ich höre immer bloß ›beten‹! Was soll der Quatsch? Beten ist Mist!«

»Hört mal her. Ich kann beten. Sogar ein ganz feines Gebet bring ich.«

Er gab seiner Stimme eine übertriebene Feierlichkeit.

»Vaater unser, deer du biist im Himmel. Geheiliget sei dein Namee …«

»Halt's Maul! Irgendwann sind die Wolken mal leer, und dann hört die Scheiße von alleine auf – ohne Gebet.«

»Fällst du auf die Knie, Pastor, wenn du betest?«

»O heilige Madonna, hilf uns. Wir ersaufen.«

»Verwandle den Regen in Schnaps. Dann wollen wir dir die Füße küssen und uns zu dir in den Himmel setzen, – wenn du schön genug für uns bist.«

»Meine Mutter betet. Und sie sagt: ›Beten hilft.‹«

»Dann ist deine Mutter ein ebenso großes Rindvieh wie der Pastor.«

Jetzt war ich dran. Meine Stimme klang nicht feierlich, sondern laut und bedrohlich. Ich kann das – frag mal meine Konfirmanden.

»Jetzt reicht's! Euer gotteslästerliches Reden ist noch zu ertragen. Aber **das** ging zu weit. Ihr würdet eure eigene Mutter ein Rindvieh nennen, weil ihr selbst keine Menschen mehr seid. Ihr benehmt euch schlimmer als das Vieh, seid wie stinkende Kadaver, die es nicht wert sind, auf dieser Erde noch Luft holen zu dürfen.«

Die Reaktion war verblüffend. Für Augenblicke herrschte Ruhe. Dann: »Du hast Recht. Das ging zu weit.«

»Ist doch kein Wunder. Wir haben seit Tagen kein Auge mehr zumachen können. Wir sind fertig.«

»Trotzdem – so weit darf es mit uns nicht kommen. Entschuldige, ich wollte deine Mutter nicht beleidigen.«

»Schon in Ordnung. Aber sie hat tatsächlich gute Erfahrungen beim Beten gemacht.«

»Vielleicht war's Zufall.«

Nun begann in allem Ernst ein wunderbares Gespräch

über das Gebet, über Gott und uns Menschen. Schließlich meinte einer: »Es wäre sicher für uns alle nützlich, wenn wir am Sonntag mitkämen. Bei gutem Willen können wir es auch einrichten. Wir müssten vorher noch einmal gründlich das Zelt versorgen – dann wären wir pünktlich um zehn Uhr alle dabei.«

»Nicht so schnell. Da möchte ich vorher schon noch eine Garantie haben, dass sich das Unternehmen auch lohnt.«

»Ach, du meinst, der Pastor soll uns statt Ostereiern eine Pulle Schnaps schenken.«

»Unsinn. Mensch, hast du denn nur immer den Schnaps im Kopf? Nein, der Pastor soll uns garantieren, dass wir in dem Gottesdienst Gott so richtig erleben.«

Meine Gedanken rasten kreuz und quer. Was meinen sie mit ›Gott so richtig erleben‹?

Ich musste mich in Sekunden entscheiden.

»In Ordnung. Der Vertrag gilt. Ihr kommt vollzählig mit zum Gottesdienst und dort werdet ihr Gott erleben.«

Wir besiegelten den Vertrag mit Handschlag. Meine Mission in diesem Wagen war zu Ende.

Kannst du verstehen, dass mir die Knie weich waren? **Wie** wollten, sollten, konnten, würden sie Gott erleben?

Erwarteten sie ein Wunder, dass sich der Altar in die Luft erhebt oder die Bibel von allein aufblättert? Hofften sie auf eine Erscheinung oder wollten sie eine Stimme aus dem Jenseits hören?

Nichts von alledem würde eintreten.

Aber es **musste** etwas geschehen. Ich hatte es ihnen versprochen. Vorher nie, und danach nie wieder, habe ich den Satz des Vaters aus Markus Kapitel 9 (Vers 24) so inbrünstig nachgesprochen wie an diesem Tag: **»Ich glaube, hilf meinem Unglauben!«**

Meine Frau tröstete mich. »Wie Gott sich zeigt, ist doch nicht dein Problem. Er muss damit fertig werden, nicht du.«

Es wurde Ostern – vormittags zehn Uhr. Der Raum füllte sich. Artisten, Clowns, Tierpfleger waren gekommen – und die acht Zeltarbeiter. Auf die vorderste Stuhlreihe hatten sie sich gesetzt und strahlten mich an. Das hieß: »Sieh her, wir haben Wort gehalten. Jetzt bist **du** dran.«

Was geschah? Geschah überhaupt etwas? Ließ Gott mich aufsitzen?

Der Gottesdienst lief wie jeder andere auch. Das heißt, im Zirkus wich er schon ein wenig von unseren ortsüblichen Gottesdiensten ab.

So redeten zum Beispiel die Teilnehmer einfach in die Predigt hinein.

»Nicht so schnell, Herr Fischer. Erklären Sie uns noch einmal, warum JESUS nicht selbst seinen Freunden erschien, sondern ein Engel für ihn redete. Und hatte JESUS nach seiner Auferstehung noch Muskelfleisch auf seinen Knochen oder ähnelte er einem Gespenst?«

Auch das Fürbittengebet überließen sie mir nicht allein. Unaufgefordert brachten sie ihre Anliegen selbst vor Gott.

Aber zurück zu **dem** Ostergottesdienst. Kein Altar wackelte, keine ferne Stimme war zu hören. Alles war wie immer. Ich fürchtete mich vor dem AMEN. Würden die jungen Männer protestieren? Nichts dergleichen geschah. Alle verabschiedeten sich friedlich und freundlich.

Ich zog es vor, an diesem Tag und auch an den beiden nächsten Tagen nicht auf dem Zirkusplatz zu erscheinen. Aber einmal musste es ja wohl oder übel sein.

Mein Herz pochte wie Hammerschläge. So schien es mir jedenfalls. Gerade wollte ich durch den Haupteingang schlüpfen, da kam mir einer von den acht Zeltarbeitern entgegen. Er hatte es eilig.

»Dass dein lieber Gott so schnell reagiert, hätte keiner von uns gedacht.«

»Was ist denn los?«

»Ich habe jetzt keine Zeit, muss noch schnell in der Stadt etwas besorgen. Lass es dir von den anderen erzählen. Sie sitzen im Wagen.«

Ich war aufgeregt. Irgendetwas musste passiert sein. Hoffentlich gab es keinen Unfall, den sie nun als Strafe Gottes für ihre lästerlichen Reden ansahen.

Sie saßen zu sechst im Wagen.

»Was ist los?«

»Dein Gott war da! Und einen von uns hat ER gegriffen.«

»Wen denn und wie?«

»Paule, der mit den Gummistiefeln im Bett lag und das Vaterunser verspottet hat.«

»Wo ist Paule jetzt? Ist ihm etwas zugestoßen?«

»Ja, so kann man es sagen. Ihm ist etwas zugestoßen. Als wir am Sonntag von deiner Osterfeier zurückkamen, hat er sich auf sein Bett gesetzt und nicht mehr gesprochen. Erst haben wir nicht darauf geachtet. Aber dann fiel es uns auf. Wir haben ihn gefoppt.

›Na, dich hat wohl der Heilige Geist erwischt?‹

›Der liebe Gott hat dem Paule seine Sünden gezeigt.‹

Und Paule hat gesagt: »Ja, genau das hat Gott getan. ER hat mir mein verpfuschtes Leben gezeigt. Was ist es denn? Arbeiten, saufen, huren und qualmen. Ich bin nichts; ich habe nichts; mich braucht keiner. Habt ihr gehört, was der Pfarrer gesagt hat? Mit Ostern beginnt Gott etwas ganz Neues, nicht für sich selbst, sondern **für uns und mit uns**. Er gibt uns die Chance zu einem neuen Leben. Ich habe mein beschissenes Leben satt, satt bis oben ran. Ich will es anders!‹

›Und da denkst du, der liebe Gott baut dir eine Villa mit Dienstboten und einer Frau so schön wie Gina Lollobrigida und einer dicken Brieftasche, die dir ein Engel jede Woche nachfüllt.‹

›Quatsch. Ich weiß selbst nicht, wie das Neue aussehen könnte. Aber das weiß ich, dass ich **allein** keine Chance habe, aus meinem elenden Leben rauszukommen. Ich habe es oft genug versucht. Heute habe ich verstanden, dass Gott mir Hilfe anbietet. Ich haue hier ab und fahre nach Hause. Da melde ich mich beim Pfarrer und sage ihm, er solle mir helfen, das neue Leben mit Gott zu finden.‹

»Keiner von uns hat ihm widersprochen. Wir haben alle gefühlt, dass es das Beste wäre, **mit** ihm zu gehen. Inzwischen haben wir's weggesteckt. Es ist ja doch sinnlos. Das Leben dreht sich und dreht sich, bis es sich eben mal nicht mehr dreht. Dann ist es aus und vorbei. Bis dahin vernaschen wir die Mädchen und den Schnaps, so viel wie reingeht.«

»Und wo ist Paule jetzt?«

»Er ist noch am selben Tag zum Chef gegangen und hat seine Papiere geholt. Weil er keine Kündigungsfrist abwarten wollte, bekam er auch kein Geld. Der Chef hat ihn gefragt, warum er es mit dem Weggehen so eilig habe. Da hat er ihm erklärt, er wolle als Christ ein neues Leben anfangen. Und der Chef hat zu ihm gesagt, das wäre gut, aber das könne er auch hier am Zirkus. ›Nein‹, hat der Paule gesagt, ›kann ich hier nicht. Dazu brauche ich eine neue Umgebung. Hier bin ich ganz schnell wieder im alten Dreck.‹ Dann hat er seine Tasche gepackt und ist fort von uns.«

»Und ihr wisst, dass es **Gott** war, der ihn auf diesen Weg gebracht hat?«

»Wer sollte es denn sonst gewesen sein? Der Teufel bestimmt nicht.«

»Ihr habt Recht. Aber **euch** will Gott **auch** beschenken, nicht nur den Paule. Nutzt die Gelegenheit. Heute habt ihr sie noch. Morgen kann es zu spät sein.«

»Pastor, du bist ein netter Kerl. Du meinst es gut mit uns. Aber wir sind noch nicht an dem Punkt, wo wir es satt haben, wie der Paule. Es macht ja auch Spaß, so zu leben. Der Schnaps schmeckt. Die Mädchen sind hübsch. Wenn ich denke, ich sollte darauf verzichten und dafür ein paar Vaterunser beten, nein danke, das wäre ein schlechter Tausch!«

Nach und nach sind sie alle unter die Räder gekommen. Zwei von ihnen hatten es mit Vierzehnjährigen getrieben und kamen hinter Gitter. Einer wurde leberkrank und starb im Krankenhaus. Die Restlichen hat der Chef wegen mangelnder Arbeitsdisziplin entlassen.

Paule hat es geschafft. Sein Heimatpfarrer konnte ihm helfen. Er fasste in der Kirchgemeinde Fuß und begann mit JESUS ein neues Leben.

Alle Jahre wieder

›ALLE JAHRE WIEDER‹ erhielt jeder Artist von uns zum Weihnachtsfest einen Brief mit der zeitlosen Botschaft: »EUCH IST HEUTE DER HEILAND GEBOREN!«

Dazu legten wir ein kleines Geschenk, das sich im Briefumschlag unterbringen ließ, zum Beispiel einen aus Goldfolie geschnittenen und gefalteten Stern, von denen meine Frau im Laufe der Jahre Hunderte bastelte und damit meist schon in den Sommerferien begann.

Kopiermaschinen gab es in unserem Land noch nicht. Also mussten die ungefähr vierhundert Briefe mit der Schreibmaschine getippt werden. Aber diese Briefform passt besser zu einem Schreiben des Finanzamtes als für die GUTE NACHRICHT GOTTES.

Nun hätte ich es machen können wie meine Frau. Wenn sie im Juli zur Schere griff und Sterne schnitt, hätte ich Tinte und Federhalter nehmen können, um die Briefe handschriftlich zu vervielfältigen.

Die Katastrophe wäre komplett gewesen. Ich bekam schon in meiner Schulzeit schriftliche Arbeiten mit dem Vermerk ›unleserlich‹ zurück.

Das brachte mich auf den guten Gedanken, anderer Leute Handschrift zu nutzen, die leserlich schreiben.

So kam es, dass ungefähr dreißig ›Junge Gemeinden‹

aus unserem schönen Sachsenland mein Briefkonzept abschrieben und die Briefbogen zusätzlich mit kleinen weihnachtlichen Zeichnungen verzierten. Die jungen Leute hatten das mit Eifer, Liebe und Geschick besorgt. Inhalt und Form der Briefe passten zueinander.

Ihre Mühe hatte sich gelohnt.

Ich erzähle dazu ein Beispiel aus den Fünfzigerjahren, nach dem Ende des schrecklichen Zweiten Weltkrieges.

Ich erzähle es so, wie es mir der Artist Charly Jahre später selbst erzählte. Und obwohl es für ihn schon lange zurücklag, klang es aus seinem Mund so frisch, als hätte er es erst gestern erlebt. So nachhaltig war es für ihn.

Charly, ein Jongleur, saß in Leipzig in einem eiskalten Zimmer, in Decken gehüllt, trotzdem frierend.

Aus dem Krieg war er nach jahrelanger Gefangenschaft als kranker Mann zurückgekehrt, aber glücklich darüber, wenigstens seine Familie – Frau und zwei Kinder – wiedergefunden zu haben.

In drei Wochen würde das Weihnachtsfest gefeiert werden. Aber es fehlte alles, was zu einem Fest gehört.

Wenigstens satt essen sollten sich seine Kinder in diesen Tagen. Aber dazu hätte er mehr Geld verdienen müssen, und das war schwer. Wer bezahlte in solchen Notzeiten schon die brotlose Kunst eines Jongleurs? Er erfuhr von Kollegen, dass in Leipzig, in einem am Stadtrand gelegenen Gasthofsaal, Unterhaltungsprogramme für russische Offiziere angeboten wurden.

Charly fuhr hin, arbeitete vor und wurde engagiert. Er verdiente dabei nicht viel, aber es würde wenigstens zum Weiterleben reichen.

Sein ›Hotelzimmer‹ für diese Zeit bezog er in einem zur Hälfte zerbombten Haus im Stadtzentrum. Ringsum gab es nur Trümmer.

Charly saß frierend und hungernd mit trüben Gedanken am Tisch. Obwohl draußen heller Tag war, blieb das Zimmer immer düster. Die zerbrochenen Fensterscheiben waren durch Pappen ersetzt, und das einzige noch übrig gebliebene Stück Glas war verschmutzt.

Charly zog seine warme Joppe an und ging nach draußen. Er hielt es im Zimmer nicht mehr aus. Er brauchte Bewegung.

Kaum hatte er sich ein paar Schritte vom Haus entfernt, da lag vor seinen Füßen eine braune, reichlich zerfledderte Brieftasche. Er hob sie auf, sah sich um, ob ihn jemand beobachtet hatte, steckte sie ein und kehrte in sein Zimmer zurück. Erst dort öffnete er das Fundstück.

Die Brieftasche enthielt zwei Rentenausweise, aus denen er die Namen, Anschriften und Geburtsdaten der Eigentümer ablesen konnte. Es handelte sich um ein Ehepaar, er achtzig Jahre, sie achtundsiebzig Jahre. Außer den Papieren fand er in der Brieftasche 455 Mark.

Charly konnte sein Glück nicht fassen. Mit einem Mal hatte die Welt für ihn ein freundliches Gesicht bekommen.

Jetzt reichte sein Geld nicht nur zum Überleben. Nein, jetzt konnte er sogar Geschenke für seine Frau und seine Kinder besorgen. Es würde ein herrliches Weihnachtsfest geben!

Dachte er denn gar nicht an die beiden alten Leute, die der Verlust in allergrößte Not und Gefahr brachte?

Nein. Der Krieg hatte ihn hart gemacht. Das Mitleid

war mit den vielen Kameraden, die um ihn herum von Granaten zerfetzt wurden, gestorben. Jeder war sich selbst der Nächste. Mitleidige Gefühle brachten höchstens das eigene Leben in Gefahr.

Für Charly zählte nur: »Ich habe Geld, viel Geld!«

Kaum hatte er die Brieftasche im Schrank versteckt, klopfte es, und die Zimmerwirtin stand in der Tür.

»Hier bringe ich Ihnen einen Brief.«

Nanu. Wer, außer seiner Frau, wusste denn, wo er sich aufhielt?

Ich wusste es. Kollegen hatten es mir erzählt. Ich kannte damals erst wenige Artisten persönlich. Aber das spielte ja keine Rolle. Den Weihnachtsgruß sollten sie alle bekommen. Von Charly besaß ich ein Foto.

Der überraschte Mann drehte den Brief um und um. Er war tatsächlich an ihn adressiert. Absender: ›Evangelische Artistenmission Radebeul – Gerhard Fischer.‹ Nie gehört.

Er öffnete den Brief und las.

»… Als aber erschien die Freundlichkeit und Menschenliebe Gottes, unseres Heilandes, machte ER uns selig – nach SEINER Barmherzigkeit – durch JESUS CRISTUS, unseren Heiland, damit wir durch dessen Gnade Erben des ewigen Lebens würden« (Titus 3).

Was soll der Quatsch? Ein frommer Brief! Gott? Charly konnte nur ungläubig seinen Kopf schütteln.

Gott? In diesem grauenvollen Krieg und seinen nachträglichen Qualen gab es ihn nicht. Und wenn es ihn geben sollte, dann hatte er sich in seinen sicheren Himmelsbunker zurückgezogen, weit weg von der grässlichen Erde – unerreichbar.

Freilich, als Charly im Krieg Todesängste ausstand, da

hatte er zu Gott gebetet. Aber als alles für ihn einigermaßen glimpflich abgegangen war, hatte er diesen Umstand einem ›gnädigen Schicksal‹ zugeschrieben.

Charly las den Brief nicht weiter. Er legte ihn beiseite, ging hinaus und besorgte sich etwas zu essen.

Kaum betrat er sein Zimmer wieder, ärgerte er sich erneut über den Brief.

Der sah ja eigentlich ganz freundlich aus. Dennoch, er passte nicht hierher, und heute gleich gar nicht. Heute hatte ihm das Schicksal viel Geld in die Hände gespielt. **Das** zählte!

Es war zum Verrücktwerden. Der Brief zog ihn magisch an. Er las darin.

›O du fröhliche, o du selige, gnadenbringende Weihnachtszeit.‹ Es klang wie ein Hohn.

Freilich, wenn er das Geld seinen Eigentümern zurückbrächte, würden die gewiss jubeln und ein fröhliches Fest feiern. Dafür müsste seine Familie auf alle Freude verzichten. Charly haute mit der Faust auf den Tisch.

»Das ist jetzt **mein** Geld, und damit kann ich machen, was ich will!«

Die Stunden bis zum Abend verrannen nur langsam. Wenn doch nur dieser Brief nicht gekommen wäre. Dann hätte er sich seiner ungetrübten Freude über den Fund vom Vormittag hingeben können. Der Brief aber wirkte wie ein Stachel.

Eigentlich war es ein schöner Brief, in sauberer Handschrift, mit gemalten Tannenzweigen und Kerzen verziert, dazu der schöne Stern in Gold und Rot, mit einem Faden versehen, so dass er ihn an der Zimmerlampe aufhängen konnte.

»Also ist die Liebe doch noch nicht völlig ausgestorben. Es geben sich Menschen viel Mühe, anderen Freude zu bereiten, obwohl sie sie gar nicht kennen.«

Charly dachte: »Wenn der Schreiber wüsste, dass der Empfänger ein Dieb ist, der eine gefundene Brieftasche nicht zurückgibt, hätte er mir gewiss nicht geschrieben.«

Der Brief weckte in ihm etwas, von dem er glaubte, dass es längst tot sei: sein Gewissen.

Nein, jetzt nur nicht schwach werden. Sentimentalitäten darf man sich heutzutage nicht leisten. Das Geld gehörte **ihm**, ihm **allein**!

Der Brief lag noch immer offen vor ihm. ›Es ist der Herr Christ, unser Gott; der will euch führn aus aller Not. ER will euer Heiland selber sein; von allen Sünden machen rein.‹

Von allen »Sünden«! Sind die 455 Mark gestohlen? Ist er ein Dieb?

»Lass mich in Ruhe, Gott! Lass mich in Ruhe!«

Charly erschrak. Das war ein **Gebet**.

Glaubte er vielleicht doch an Gott oder hatte er es nur so dahingeredet?

Jetzt musste er erst einmal zu seinem Auftritt fahren. Er ging zur Straßenbahn.

Spät in der Nacht kam er in sein Zimmer zurück – unzufrieden mit sich selbst. Er hatte sich heute bei seiner Arbeit schlecht konzentrieren können. Mehrmals war ihm ein Ball heruntergefallen. Das war ärgerlich. Schuld war nur dieser dumme Brief.

Im Zimmer angekommen, griff er im Schrank zwischen seine Hemden. Die Brieftasche war noch da.

»Gott sei Dank!«

War das nicht schon wieder ein Gebet?

Warum nur redete er ständig mit Gott, von dem er doch offensichtlich gar nichts wollte?

Er nahm das Geld und zählte es, aber er zählte es nicht mehr mit der ersten Freude nach dem Fund.

Er legte es in den Schrank zurück und ging schlafen. Ehe er das Licht löschte, griff er noch einmal nach dem Brief.

SIEHE, ICH VERKÜNDIGE EUCH GROSSE FREUDE, DIE ALLEM VOLK WIDERFAHREN WIRD; DENN EUCH IST HEUTE DER HEILAND GEBOREN (Lukas 2,10+11).

Freude? Wo könnte die wohl herkommen? Auf keinen Fall aus der Erde, die stinkt vor Wahnsinn und tropft von Blut.

›ER ist die rechte Freudensonn, bringt mit sich lauter Freud und Wonn.‹

Dieser Satz stand nicht im Brief. Er hatte ihn als Kind in der Sonntagsschule gelernt. Jetzt fiel er ihm wieder ein. ER ist die rechte Freudensonn. Also Gott. Vielleicht sollte er doch wieder einmal echt mit GOTT reden?

Charly versuchte es mit einem Abendgebet, aber ihm fiel nichts ein.

»Kein Wunder«, dachte er, »von einem so miesen Menschen, wie ich einer bin, will Gott nicht angesprochen werden.«

So schlief er ein.

Am nächsten Tag wachte er spät auf. Draußen schien die Sonne, aber in seinem Zimmer merkte er nichts davon, weil die Fenster vernagelt bzw. verdreckt waren. Er stand auf, nahm ein Taschentuch und wischte über die verkrustete Restscheibe. Da fiel ein Sonnenstrahl ins Zimmer, direkt auf den Tisch, neben den Brief.

Charly erzählte: »In dem Augenblick begriff ich die gute Nachricht Gottes. Gott kommt als Fensterputzer, als Müllkutscher und Lumpenhändler, als Arzt und Krankenschwester in unsere Welt. Er sorgt für Licht in unserem Leben. ER versteht die Kunst, Stroh in Gold und Bosheit in Liebe zu verwandeln. Erst muss der Dreck fort, dann wird es hell, warm und freundlich. Plötzlich konnte ich beten. ›Gott im Himmel! Ich will so gern deine Weihnachtsfreude haben, heute und für immer. Nimm den Dreck aus meinem Leben fort. Vergib mir meine Sünde.‹

Nach dem Gebet wusste ich, was ich zu tun hatte. Aller Widerstand in mir war wie ausgelöscht. Ich zog mich an, steckte die Brieftasche ein, kaute eine Scheibe trockenes Brot und machte mich auf den Weg zu dem alten Ehepaar. Das Haus fand ich schnell. Ich klingelte. Der Mann öffnete mir.

›Vermissen Sie eine Brieftasche?‹

›Haben Sie sie gefunden?‹

›Ja.‹

Ein Leuchten glitt über das Gesicht des Mannes, wie der Sonnenstrahl in meinem Zimmer.

›Ella, Ella! Ein herzensguter Mann ist hier und bringt uns unser Geld zurück, das ich verloren habe; ein ehrlicher Mann, o Ella, alles wird gut – alles wird gut.‹

Sie zogen mich in ihre Küche. Ich legte die Brieftasche auf den Tisch, entnahm ihr das Geld und zählte es vor ihnen auf.

›Es fehlt nichts. Bitte zählen Sie nach.‹

›O nein. Das glauben wir Ihnen auch so. Sie sind ein ehrlicher Mensch. Nehmen Sie sich die Hälfte als Finderlohn. Mit dem Rest können wir leben. Wir sind ja so glücklich.‹

›Nennen Sie mich nicht einen guten und ehrlichen Mann. Der bin ich nicht. Ich wollte das Geld **für mich** behalten. Dass ich es mir anders überlegt habe, verdanken Sie Gott. Er hat mir gehörig dazwischengefunkt.‹

Ich erzählte ihnen alles – von dem Brief, von meinem Ärger und dem Kampf meiner Seele, von dem freigewischten Fensterglas und dem Sonnenstrahl.

»Ihr Geld und dieser Brief haben mein Leben in Ordnung gebracht. Ich habe Gott wiedergefunden.«

Als ich ihnen das gesagt hatte, fühlte ich mich, als würde ich bei großer Hitze kopfüber in frisches Wasser eintauchen, so viel Freude umgab und erfüllte mich.«

Charly nahm darum auch keine Mark Finderlohn von den alten Leuten an, obwohl sie ihn sehr darum baten. Für ihn hatte sich die Angelegenheit längst bezahlt gemacht, mit Werten, die für Geld sowieso nicht zu haben sind.

Aber wie das bei Gott oft so geht, er fügte der Geschichte noch ein Kapitel hinzu.

Am 23. Dezember fuhr Charly zu seinem letzten Auftritt vor Weihnachten in den Gasthofsaal.

Am Ende kam ein Offizier hinter die Bühne und zahlte den Artisten ihre Gage aus.

Zu Charly sagte er: »Ihr Schauspiel (damit meinte er die fröhliche Jongleurdarbietung) hat uns sehr gespaßt. Darum hier für Sie eine Sondergeld.«

Eintausend Mark! Mehr als das Doppelte aus der Brieftasche.

Kein Wunder, dass der Beter im Psalm 147 von Gott sagt: »Er ist mir **unbegreiflich.**«

Und Jochen Klepper singt in seinem Adventslied: »Als wollte ER **belohnen**, so richtet Gott die Welt.«

Lydia – die Super-Frau

Zirkus PROBST gastierte in Ungarn. Dort war es so heiß, dass mein Kassettenrekorder im Auto schmolz. Alle Wohnwagentüren standen weit offen, die Fenster ebenfalls.

Lydia, eine Super-Frau – fleißig, geschickt, freundlich, bescheiden –, hatte im Küchenwagen – einem Tieflader mit sehr breiter Seitentür – das Affenfrühstück fertig gemacht: Marmeladenbrötchen.

Jessy, die Jungelefantendame lief auf dem Platz spazieren. Sie war der absolute Hit des Zirkus. Ob sie es nun zuerst mit ihren Äuglein erspähte oder mit ihrer Nase erroch, ich weiß es nicht. Auf jeden Fall blieb sie vor dem Küchenwagen stehen, nahm Maß und zwängte sich durch die Tür.

Lydia erstarrte beim Anblick dieses Tischgastes. Sie schrie um Hilfe.

Inzwischen langte JESSY mit ihrem Rüssel nach den appetitlichen süßen Brötchen.

Das Erste dieser Sorte wanderte vom Rüssel ins Maul. Mmmmmm, lecker, lecker!

JESSY wusste, was sich gehört. Sie bedankte sich bei Lydia, die sich voller Angst in die äußerste Ecke verzogen hatte, indem sie ihr mit dem Rüssel liebevoll das Gesicht streichelte. Es folgte Brötchen Nummer zwei, auch wieder mit dem entsprechenden Dankeschön, und so ging es fort, bis alle 26 Brötchen verzehrt waren.

Vor dem Wagen hatte sich inzwischen die halbe Belegschaft versammelt. Hilfe war hier nicht von Nöten. Lydia wurde nicht bedroht, dafür aber liebevoll verwöhnt.

Als die Brötchen verzehrt waren und Lydia zum Abschluss eine besonders intensive Liebkosung erfahren hatte, legte JESSY den Rückwärtsgang ein und verließ den Küchenwagen.

Die Belegschaft sparte nicht mit dem Applaus.

Ich bin mir nicht sicher, wem dieser galt: JESSY oder Lydia? Sie hatten ihn beide verdient.

So heiter diese Geschichte ist, so traurig endete die Saison. Als Zirkus PROBST aus Ungarn zurückkam, sperrte man den Direktor ins Gefängnis.

Ihm wurde monatelang ein ›fairer DDR-Prozess‹ gemacht und nachgewiesen, dass er dem sozialistischen Staat schweren wirtschaftlichen Schaden zufügte. Er hatte von dem mit seinem Zirkus im Ausland verdienten Geld eingekauft, zum Beispiel JESSY, zum Beispiel Autoreifen, zum Beispiel ein Drahtseil, zum Beispiel Heu für die Pferde.

Aber JESSY war ein Elefant, und ein solches Tier durfte von keinem Privatzirkus besessen werden. Das war ein ungeschriebenes Gesetz.

Und Autoreifen? Da bot ihm der DDR-Handel jährlich drei bis fünf Stück an. PROBST brauchte für seinen Fuhrpark aber 200. In Ungarn war alles reichlich zu haben. Er nutzte die Chance im Freundesland und wurde zum ›Wirtschaftsverbrecher‹, dem man dafür alles, alles wegnahm. Nein, sein bescheidenes Wohnhaus ließ man ihm. Wie freundlich!

JESSY wurde abgeholt und in den Magdeburger

Zoo gebracht. Dort konnte sie als Eigentum der Stadt Magdeburg besichtigt werden. Die DDR ist Vergangenheit.

Aber sie hat bei Familie Probst und vielen ›Reisenden‹ schlimme Spuren hinterlassen.

Trotzdem: PROBSTs Plakate kleben wieder bunt und attraktiv an unseren Litfasssäulen.

›MANEGE FREI!‹

Nochmals Lydia. Sie war nicht nur eine Super-Frau, sondern zugleich ein Super-Schelm.

Sie rächte sich an allen, die sich auf ihre Kosten amüsiert hatten.

»Herr Fischer, haben Sie Appetit auf eine Scheibe Brot mit ganz vorzüglichem Paprika?«

Wir reisten ja in Ungarn. Da gibt es die unterschiedlichsten Paprikasorten, die tatsächlich sehr gut schmeckten. Ein Butterbrot mit Paprika belegt ist eine Köstlichkeit, allerdings **nicht jede** Sorte.

Da es ohnehin bald Abendbrotzeit war, ließ ich mich einladen und setzte mich zu ihr in die Küche. Es saßen schon andere da, die vor mir gegessen hatten und nun noch ein wenig schwatzten. (Denkste!!!)

Lydia servierte mir das Brot. Ich biss hinein und nahm einen ordentlichen Happen. Er schmeckte vorzüglich, sodass ich ihm gleich einen zweiten Happen nachschob. Weiter kam ich nicht. Mir spritzte das Wasser aus den Augen. Ich rang nach Luft, schrie nach »was zu trinken« und hatte den Eindruck, in Mund, Kehle, Magen und Gedärmen wüte ein Großfeuer.

Lydia hatte es nicht eilig, mir etwas zu trinken hinzustellen. Seelenruhig meinte sie: »Das geht bald vorüber, schneller als ein Elefant sechsundzwanzig Marmeladenbrötchen verspeist.«

Ich blieb sitzen, um die nächsten Opfer auch beobachten zu können. Aber mir soll noch einmal jemand sagen ›Rache sei süß‹. Von wegen.

Lydias Rache war scharf, schärfer, am schärfsten!

Denkwürdige Mahlzeiten

Hühnernudeln

Da wir gerade beim Essen sind, fällt mir noch **manches** ein. Ich besuchte einen kleinen Zigeunerzirkus. Die Mittagszeit war schon vorüber. Das Zelt wurde für die Nachmittagsvorstellung zurechtgemacht. Alle hatten zu tun.

»Herr Fischer, haben Sie schon gegessen?«

»Nein, habe ich nicht.«

»Dann gehen Sie in den Küchenwagen. Die Nudeln sind noch heiß. Bedienen Sie sich.«

Ich kannte mich aus, ging in die Küche, fand den Nudeltopf, doch als ich den Deckel öffnete, sah ich kaum Nudeln, dafür umso mehr Hühnerfleisch. Mir lief das Wasser im Mund zusammen.

Ich schöpfte einen Teller randvoll, dankte Gott, segnete den Zirkus mit allem Inventar und ließ es mir gut schmecken.

Zwei Polizisten kamen an die offene Küchentür. »Wir suchen den Chef.«

»Der ist irgendwo auf dem Platz. Fragen Sie mal da drüben.«

Sie hatten ihn gefunden, und er nahm sie mit in seinen Wagen, gleich neben der Küche. Da alle Fenster offen standen, konnte ich jedes Wort mithören.

»Die Spuren führen eindeutig in Ihren Zirkus.«

»Sie meinen die von den Hühnern? Na, die wollten vielleicht zu **unseren** Hühnern. Wir haben auch welche, die machen sogar in der Vorstellung mit. Die legen Eier auf Kommando. Aber unser Hahn lässt keine fremden Hühner zu unseren Hennen.«

»Nein, es handelt sich um keine Hühnerspuren, sondern um Federspuren.«

»Ach so, Hühnerfedern. Ja, die liegen bei uns immer mal rum. Der Hahn zaust seine vielen Weiber ordentlich durch. Schließlich muss er sich Respekt verschaffen.«

»Nein, es handelt sich um Hühnerfedern von den LPG-Hühnern.«

»Haben die goldene Federn, oder woran erkennen Sie, dass die Federn von den LPG-Hühnern sind? Außerdem, was interessieren uns diese fremden Hühner. Die können uns gestohlen bleiben.«

»Jawohl, gestohlen wurden sie. Der LPG-Vorsitzende behauptet, **Sie** hätten ihm etliche Hühner gestohlen.«

»Ich?«

»Na, Sie vielleicht nicht. Aber jemand aus Ihrem Zirkus.«

»Etliche? Wie viel sind denn das?«

»So fünf bis acht. Genau weiß er es selbst nicht.«

»**Das** weiß er nicht so genau. Aber dass **wir** ihm die Hühner gestohlen haben, das weiß er genau.«

»Jawohl.«

»Ich mache Ihnen einen Vorschlag. Wir gehen jetzt in unseren Küchenwagen und sehen in den Töpfen nach, ob da noch ein Rest vom Mittagessen übrig ist. Da können Sie sich selbst überzeugen, ob es bei uns Hühnerbraten gab.«

Mir wurde es ganz erbärmlich. Ist der Mann von Sinnen? Er weiß doch genau, dass ich hier sitze und Hühnernudeln verspeise, inzwischen den zweiten Teller, und der Topf war längst nicht leer. Das hat mir noch gefehlt, dass die Polizei den Pfarrer beim gestohlenen Hühnerschmaus ertappt.

Die Männer verließen den Wohnwagen.

Jetzt werden sie gleich zu mir in die Küche kommen.

»Meine Frau hat hier sozusagen unsere Großküche. Da wird für die halbe Belegschaft gekocht. Wenn Sie irgendwo an diesem Zirkus sinnvoll kontrollieren wollen, dann in **dieser** Küche.«

Mit diesem Wortschwall drängte er die Polizisten förmlich zu mir in den Wagen. Doch dahin wollten sie gar nicht.

»Wir suchen uns schon selbst aus, welchen Wagen und welche Kochtöpfe wir inspizieren. An **dieser** Küche haben wir jedenfalls kein Interesse.«

»Aber meine Herren, da machen Sie einen großen Fehler. Wenn sie die angeblich gestohlenen Hühner finden wollen, dann in **diesem** Wagen. In die anderen Wagen bringen Sie nur Unruhe. Die Kinder schlafen zur Mittagszeit. Meine Tochter ist froh, wenn sie mal ein bisschen Ruhe hat.«

»In welchem Wagen wohnt denn Ihre Tochter?«

»Na da drüben, in dem braunen. Aber bitte, bitte, gehen Sie dort nicht hinein. Sechs kleine Kinder schlafen da.«

»Doch, gerade in diesem Wagen würden wir uns die Kochtöpfe gern mal ansehen. Wir bleiben ganz leise. Die Kinder werden durch uns gewiss nicht wach.«

Der Schelm! Nachdem ich seine List durchschaut hatte, aß ich mit Appetit einen dritten Teller Hühnernudeln. (Pfui!)

Noch immer versuchte der Chef, die Polizisten von dem Wagen seiner Tochter abzubringen, um sie da auf alle Fälle hineinzulocken. Er hatte Erfolg.

»Wir wollen in **diesen** Wagen und **nur** in diesen Wagen!«

»O, sie machen unserer Tochter viele Unannehmlichkeiten. Maria, die Herren möchten gern nachsehen, was du heute Mittag gekocht hast.«

Maria hatte gar keine Kinder. Aber die Polizisten betraten auf Zehenspitzen den Wagen, gingen zum Herd, lüfteten mehrere Deckel, fanden einen Rest Krautwickel, Bratkartoffeln, Fisch und Bratensoße, aber von Hühnern fanden sie nichts. Sie verabschiedeten sich im Flüsterton und gingen davon.

Der Direktor kam zu mir in den Küchenwagen. »Hat es Ihnen geschmeckt?«

»Beinahe nicht mehr. Sie hatten die Hühner nicht gekauft.«

»Wie sollte ich! Sie als Pfarrer müssten es doch wissen, was in der Bibel steht. Unser Herrgott hat gesagt: ›In eure Hände gebe ich alles, was sich regt und lebt; es sei eure Speise‹ (1. Mose 9). Und ER hat nicht gesagt: ›Die Zigeuner dürfen sich nichts nehmen.‹

Wir tun kein Unrecht, wenn wir uns mal ein paar Hühner oder Karpfen holen. Durch uns ist noch niemand arm geworden. Arm werden aber viele durch die, die behaupten, es gehöre alles ihnen allein.«

Zigeunerlogik? Ich weiß es nicht.

Aber **das** weiß ich: Eher zwängt sich ein Kamel durch ein Nadelöhr, als dass ich diesem Zigeuner das Gefühl für Diebstahl hätte vermitteln können.

* * *

Ein Affe an meiner Seite

Ich besuchte einen Zauberkünstler und seine Frau, die seit einiger Zeit mit einem Zauberlehrling besonderer Gattung arbeiteten, einem Schimpansen.

Als ich das Ehepaar in seiner Wohnung begrüßt hatte, musste ich natürlich auch gleich das schöne Tier bewundern.

»Wir wollten gerade Kaffee trinken. Das werden wir auch tun, und Sie, als unser Gast, dürfen neben Bobby sitzen.«

Mir fiel gleich das Herz in die Hose bei dem Gedanken, dass das Vieh aus seinem Käfig geholt würde.

»O nein. Machen sie sich meinetwegen nicht so viele Umstände. Mir bekommt der Kaffee gar nicht.«

Schon war ich wieder auf der Flucht.

Aber das Ehepaar hatte einen eisernen Willen. Ich selbst durfte den Käfig öffnen und dem Affen einen ›GUTEN TAG‹ wünschen.

»Gib unserem Gast dein Händchen!«

›HÄNDCHEN‹ sagten sie zu der Riesenpfote. Er gab sie mir ganz artig. Ich tat, als wäre ich entzückt, ich Heuchler. Weder war ich entzückt, noch war ich tapfer.

Ich wünschte mich ans Ende der Welt. Aber ich sagte: »Ach, ist der brav. So ein liebes, schönes Tier. Den haben Sie wirklich gut im Griff.«

Bobby bekam seine Händchen, sein Gesicht und seinen Hintern gewaschen; ihm wurde eine Hose und ein Hemd übergezogen, dann nahm er neben mir Platz.

Vor sich hatte er einen Teller mit zwei Stück Kuchen, daneben eine Tasse Malzkaffee. Kaum dass er saß, wollte er natürlich über den Kuchen herfallen. Aber da erhielt er von Herrchen eine Rüge.

»Händchen!«

Das hieß: Pfoten auf den Tisch übereinander legen und warten. Der Affe beobachtete, was um ihn herum passiert. Seine besondere Aufmerksamkeit galt mir. Das war ja schließlich kein Wunder. Meine besondere Aufmerksamkeit galt seinem Gebiss.

»Guter Gott! Du hast Daniel in der Löwengrube bewahrt. Bitte wiederhole dieses Wunder jetzt um meinetwillen an dieser Kaffeetafel, auch wenn der Löwe ein Schimpanse ist.«

Herrchen nahm sich ein Stück Kuchen. Bobby durfte noch nicht; Frauchen durfte. Der Gast durfte auch. Der Affe beobachtete es neidvoll. Jetzt wird er mir gleich eine Ohrfeige geben, weil ich schon essen darf und er noch nicht. Aber der Affe zeigte mehr Geduld, als ich zu ihm Vertrauen hatte.

»Du darfst!«

Na endlich. Das erste Stück Kuchen verschwand zwischen den Zähnen. Das zweite sollte folgen. Da ertönte schon wieder Herrchens: »Händchen!«

Bobby sah mich von der Seite an, und sein Blick schien mir zu sagen: »Der spinnt.«

Kann ein Affe so viel Humor haben?

Vielleicht sind alle meine Ängste umsonst?

»Du darfst! Trink jetzt deinen Kaffee.«

Wieder schielte der Affe zu mir, schob seine Unterlippe nach vorn, zeigte mit seinem Finger auf meine Tasse, und ich gehorchte. Wir tranken gemeinsam.

Nein, nein, jeder trank natürlich aus seiner Tasse. Aber nach dem Trinken bewies mir der Affe seine Klugheit.

Auf dem Rückweg vom Tasseabstellen nahm er vom Teller das zweite Stück Kuchen gleich mit und ersparte damit seinem Herrchen überflüssige Kommandos.

Was soll ein Affe machen, wenn er aufgegessen hat? Er räumt den Tisch ab. Er zieht am Tischtuch, und schon fliegt alles davon, ... wenn Herrchen nicht wäre, denn er kennt seinen Bobby, und hält das Tuch fest.

Der Affe wendet sich erneut mir zu und legt mir seine ›Hand‹ auf meinen Arm. Als ich ihm daraufhin freundlich zugrinse, versucht er mit einem kühnen Satz auf meinen Schoß zu kommen. Mir blieb schon wieder das Herz stehen. Herrchen verhinderte das Schlimmste mit seiner Donnerstimme: »Händchen!«

Die Affenpfoten lagen übereinander auf dem Tisch. Die Affenaugen waren bei **mir**. Er kann seine Liebe nicht zügeln. So schnell, wie er handelt, kann ich nicht denken. Schon liegt mir sein Arm um meine Schultern. Ich verschlucke mich an dem Stück Kuchen, das ich gerade im Mund habe. Das ist gewiss mein Ende. Aber es war es noch nicht.

Herrchen wollte rauchen. Bobby durfte ihm die Zigarette anzünden, was er auch geschickt besorgte.

Bevor der Affe in seinen Käfig zurückgesperrt wurde, durfte er noch an einer aufgehängten Schürze durch die Küche schaukeln.

Endlich, endlich konnte ich aufatmen. Ohne körperlichen Schaden zu nehmen, hatte ich in Vorwegnahme paradiesischer Zustände mit einem Schimpansen Kaffee getrunken.

***

Ach, wie peinlich

Es war an einem sehr späten Sonntagvormittag, der sich fast schon Mittag nennen durfte.

Zielperson meines Hausbesuches war ein Mann, von Beruf Conférencier, ein großartiger Sprecher, der jedes Publikum begeisterte. Er war verheiratet, reiste aber meist allein. Seine Frau war wohl am Wohnort berufstätig.

Ich klingelte an seiner Haustür. Ich klingelte einmal. Dann wartete ich. Ich klingelte ein zweites Mal und wartete wieder. Da öffnete sich ein Fenster. Der Unterhaltungskünstler sah nach, wer zu Besuch kommt.

Ich bedeutete für ihn eine echte Überraschung. Wir waren uns schon in etlichen Garderoben begegnet, aber noch nie so privat. Seine Freude war echt.

Im Morgenmantel kam er an die Haustür, um mich einzulassen. (So vornehm wie heutzutage, mit Knopfdruck von oben und Summer unten war das damals noch nicht. Da wurde der Gast höchstpersönlich an der Haustür empfangen.)

»Ich bin heute Nacht sehr spät von einer Tournee zurückgekommen. Da haben wir länger geschlafen.«

Dafür brachte ich größtes Verständnis auf.

Oben angekommen, eilte seine Frau – in ein Badetuch gehüllt – gerade über den Flur.

»Ich komme gleich. Setzt euch inzwischen in die Küche. Wir werden gemütlich Kaffee trinken. Ich hoffe, unserem Gast ist das recht, wenn wir so leger bleiben. Die Stube ist sowieso noch unaufgeräumt.«

»Herrn Fischer stört so etwas nicht. Er passt zu uns. Endlich haben wir mal viel Zeit, um miteinander zu plaudern.«

Bis dahin fühlte ich mich sehr gesund und war bei bester Laune.

Zur Küche gehörte eine gemütliche Eckbank, zwei Stühle und ein Tisch im Stil alter Bauernmöbel. Stoffbezogene dicke Schaumkissen machten das Sitzen auf der Bank für mich bequem. Das Ehepaar platzierte sich auf den Stühlen.

Aufgebackene Brötchen, Butter, mehrere Sorten Marmelade, aber auch Wurst und Käse standen auf dem Tisch bereit. Jeder bediente sich mit dem, was ihm schmeckte. Es schmeckte mir vorzüglich. Daraus darfst du schlussfolgern, dass das Unheil noch nicht begonnen hatte.

Falsch! Es hatte längst begonnen, war aber von mir unbemerkt geblieben.

Unsere Unterhaltung war interessant und spannend. Die Zeit spielte keine Rolle.

In diese Gemütlichkeit hinein machte ich eine fürchterliche Entdeckung, die mich bis ins Mark hinein erschreckte. Ach was, das klingt viel zu harmlos. Erschrecken kann der, dem ein Hund aus hinterrücks das Hosenbein zerfetzt.

Mir aber war etwas **so** Entsetzliches passiert, dass mir die Worte fehlen, meinen Schreck zu formulieren.

Also kurz und gut: Es handelte sich um meine Hosen. Die waren **nass**. Sie tropften unter den Tisch. Dort hatte sich eine Pfütze gebildet.

Noch sah sie außer mir niemand. Aber der Augenblick musste kommen, in dem meine Schande auch meinen Gastgebern offenbar würde.

Ich wusste nicht, wie das passieren konnte. Weder hatten wir so sehr gelacht, noch hatte ich überhaupt das entsprechende Drängen verspürt. Es war völlig unbemerkt geschehen, während wir erzählten.

Ich musste es ihnen sagen. Mein Gesicht war puterrot. Wenn doch wenigstens **nur der Mann** am Tisch gesessen hätte oder die Frau einmal nach draußen gegangen wäre. Aber sie saß wie angewurzelt. Es gefiel ihr bei uns zwei Männern.

»So peinlich es mir ist, ich habe klatschnasse Hosen.«

Jetzt war es raus! Endlich!

Meinen beiden Gegenüber blieb der Bissen im Hals stecken. Sie sahen **sich** an. Sie sahen **mich** an. Die Frau wurde noch röter als ich und senkte ihren schönen Kopf. Der Mann schluckte erst einmal, dann noch einmal und noch einmal, bis sein Mund leer war. Dann platzte es heraus: »Ihre nassen Hosen verdanken Sie meiner Frau.«

In dem Augenblick begriff ich zum ersten Mal in meinem Leben die Redewendung: ›WIE VOR DEN KOPF GESCHLAGEN SEIN‹.

Fiel dem klugen Mann tatsächlich keine gescheitere Rede zu meiner Entschuldigung ein, als seine Frau vorzuschieben? Und kannst du mir vielleicht erklären, wie **sie** das angestellt haben soll, meine Hosen nass zu machen, während wir gemütlich Kaffee tranken?

Der Mann lachte schallend. Ich guckte verständnislos. Die Frau war dem Weinen nahe.

Als er wieder Luft bekam und reden konnte, erklärte er: »Sie haben natürlich nicht in die Hosen gemacht, sondern meine Frau hat gestern die Kissen gewaschen, auf denen Sie sitzen. Und weil die Bezüge trocken waren, meinte sie, das träfe auch auf die Polsterung der Kissen zu. Nun haben Sie mit Ihrem Gewicht das noch vorhandene Wasser aus dem Schaumgummi herausgedrückt und sitzen in einer Pfütze. Das ist die Lösung Ihres Malheurs.«

Die Frau besah sich den Schaden und entschuldigte sich so rührend, dass ich auf der Stelle alle Schrecken vergaß und ihr versicherte, das wäre überhaupt nicht schlimm und hätte mir gar nichts ausgemacht. Dass ich damit ihr zuliebe faustdick log, wusste sie von allein. Sie holte Wäsche und Hosen ihres Mannes. Ich zog mich um. Wir wechselten aus der Küche in die ›unaufgeräumte‹ Stube – der man keinerlei Unordnung ansah – und plauderten weiter, bis meine Hosen trocken waren.

Das dramatische Erlebnis machte uns füreinander so aufgeschlossen, dass wir uns noch intensiver als vorher unterhalten konnten. Manchmal sind eben auch nasse Hosen nötig, um Seelen für das Himmelreich zu interessieren.

Bekehrung

Was fällt dir ein, wenn du den Namen SEIFFEN hörst?

Das Spielzeugmuseum.

Richtig.

Die vielen Engel, Bergmänner, Nussknacker und Räuchermänner, die dort gedreht, gedrechselt und geschnitzt werden.

Auch richtig.

Und noch etwas?

Ja, natürlich – die Kurrende vor der Seiffener Kirche, die Schauwerkstatt, die Freilichtbühne und der Schwartenberg.

Mich verbindet mit Seiffen zusätzlich ein privates Erlebnis. In Seiffen hat Gott die Weiche für mein Leben gestellt. Die Kommunisten hatten mich aufs Abstellgleis geschoben. Es gab für mich keine Berufsausbildung. »Nazisöhne gehören mit ihren Vätern auf den Müll der Geschichte!«

Mein Freund Christoph wohnte in Seiffen. Er war fromm – jedenfalls damals.

Deutschland blutete noch immer aus ungezählten Nachkriegswunden. Adolf Hitlers ›HEIL‹ war als ›CHAOS‹ über uns hereingebrochen. Nachdenklich meinten einige Bürger: »Vielleicht sollte man doch wieder auf Gott hören – auf den alten Gott, auf den Gott unserer Vorfahren, auf den Gott der Bibel, auf den Gott von Weihnachten und Ostern! Denn: ›WENN DIE NOT AM GRÖSSTEN – IST GOTTES HILF AM NÄCHSTEN.‹«

Die Kirchen füllten sich – für eine kurze Zeit. Dann galt wieder der andere Spruch: ›IST DIE GRÖSSTE NOT VORBEI – IST AUCH GOTT MIR EINERLEI.‹

Das ist so, seitdem auf unserer Erde die Menschen Gott nicht mehr in die Augen sehen.

1948 gehörte noch zu den Hungerjahren. Hunger nach Brot. Hunger nach Gottes Hilfe. Christoph lud mich ein, nach Seiffen zu kommen. Dort würde eine Woche lang ein fremder Prediger in der Kirche zu uns jungen Leuten sprechen. Ich lehnte ab.

»Meinst du etwa, der hat für mich eine Lehrstelle?

Ich brauche keine frommen Sprüche. Die kenne ich schon alle. Ich brauche **Arbeit**!«

Christoph ließ nicht locker.

»Komm!«

»Ich komme nicht!«

Da kam Christoph zu mir nach Heidersdorf, um mich abzuholen.

»Na gut. Du sollst nicht sagen, ich sei unhöflich. Heute komme ich mit. Aber nur heute!«

Als wir die Seiffener Kirche betraten, war diese schon reichlich gefüllt. Mädchen und Jungen im Alter zwischen 14 und 25 Jahren saßen dicht gedrängt auf den Bänken.

»Komm. Hier unten sind noch zwei Plätze frei.«

»Spinnst du? Ich setze mich doch nicht hier unten hin. Ich gehe nach ganz oben, in den hintersten Winkel, wo mich keiner sieht und kennt. Ich weiß doch, was mich hier erwartet: ein ›SECHZIGMINUTENBIBEL-

SPRUCHTROMMELFEUER‹. Ich werde dir hinterher sagen, ob mir ein Spruch davon neu war.«

Du merkst, ich befand mich in einer kritischen Phase. Ich war sauer auf Gott.

Christoph kletterte mit mir nach oben. Der Prediger trat auf die Kanzel. Ich bezwang meine Neugier und sah nicht über die Brüstung, um wenigstens einmal seinen Kopf zu sehen. Seine Stimme klang nicht so unsympatisch, wie ich sie mir wünschte.

Schulanfänger brauchen ihre Finger zum Rechnen. Große Kinder verbinden mit jedem Finger ein Wort und merken sich auf diese Weise einen Satz.

Ich wollte mit meinen Fingern die Bibelsprüche zählen, die der Prediger auf uns niederregnen lassen würde.

Er nannte aber nur einen Bibelspruch – und den weiß ich nicht mehr. Also schaltete ich ganz ab.

Aber nach etwa 20 Minuten schaltete sich ungefragt Gott bei mir ein. Ich **musste** hören, ob ich wollte oder nicht. Und **was** bekam ich zu hören?

»Sicher sitzt in dieser Kirche heute Abend ein junger Mensch, der mit seinem Leben nichts anzufangen weiß, den der Krieg so geschüttelt hat, dass für ihn alles sinnlos geworden ist. Gott braucht dich! Gott ruft dich in seinen Dienst – als Diakon oder als Pfarrer. Mach Schluss mit deinen vergeblichen Versuchen, irgendwie auf die Beine zu kommen. Mach Schluss damit, auch vor Gott den Beleidigten zu spielen. **Dein Platz ist im Reich Gottes!**«

Ich dachte, ich hörte nicht recht.

»Christoph, hast du dem Kerl von mir erzählt?«

»Bist du verrückt? Ich sehe ihn heute auch zum ersten Mal.«

Als ich an diesem Abend durch den Wald von Seiffen nach Heidersdorf zurücklief, gab ich Gott meine Antwort auf seinen Ruf.

»ICH WERDE MORITZBURGER DIAKON.«

Eine glückliche Entscheidung – bis heute!

Werbewirksamer Bärenausbruch

Wenn einer mit dem Zirkus fährt, dann kommt er auch nach Seiffen. Und seitdem Zirkus ALBERTI dort gastierte, ist Seiffens Ortsgeschichte um eine Attraktion reicher geworden.

Wir reisten mit unseren Wagen zu sehr früher Stunde an. Die Masten für das Zelt wurden schon gestellt. Die Tiertransporte rückten ein. Jeder hatte zu tun, denn um 14.30 Uhr sollte die erste Vorstellung beginnen.

So blieb es zunächst unbemerkt, dass zwei unserer Braunbären spazieren gingen. Wie sie aus dem Käfig entkommen sind, konnte keiner erklären.

Die Straßen zu benutzen, war ihnen zu langweilig. Sie nahmen ihren Weg durch die Gärten, einem Vergnügungspark, wie für Bären geschaffen. Hier konnten sie Zäune übersteigen, Zaunlatten abreißen und zerbrechen, Bäume erklettern, Blumen pflücken, Möhren ernten, Schuppentüren einschlagen, Eimer ausschütten, Gießkannen zerbeulen, Gartenstühle umstoßen, Wäsche abnehmen, Wasserschläuche zerbeißen – kurz, hier konnten sie alles das tun, wozu man ihnen sonst keine Gelegenheit gab.

Aber ihr größtes Erlebnis hatten sie am Ende ihres Ausfluges. In einem Garten schnatterten elf Enten, Flugenten ausländischer Abstammung. Nur fliegen konnten sie nicht mehr, weil der Besitzer aus verständlichen Gründen ihre Flügel beschnitten hatte.

Die Bären freuten sich, auf ihrem Ausflug Spielgefährten gefunden zu haben. Sie schlugen ›HASCHE‹ vor.

Die Enten wollten keine Spielverderber sein. Sie verteilten sich in alle vier Himmelsrichtungen und gaben den Bären damit **die** Gelegenheit, ihre Ausdauer unter Beweis zu stellen.

Diese merkten schon bald, dass sie es nicht mit allen elf Enten gleichzeitig aufnehmen konnten. Also konzentrierte sich jeder Bär auf **eine** Ente. Die Gejagten gerieten so in Eifer, dass sie trotz gestutzter Flügel immerhin einen Meter in die Höhe flattern konnten. Das war unseren Teddys sehr willkommen. Da mussten sie sich nicht so oft bücken. Sie fingen die Enten aus der Luft weg und drückten sie herzhaft an ihre Brust. Sobald eine Ente auf diese Weise liebkost worden war, wollte sie nicht mehr mitspielen. Sie blieb einfach liegen, und der Bär suchte sich die nächste Spielgefährtin, bis sie alle elf im Garten verstreut und atemlos dalagen.

Als keine Ente mit den Bären mehr ›HASCHE‹ spielen wollte, stellten sich die Bären auf die neue Situation ein. Sie setzten sich auf den Rasen und begannen, die Enten zu rupfen, um ihnen mehr Luft zu verschaffen.

Da erschien der Eigentümer des Gartens und der Enten auf der Bildfläche. Der rang plötzlich auch nach Luft. Da wussten sich die Bären keinen anderen Rat, als in ein offen stehendes Waschhaus zu flüchten.

Mit Unschuldsmiene setzten sie sich neben Wannen und Zuber und warteten ab.

Sie mussten nicht lange warten. Der Entenvater war spornstreichs zum Direktor gelaufen und hatte dem mit glühenden Wangen das Verbrechen der Zirkusbären wütend an den Kopf geworfen.

Der ließ die Übeltäter heimholen und musste tief in seine Brieftasche greifen, um das fröhliche Spiel seiner Bären zu bezahlen. Dann riss der Besucherstrom gar nicht mehr ab. Unser Zirkusplatz glich plötzlich einer Müllhalde, weil jeder Besucher eine Kleinigkeit zum Vorzeigen mitbrachte.

Der Direktor blieb nobel. Er bezahlte Zäune, Gießkannen und Wasserschläuche.

Der Ausflug unserer Bären wurde zum Ortsgespräch, mit dem Erfolg, dass alle Seiffener die beiden Ausreißer in der Vorstellung bewundern wollten. Die drei Vorstellungen waren ausverkauft. Damit konnten alle Beteiligten zufrieden sein. Die Bären hatten ihr Vergnügen, die Geschädigten erhielten Ersatz, und der Zirkus erntete eine volle Kasse. Nur die Enten büßten ein. Sie hätten noch ein paar Wochen leben dürfen, ehe ihnen der Hals umgedreht werden sollte, um sie als Bratdelikatesse zu verspeisen.

Die Presse sorgte dafür, dass sich der Morgenspaziergang unserer Bären auch in den nächsten Gastspielorten herumsprach. Ausverkaufte Vorstellungen waren das gute Ergebnis.

***

Hin und wieder muss der Reklame ohnehin ein wenig nachgeholfen werden.

Ein Zirkus, bei dem im Frühling die neue Saison gar nicht gut anlaufen wollte, ließ in Meißen einfach einen (Schrott-)Wohnwagen über das Brückengeländer in die Elbe kippen. Was denkst du, was **das** für ein Aufsehen erregte!

Um zehn Uhr vormittags hatte sich ›der Unfall‹ ereignet. Um 10.30 Uhr erzählten sich die Leute im Triebischtal schon, dass in dem Wagen eine Zirkusfrau mit ihren vier Kindern beim Frühstück gesessen habe. Die Mutter und zwei Kinder sind ertrunken. Der Rest der Familie liege im Krankenhaus. Die Feuerwehren seien sogar von Dresden gekommen, um schnelle Hilfe zu bringen.

In Wirklichkeit schwammen die Bretter des Wracks davon. Das war alles. Aber ›der Spaß‹ brachte den gewünschten Kassenerfolg!

Die Löwen sind frei

Nicht weniger berühmt als der Bärenausflug in Seiffen wurde die Löwenjagd in Dingelstädt.

Du weißt nicht, wo das liegt? Die Stadt gehörte auf jeden Fall zur DDR und lag nahe der ›Staatsgrenze‹.

Zwei Vorstellungen wurden schon gespielt. Am darauf folgenden Tag war eine Nachmittagsvorstellung geplant – danach der Abbau.

Noch lag nächtliche Stille über der Stadt Dingelstädt. Am Horizont zeigte sich als heller Streifen der neue Tag.

Die Direktorentochter Cordula wurde als Erste munter. Aus dem Pferdestall drang Lärm. Sie sprang aus dem Bett, eilte aus dem Wohnwagen und rannte zu den Pferden. Ihr stockte der Atem. Der Löwe Nero hing einem Pferd am Hals und riss es nieder. Die fünfzehn Pferde im Stall zerrten in Todesängsten an ihren Ketten, schlugen mit den Hufen und ihr Wiehern klang wie Schreie. Der ganze Stall war in Aufruhr.

»Die Löwen sind frei!«

Cordula wagte sich mit einem Knüppel nahe an das Raubtier heran. Aber das wollte seine Beute nicht loslassen. Es hatte Blut geleckt, viel Blut. Das Pferd war nicht mehr zu retten. Aber die übrigen Pferde mussten heil bleiben.

Inzwischen war die ganze Belegschaft auf den Beinen. Der Raubtierwagen war von unbekannter Hand aufgebrochen worden. Drei Löwen waren fort. Einer von ihnen machte hier im Pferdestall seine Beute. Wo die beiden anderen abgeblieben waren, wusste vorläufig keiner.

Es war Vorsicht geboten.

Der Pferdekiller zog sich zurück, raste über den Platz, durch das Zirkuszelt, unter die Wohnwagen, und war plötzlich verschwunden.

Ein Mann kam auf den Zirkus zugerannt.

»Ein Löwe von euch sitzt auf der Straße – ungefähr zweihundert Meter vor dem Bahnhof. Wir müssen zum Zug, aber wir trauen uns nicht an dem Tier vorbei.«

Cordula sprang ins Auto.

»Steigen Sie ein. Ich fahre Sie hin.«

Unterwegs trafen sie noch mehr Arbeiter, die zum Bahnhof wollten.

Die wussten noch nichts von dem Straßenlöwen. Cordula hielt an.

»Hier können Sie nicht weiterlaufen. Auf der Straße sitzt ein Löwe. Steigen Sie ein. Ich fahre Sie zum Bahnhof.«

Die Angesprochenen starrten Cordula entgeistert an, die im Nachthemd am Steuer saß und von einem Löwen fantasierte. Sie musste verrückt sein. Sie flohen, rannten los – bis sie den Löwen sitzen sahen.

Cordula fuhr mehrfach zum Bahnhof, bis sie alle Werktätigen sicher zum Zug gebracht hatte.

Der Löwe saß noch immer auf seinem Platz. Es gab für ihn ja auch eine Menge zu sehen. Er war nicht der Gesuchte aus dem Pferdestall. Dieser Löwe hier hörte auf den Namen Felix. Cordula fuhr bis auf zwanzig Meter an das Tier heran, stieg aus und ging auf Felix zu. Ganz ruhig redete sie dabei das Tier an. Die Leute drückten sich an den Fensterscheiben ihre Nasen platt, denn trotz der frühen Stunde hatten es nun doch viele bis in ihre Träume hinein gehört: »Die Zirkuslöwen sind los.«

Niemand hatte es gefilmt. Schade. Das Mädchen im Nachthemd saß auf der Straße neben dem Löwen Felix und streichelte ihm seine Mähne. Zur DDR-Zeit hätten wir gesagt: ›Das gibt's in keinem Russenfilm!‹ Und das sagten wir immer dann, wenn etwas ganz Unglaubliches passiert war.

Inzwischen hatte auch die Polizei Wind bekommen. Sie rückte an – bis auf hundert Meter Abstand zum Raubtier. Ihre Waffen hielten sie schussbereit.

»Den knallen wir nieder. Dann herrscht wieder Ruhe und Ordnung in unserer Stadt.«

Cordula legte sich in ihrer ganzen Länge auf Felix.

»Den erschießen Sie nicht. Er ist dressiert. Solange ich bei ihm bin, passiert hier keinem etwas.«

»Wir schießen!«

»Dann müssen Sie mich erschießen. Ich gehe hier nicht weg!«

Männer vom Zirkus brachten eine Kiste und schoben sie auf Cordulas Anweisungen hin immer näher an den Löwen heran.

Als noch etwa zehn Meter fehlten, stand Cordula auf, griff dem Löwen in seine Mähne und redete weiter ganz ruhig auf ihn ein: »Komm, Felix. Wir gehen heim.«

Das Tier folgte ihr aufs Wort, obwohl sie nicht der Dompteur dieser Raubtiergruppe war. Aber Zirkusblut floss in ihren Adern, seit – na, sagen wir mal – seit kurz nach Urmutter Evas Tagen.

Die Polizei kam trotzdem noch zu ihrem Schuss. Der dritte Löwe hatte eine Kuhherde entdeckt und war dabei, die sozialistische Landwirtschaft zu sabotieren. Da schossen sie ihn nieder.

Niemand wusste, wo der Löwe Nero nach seiner Flucht aus dem Pferdestall geblieben war.

Cordula kam mit dem Auto zum Zirkusplatz zurück. Ihre Mutter ermahnte sie: »Zieh dir erst einmal etwas an!«

Cordula betrat ihren noch offen stehenden Wagen. Doch was sie in ihm zu sehen bekam, haut nicht nur den stärksten Neger um, sondern auch Cordula. In ihrem Bett lag der gesuchte Löwe Nero. Bett und Matratze waren zerfetzt, blutverschmiert auch der Teppich – ein grausliches Bild. Nero riss seine mitgebrachte Pferdefleischbeute gierig hin und her. Seine Augen waren blutunterlaufen. Wer ihn jetzt störte, wurde zerrissen.

Hätte Cordula nicht in Sekundenschnelle reagiert, wäre sie das nächste Opfer dieses Raubtieres geworden.

Der Löwe sprang vom Bett aus pfeilschnell auf Cordula los. Sie aber rettete sich genauso blitzartig mit einem Rückwärtssprung durch die noch offene Tür.

In demselben Augenblick, in dem sie die Tür zuschlug, war auch Nero da und krachte mit seinem ganzen Körpergewicht dagegen. Cordula hielt, mit ihrem Rücken gegen die Tür gestemmt, dem Druck stand. Abschließen konnte sie nicht; der Schlüssel steckte von innen.

»Baut ein Gitter vor das offene Fenster! Schnell!!!« Der Löwe sprang mehrfach gegen die Tür. Zum Glück war sie so stabil, dass sie dem wütenden Tier standhielt.

Inzwischen war vor dem Fenster ein Notkäfig errichtet worden. Cordula ließ sich einen Knüppel geben. Sie wartete einen günstigen Augenblick ab, in dem sie vermutete, dass das wütende Tier zum neuen Sprung ansetzte. Sie riss die Tür auf und überraschte Nero durch ihr plötzliches

Erscheinen und eine Kommandostimme, die glatt eine feindliche Kompanie Soldaten in die Flucht geschlagen hätte. Der Löwe flüchtete durch das offene Fenster ... und war gefangen.

Cordula bekam ein neues Bett, einen neuen Teppich und ein neues Nachthemd.

Als ich nach diesem aufregenden Tag im Bett lag und das Erlebte noch einmal überdachte, wünschte ich mir, der Teufel würde sich an den Apostel Petrus halten (1. Petrus 5,8) und als brüllender Löwe umherstreifen. Da wären wir doch gewarnt und wüssten: »Ich bin dabei, eine Torheit zu begehen – eine Sünde.«

Frierst du? – Ich dachte nur, weil du so zitterst. So, so. Du hast dir vorgestellt, wie das wäre, wenn der Teufel als brüllender Löwe käme.

Es könnte sein, du liegst am Morgen ganz friedlich im Bett. Der Wecker hat gerade geklingelt. Du bedenkst den Tag und erinnerst dich, dass heute so viel zu tun ist, dass du es gewiss nicht schaffst. Ein Blick aus dem Fenster genügt, um dich noch vollends aus der Fassung zu bringen. Es schneit. Sorgen schleichen sich in dein Herz. Und schon brüllt der Löwe und setzt zum Sprung an. Was hilft jetzt noch? Mit dem Kopf unter die Bettdecke verschwinden? Seine Krallen legen alles bloß. Ausreißen? Schade um den Versuch. Es bleibt nur ein einziger Augenblick. Mache es wie Cordula, springe durch die ›Tür‹ und schlage sie dem Raubtier Teufel vor den Schädel.

»ICH BIN DIE TÜR«, sagte JESUS, und vor SEINEM Namen zieht der Teufel den Schwanz ein (den er gar nicht hat). Denn wenn er auch sonst vor nichts und niemandem Respekt hat, vor JESUS flieht er. Das Kreuz auf Golgatha vor den Toren Jerusalems bleibt ihm unvergesslich, und das leere Grab dazu.

Erschiene der Teufel als brüllender Löwe auf unserer Bildfläche, kämen wir uns vor wie bei einem Löwenmeeting in Afrika. Von allen Seiten würde das Biest uns anbrüllen, und wir wären gewarnt! **Achtung! Lebensgefahr!**

Du willst einem Kunden gerade erzählen, dass die Reparatur sehr aufwendig und darum auch entsprechend teuer ist. Da brüllt der Löwe und du merkst, dass du lügst, um mehr Gewinn herauszuschlagen.

Oder du stehst am Kiosk und genießt die verträumten Augen, den wohlgeformten Busen und die langen, schlanken Beine des Super-Models, da brüllt der Löwe und du merkst, dass sich deine Fantasie einen Ehebruch leistet.

Ein solch **brüllender Löwe** wäre ein Segen für die Menschheit. Denn welcher Mann, welche Frau, möchte sich auf diese Weise ums Leben bringen? Wir wären gewarnt.

Der Name JESUS würde von früh bis spät laut gepriesen. Der Teufel bekäme diese entscheidende und uns Menschenkinder bewahrende ›TÜR‹ so oft vor den Kopf geschlagen, dass er die Erde als Hölle erlebt.

Darum hält er es lieber mit 2. Korinther 11,14. Er verstellt sich als »Engel des Lichts«.

Die Bibel kennt er besser als unsereiner. Was der Teufel z. B. aus Weihnachten gemacht hat, ist eine Meisterleistung. Glitzer, Glanz und Gloria lassen vergessen, dass die Welt – und die sind wir – verloren ist.

Dass Gott selbst zu unserer Rettung Mensch wird, grölt uns Satan so lange aus ungezählten Lautsprechern in die Ohren, bis wir es nicht mehr hören.

»CHRIST DER RETTER« verschwindet nach teuren und stressigen Weihnachtstagen, im Karton sorgsam verpackt, auf dem Dachboden – bis zum Wiedersehen im nächsten Jahr. So ist ER für Satan keine Gefahr – aber für uns auch keine Rettung!

Darum durchstreift der Teufel die Weltbühne lieber im Gewand eines Engels des Lichts statt unter der schwitzigen Perücke eines brüllenden Löwen.

Solange der Name JESUS in Kraft ist – und das bleibt er bis in Ewigkeit –, haben wir festen Grund unter den Füßen, auch dann, wenn wir wanken und zittern.

Das Jesuswort aus dem Johannesevangelium, das ich vorhin nannte, (10,9): »ICH BIN DIE TÜR« – hat eine Fortsetzung: »WER DURCH MICH HINDURCHGEHT, WIRD GERETTET«! Alles klar?

Der Teufel selbst weiß am besten, wie wahr das ist. Man schlage einmal in der Bibel nach, z. B. in der Apostelgeschichte 16,16-18 oder auch bei Markus 16,17+18.

… nur keine Spritzen

Dompteure müssen nicht nur Mut haben, sondern auch das nötige Geschick, den Tieren etwas beizubringen. Der Dompteur muss jedes Tier genau kennen. Deshalb trifft man ihn auch sehr oft am Tag am Raubtierwagen an. Er steht und beobachtet seine Tiere. Das ist genauso wichtig wie die Proben im Zentralkäfig. Und außerdem muss er die Darbietung dem Publikum **charmant** verkaufen können.

Wir haben nicht nur tolle Männer im Raubtierkäfig kennen gelernt, sondern auch ebensolche Frauen.

Ein Dompteur baute in seine gemischte Raubtiergruppe einen Wolf und ein Lamm ein. Die beiden mussten nicht nur nebeneinander stehen, sondern auch miteinander arbeiten. Ich habe dem Lamm nie den Puls gefühlt; dem Wolf aber auch nicht!

Die Augen des Dompteurs – nicht seine Peitsche – hielten den Wolf in Schach und schützten das Lamm. Schon wenn der Dompteur den Käfig betrat, zog der Wolf den Schwanz ein. Ich denke fast, der Wolf hätte es sich unter dieser Diktatur sogar gefallen lassen, wenn ihm zusätzlich auf die Schnauze eine Taube gesetzt worden wäre.

Denselben Dompteur erlebten wir eines Tages vor Angst zitternd. Nein, nicht im Raubtierkäfig.

Wovor kann ein Dompteur wie dieser, der furchtlos seinen Kopf in einen Löwenrachen schiebt und dabei seine Arme weit von sich streckt – wovor kann ein solcher Mann so große Angst haben?

Dreimal darfst du raten.

Vor einer Spinne? Aber nein doch!

Vor einer Frau? Ach, die Frauen hat er alle sehr geliebt.

Vor dem Zahnarzt? Jetzt kommst du der Wahrheit schon etwas näher.

Es passierte in Marienberg, im schönen Erzgebirge. Ich hatte mir vorgenommen, den Dompteur während der Abendvorstellung bei seinem Kopftrick mit dem Teleobjektiv zu fotografieren.

Als ich in unserem Wagen an der Musik hörte, dass die Raubtiernummer lief, machte ich mich mit meinem Apparat auf den Weg ins Zelt, suchte mir im zweiten Rang ganz oben einen günstigen Platz und richtete meine Kamera auf den Dompteur.

Die Leute um mich herum sahen mich grimmig an. Warum wohl? Ich störte sie doch nicht. Ich war zur Aufnahme bereit. Der Kopftrick musste gleich kommen.

Es war so weit; und da – jetzt erst, beim genauen Hinsehen, entdeckte ich, dass er blutete.

Am linken Arm hing ihm das Fleisch in Fetzen von der Schulter bis unter den Ellenbogen.

Darum also waren die Leute um mich herum so aufgebracht. Sie meinten, ich wolle mir mit einem Sensationsfoto eine goldene Nase verdienen.

Der Dompteur versuchte, mit beiden Händen dem Löwen den Rachen zu öffnen, um seinen Kopf hineinzulegen. Aber der Löwe drehte sich zur Seite, als würde er sich vor dem Blut ekeln. Das war eine völlig unübliche

Reaktion, aber für den mutigen Mann, der die Darbietung trotz seiner schweren Verletzung zu Ende bringen wollte, sein Glück.

Er jagte die Tiere durch den Käfiggang nach draußen, verbeugte sich mehrfach vor dem aufgeregten Publikum und verließ das Zelt.

Inzwischen war ich in unseren Wagen geeilt, um meine Frau zu holen.

»Nimm große Handtücher mit. Die Löwen haben Carlo halb aufgefressen.«

Als wir hinter das Zelt kamen, stand der Dompteur da, über und über mit Blut verschmiert, von vielen umringt, die auf ihn einredeten.

Folgendes war passiert: Gleich zu Beginn der Raubtiernummer hatte ein Löwe vom Podest aus dem Dompteur mit einem kräftigen Tatzenschlag den Arm aufgerissen.

»Wir fahren Sie ins Krankenhaus.«

Vom Zirkus konnte keiner weg. Die Vorstellung lief ja weiter. Aber wir hatten Zeit. Meine Frau verband den Arm mit den Handtüchern notdürftig.

»Nein! Nein! Nur nicht ins Krankenhaus. Ich ertrage alles, nur keine Spritzen!«

»Klar müssen Sie ins Krankenhaus. Der Arm muss genäht werden. Ihnen hängen ja die Muskeln in Fetzen.«

»Nein. Nur nicht zu einem Arzt fahren. Der spritzt mich.«

Und weil ihm diese ängstliche Begründung wohl doch selbst peinlich klang, fügte er hinzu: »Das heilt dann immer so schlecht.«

Meine Frau zögerte nicht lange. Sie schob den Widerspenstigen ins Auto und ich fuhr los. Er jammerte. Aber denke nur nicht, dass das von seinen Schmerzen herrührte.

Der Abend ging schon auf 22.00 Uhr zu. Im Krankenhaus herrschte Ruhe. Eine freundliche Schwester empfing uns. Wir erzählten ihr, wen wir brachten und was passiert war.

Sie sah sich den Mann und seinen Arm an, hörte sein Jammern: »Keine Spritze, Schwester, keine Spritze!«, schüttelte ihre dunklen Locken und meinte: »Bei **den** Schmerzen, die Sie an Ihrem Arm aushalten, merken Sie unseren Nadelstich überhaupt nicht.«

Sie telefonierte nach einem Arzt, der von zu Hause geholt werden musste. Nach etwa zehn Minuten war er schon zur Stelle. Das ist keine lange Zeit – aber Zeit genug für unseren Patienten zu etlichen Fluchtversuchen.

Er bettelte und diskutierte mit der Schwester, um nur ja die Spritzen zu verhüten.

Sie hatte die Tür des Behandlungszimmers von innen abgeschlossen, da sie schon voraussah, dass er zu fliehen versuchen würde. Und sie hatte Recht. Hilflos stand der mutige Mann, den kein Löwenbiss umwarf, an der verschlossenen Tür. Sein Augenaufschlag hieß: »Schwester, hab' Mitleid mit mir. Lass mich hier raus.«

Aber sie hatte kein Mitleid. Sie öffnete die Tür erst, als der Arzt kam.

Der begrüßte uns, ließ sich kurz erzählen und besah sich den Schaden. Inzwischen redete der Dompteur auf ihn ein.

»Herr Doktor, Sie können meinen Arm zusammenflicken. Sie können alles mit mir machen. Aber keine Spritze, bitte! Keine Spritze!«

Der Arzt war eine Wucht. Ich an seiner Stelle hätte nun mit dem Patienten diskutiert, dass ich ihn spritzen **muss.** Ich hätte ihm das wortreich begründet. Er aber blieb gelassen.

»Wie Sie wünschen. Ich flicke Sie zusammen.«

Mit der Schwester verstand er sich ohne Worte. Sie trat auf die rechte Seite des OP-Tisches, und da Carlo von Natur aus einer schönen Frau gern ins Gesicht sah, wandte er sich vom Ort des Geschehens ab, ihr zu. So hatte der Arzt freie Bahn.

Die Schwester fragte unseren Zirkusmann nach seinen Tieren, ob er schon mehrfach Unfälle erlitten habe usw.

Nach einer kleinen Weile sah er sie streng an und meinte: »Sie wollen mich nur ablenken. Aber das gelingt Ihnen bei mir nicht. Ich passe schon auf, dass das hier ohne Spritze abgeht.«

Zu der Zeit hatte er schon vier Spritzen bekommen – und gewiss nicht nur gegen die Schmerzen!

Der Arzt arbeitete mit Ruhe, fragte seinen Patienten ab und zu etwas und brauchte eine reichliche halbe Stunde für seine ›Flickarbeit‹.

»Fertig! Und was machen wir jetzt mit Ihnen?«

»Fischers fahren mich wieder zum Zirkus. Heute Nacht ist Abbau. Ich muss alle meine Requisiten und den Käfig verladen.«

»Das können Sie unmöglich. Da werden doch andere Kollegen für Sie mal einspringen.«

»Das würden die. Aber das will **ich** nicht. Ich mache meinen Kram lieber selbst.«

»Heute geht das wirklich nicht. Sie müssen Ihren Arm schonen.«

»Den merke ich schon nicht mehr.«

»Das glaube ich Ihnen. Aber in spätestens drei Stunden werden Sie ihn wieder merken.«

»Was soll das heißen? Haben Sie mich etwa doch gespritzt?«

»Während Sie unserer Schwester Ingrid recht tief in die Augen sahen, habe ich meine Arbeit gemacht. Nicht nur ihr Zirkusleute könnt tricksen. Wir Ärzte können es auch.«

Wir verabschiedeten uns – den Umständen entsprechend – fröhlich und dankbar.

Wenn Marienberg noch heute solche Schwestern und Ärzte hat wie damals, dann herzlichen Glückwunsch!

Der Dompteur hat bis zum Morgen durchgearbeitet, alles allein verladen, auch dann noch, als die Spritzen nicht mehr wirkten. Nach dem Transport in den nächsten Gastspielort stand er schon wieder im Raubtierkäfig.

Ein Dompteur wäre gut bedient, wenn er die Augen einer Fliege hätte – zum gleichzeitigen Rundumschauen.

Ein tüchtiger und über viele Jahre erfahrener Dompteur hat seine Arbeit aufgegeben, nachdem er unter einem wütenden Tiger gelegen hatte.

Er erzählte mir: »Herr Fischer, so etwas verkrafte ich nur einmal. Ich erlebte in einem einzigen Augenblick mehr, als ein normaler Spielfilm seinem Publikum in 1 ½ Stunden zeigen kann. Ich war während der Vorstellung im Raubtierkäfig gestürzt. Ehe ich wieder auf meine Beine kam, sprang der Tiger schon auf mich zu, schlug mir die eine Tatze in meine Schulter und die andere in meine Brust. Sein offener Rachen keuchte nur wenige Zentimeter von meinem Hals entfernt. Für mich war das der Augenblick des Todes. Ich erlebte mein Ende. Obwohl es nur einen Moment dauerte, rasten mir tausende Gedanken durch den Kopf. Dass es einem Mann vom Zirkus gelang, den wütenden Tiger von mir abzulenken, war ein Wunder und zugleich meine Rettung. Ich bin aus dem Käfig getaumelt. Hätte mich einer gefragt, ob ich noch lebe, ich wäre ihm die Antwort schuldig geblieben. Mein erster Gedanke, den ich wieder fassen konnte, war ein Gebet. ›Gott sei Dank!‹ Noch heute wiederhole ich dieses Gebet, sooft ich an den Unfall denke. Er bleibt mir unvergessen. Es mag Dompteure geben, die Ähnliches erlebt und danach doch weitergearbeitet haben. Ich konnte das nicht. Ich habe meinen Beruf aufgegeben.«

Zirkus pur

DU darfst mich jetzt auf einer **Zirkusreise** begleiten und erlebst sie so echt, wie ich sie damals erlebte. Im Zeitalter der scheinbar unbegrenzten Möglichkeiten ist das kein Problem, ein paar Jährchen aus der Vergangenheit heraus noch einmal ablaufen zu lassen. Ich blättere meinen Kalender bis ins Jahr 1960 zurück – schau her, so mache ich das – und schon sind wir angekommen.

Du machst mir Spaß – schaust an dir herunter, ob du noch du bist. Keine Angst, du und ich, wir bleiben von der Zeitverschiebung unangetastet, sonst wärest du möglicherweise aus meinem Blickfeld verschwunden.

Steige ein. Wir fahren los. – Ja, mit dem Trabi. Ist er vielleicht kein Auto? Hast du eine Ahnung. Der macht noch mal Geschichte.

Suchst du den Gurt zum Anschnallen? Den gab es damals bei uns nicht.

Unser Ziel ist der Zirkus HEIN. In welchem Ort er gastiert, weiß ich nicht so genau. Aber wir werden ihn in Thüringen finden. Vor drei Wochen stand er in Schmölln.

Die Kilometer fliegen an uns vorbei. Wir erreichen Schmölln noch am Vormittag. Ich frage mich nach dem ortsüblichen Zirkusplatz durch, und wir gehen dort in die nächstgelegene Gaststätte. Der Wirt weiß Bescheid, denn mindestens **einer** vom Zirkus ist hier eingekehrt und hat erzählt.

»Ja, sie sind von hier aus nach Eisenberg gefahren und von da wollten sie nach Stadtroda.«

»Vielen Dank. Das hilft uns ein gutes Stück weiter.«

Wir besteigen erneut unser Auto und fahren bis Stadtroda. Da unser Trabi Sprit braucht, lenke ich zur Tankstelle und erfahre dort, dass der Zirkus nach Kahla weitergezogen ist. In Kahla kann uns keiner helfen. Weder wissen die ›Kneiper‹ etwas noch die Tankwarte. Aber wozu gibt es denn ein Rathaus? Abteilung Kultur. Hier müssen die Zirkusse ihre einkassierten Kulturfünfer abliefern. (Zu jeder Eintrittskarte gehörte dieser Fünferzuschlag, der im jeweiligen Gastspielort für die Kulturarbeit verblieb.)

Die Sachbearbeiterin weiß Bescheid. »Ja, ZIRKUS HEIN hat von Kahla nach Schwarza umgesetzt, ist von da aus nach Kranichfeld gefahren und müsste jetzt in Bad Berka stehen.«

»Herzlichen Dank.«

Noch drei Kilometer bis Bad Berka. Falls du ein ›Bedürfnis‹ fühlst, sage es gleich. Hier ist das einfacher als am Zirkus. – Kein Grund zur Panik! Du brauchst es dir in den nächsten Tagen nicht durch die Rippen zu schwitzen. Es gibt immer eine Lösung. Nur Toiletten gibt es keine.

Wir nähern uns dem Zirkusplatz. Die Masten stehen schon. Die Eisen sind geschlagen. Die Planen werden gerade ausgebreitet.

»Herr Fischer!«

Sie unterbrechen erst einmal ihren Aufbau.

»Ich habe euch jemand mitgebracht. Der will den Zirkus live erleben.«

»Geht schon in Ordnung. Wie lange können Sie diesmal bleiben?«

»Mal sehen.« Mit einem Blick zu dir: »Vielleicht bis übermorgen.«

»Ooch! Nicht länger?«

Die Kinder kommen gerannt.

»Herr Fischer, erzählen Sie uns Geschichten?«

»Spielen Sie Kaspertheater?«

»Zeigen Sie uns Kino?« (Lichtbilder)

»Gehen Sie mit uns ins Museum?«

»Ja, ja. Machen wir alles – nur nicht auf einmal.«

Die Chefin lädt uns in den Küchenwagen zum Mittagessen ein. Also gehen wir hin.

Da steht der Wagen, etwas am Rand und unter einer riesigen Kastanie. Fünf Stufen einer Holztreppe führen nach oben. Du folgst mir. Hinter mir höre ich ein bekanntes Geräusch: »Pengggg!«

Du musst deinen Kopf einziehen, wenn du durch eine Wohnwagentür trittst. Diese Türen sind manchmal etwas niedriger als Haustüren. Eine ganz schöne Beule ziert dich jetzt. Tröste dich. Erfahrung macht klug.

Das da, auf dem Teller, das nennen sie ›SCHLESISCHES HIMMELREICH‹. Süße Nudeln. Das gibt es hier eigentlich selten. Wir haben Glück. Na, wenn ich dein **Gesicht** sehe, merke ich, dass du anders darüber denkst.

Mehrere Frauen und Männer setzen sich zum Schwatzen zu uns.

»Wo waren Sie zuletzt, Herr Fischer? Bei Alberti? Wie gehen denn dort die Geschäfte?«

»Der Kaffee ist fertig. Möchten Sie noch etwas dazu essen?«

»Nein danke. Wir sind nudeldick satt. Es hat uns gut geschmeckt.«

Au, mein Fuß! Wenn du mit mir unter dem Tisch redest, dann bitte recht gefühlvoll! Es wurde höchste Zeit, dass du einmal außergewöhnliche Küche kennen lernst. Der Kaffee ist das reinste Gift? Nimm reichlich Milch dazu.

Ein junger Mann tritt ein. »Mir wolln se zu die Soltatn einziehn. Ich muss morgen zu die Musterung kommen.«

»Ja, Edelhard. So geht das, wenn man achtzehn ist. Jetzt wird es ernst.«

»Denken Sie, dass die mir nehm?«

»Warum nicht? Du bist kerngesund.«

»Hmm, aber doch nich blöd im Kopp. Ich will da nich mitmachn.«

»Danach werden sie dich nicht fragen.«

Die Kinder zerren uns ungeduldig in den leeren Stuhlwagen – in dem die Logenstühle transportiert werden – zur Kinderstunde.

Hole mir doch bitte schon mal den zerschabten Koffer aus dem Auto. Darin sind die notwendigen Requisiten.

Wir spannen im hinteren Wagenteil eine Leine, hängen eine Decke darüber – fertig ist das Kasperletheater.

Die Kinder setzen sich auf den Fußboden. Erwachsene stehen an der offenen Tür und wollen auch was mitbekommen.

Kasper leitet das Spiel mit dem üblichen Quatsch ein, der aber dazugehört. Dann erscheinen Heiner und Isolde bei der Großmutter, die ihnen eine Geschichte erzählen soll. Das tut sie auch. Das Lamm Theo ist von der Herde weggelaufen. Es geht seine eigenen Wege und kommt dabei zu einem Zirkus. Seine Neugier ist groß, und es findet alles, was es zu sehen bekommt, spannend. Es läuft in ein Zelt und findet dort lauter riesengroße braune und schwarze Lämmer mit langen Schweifen. (Die Kinder klären Theo auf, dass das keine Lämmer, sondern Pferde sind.) Es springt durch das Stroh, hüpft unter den Pferden durch und erwischt dabei einen Hufschlag, der es ganz benommen macht. Noch etwas verschreckt, läuft es nach draußen und sucht neue Abenteuer.

Da stehen die Raubtierwagen. Oho, das sind Lämmer mit Mähne, manche gestreift und manche nur braun bemalt. (Die Kinder klären wieder auf. Es handelt sich um Löwen und Tiger.) Theo läuft ganz nahe an den einen Wagen heran. Ein Löwe entdeckt ihn und lockt ihn nahe zu sich.

Der Hirte hatte längst bemerkt, dass das Lamm Theo fehlt, und sucht es. Er sucht es in den Büschen, im Wald und zwischen den Felsen. Schließlich kommt er auch in die Stadt und zu dem Zirkus, gerade noch zur rechten Zeit. Der Löwe hatte heimtückisch dem Lamm angeboten: ›Ich will dein Freund sein.‹ Er leckt sich schon sein Maul, als er merkt, dass sich das Lamm durch die Gitterstäbe zwängt, um zu ihm zu kommen. Der Hirte ergreift sein Lamm und zieht es zurück. Theo ist erschrocken und traurig zugleich. Wie schade, dass der Hirte ihn nicht zu seinem Freund lässt. Der Löwe brüllt. Er reißt sein Maul auf, fletscht mit den Zähnen und droht dem Hirten mit seinen Krallen. Da weiß das Lamm, dass ihm der Löwe kein guter Freund sein wollte, und ist froh, dass der Hirte es fest auf seinem Arm hält.

Es klopft an Großmutters Tür. Der Doktor, der einen Hausbesuch macht, tritt ein. Er hat von draußen den letzten Teil der Geschichte vom Lamm Theo mitgehört.

»Nicht nur das Lamm Theo macht so dumme Sachen. Ich selber war auch so dumm. Als Kind habe ich jeden Abend gebetet und sonntags bin ich mit meinen Eltern in die Kirche gegangen. Als ich aber später Medizin studierte, lernte ich Freunde kennen, die beteten nicht. Die haben jeden Abend tüchtig gefeiert und Bier getrunken. Das hat mir gefallen. Aber wenn ich dann spät in der Nacht zu Bett ging, hatte ich keine Lust mehr zum Beten, und auch sonntags früh wollte ich nicht so zeitig aufstehen, um in die Kirche zu gehen. Meine Zensuren wurden immer schlechter, und eines Nachts verunglückte ich nach einem Saufgelage mit dem Motorrad. Da merkte ich, wie verkehrt ich lebe und dass mich mein guter Hirte JESUS CHRISTUS sucht. Ich bedankte mich bei IHM, fand neue und bessere Freunde, die mit mir lernten und beteten und ohne Alkohol fröhliche Feste feierten.«

Der Doktor verabschiedet sich wieder. Die Großmutter schlägt ihre Bibel auf und liest den Kindern den 23. Psalm vom ›GUTEN HIRTEN‹ vor: »DER HERR IST MEIN HIRTE. MIR WIRD NICHTS MANGELN. ER WEIDET MICH AUF EINER GRÜNEN AUE UND FÜHRET MICH ZUM FRISCHEN WASSER. ER ERQUICKET MEINE SEELE. ER FÜHRET MICH AUF RECHTER STRASSE UM SEINES NAMENS WILLEN. UND OB ICH SCHON WANDERTE IM FINSTEREN TAL, FÜRCHTE ICH KEIN UNGLÜCK, DENN DU BIST BEI MIR. DEIN STECKEN UND STAB TRÖSTEN MICH.«

Die Großmutter meint, solche wichtigen Sätze aus der Bibel sollte man auswendig kennen. Isolde lernt sie schnell. Bei Heiner dauert es etwas länger. Aber die Kinder helfen ihm, und schließlich haben alle die Verse im

Kopf, die Puppen Isolde und Heiner, und die Zirkuskinder.

Die Mädchen und Jungen toben nach draußen.

Du kannst bitte meine Requisiten in den Koffer zurückpacken.

Die Chefin kommt und fragt: »Haben Sie jetzt Zeit, mit mir in eine Fabrik zu fahren? Hier gibt es Stricksachen.«

»Warum nicht. Einen Moment. Wir kommen sofort.«

Du musst wissen, dass diese Frau nie viel Geld hatte, aber immer für eine große Familie sorgen musste. Da ist sie auf den Gedanken gekommen, in Fabriken nach fehlerhafter Ware zu fragen. Du wirst es gleich erleben, wie das geht.

Wir fahren mit der Chefin los. VEB-Strickwaren ROTES BANNER.

Sie fragt sich zum Chef durch.

»Wir kommen vom Zirkus. Manchmal liegt in den Lagern der Fabriken fehlerhafte Ware, die nicht verkauft werden darf. Wir können alles gebrauchen, weil bei uns Kleidungsstücke sehr strapaziert und darum auch schnell unbrauchbar werden.«

»Sie haben Glück. Kommende Woche wären diese Lagerbestände in die Alttextilien gebracht worden. Wir gehen gleich mal rüber.«

»Alles, was in diesem Regal liegt, ist unverkäufliche Ausschussware. Soll ich sie Ihnen einpacken lassen?«

»Ja, wir nehmen alles mit.«

Am Ende beladen wir unser Auto mit siebzig Strickjacken, neunzig Paar Finger- und hundertfünfzehn Paar Fausthandschuhen, siebzig Schals und über hundert Mützen. Oft sind die Fehler gar nicht zu sehen.

»Wie viel kostet das Ganze?«

»Nichts. Wir dürfen Ausschussware nicht verkaufen.«

Wir kommen auf den Zirkusplatz zurück. Die Nachmittagsvorstellung ist gerade zu Ende. Die Chefin lässt jede Zirkusfamilie sich so viel aus dem Karton nehmen, wie sie möchte. Den Rest packt sie in den Kellerkasten ihres Wohnwagens – für besondere Fälle.

»Herr Fischer, die Druckerei hat uns mit den Plakaten sitzen lassen. Wir kommen in der Reklame nicht weiter. Fahren Sie mal kurz mit rüber nach Stadtroda?«

Der Geschäftsführer eines Zirkus hat es nicht leicht. Ob es um Futter für die Tiere geht, um Papier für die Plakate oder um Reifen für die Wagen, er braucht für alles Sondergenehmigungen vom jeweiligen Kreisrat.

Wir fahren mit ihm.

VEB-Druckerei Ernst Thälmann. Im Betriebsbüro wird unser Mann ziemlich kurz abgefertigt. Es fehlt an freien Kapazitäten. Sie haben für unsere Plakate weder Papier noch Zeit. »Dort ist die Tür! Halten Sie uns nicht von der Arbeit ab.«

Ich schalte mich ein. »Sie haben Pech, Kollege. Ich bin zur Betreuung aller DDR-Zirkusse eingesetzt, kümmere mich um deren Belange und habe darüber regelmäßig Bericht zu erstatten. (Ich verschweige, dass mein Auftraggeber die Kirche ist.) Unsere Zirkusse, auch die kleinen, haben einen kulturellen Auftrag in unserem Land zu erfüllen. Das ist ein Parteiauftrag! Wie soll aber ein Zirkus dem nachkommen, wenn er keine Werbung anbringen kann? Was Sie hier betreiben, ist Sabotage am Versprechen unserer Regierung, der Bevölkerung in den Städten und Dörfern gute Unterhaltungsprogramme anzubieten. Sie können versichert sein, dass ich über die Erfahrungen mit Ihrem Betrieb an zuständiger Stelle berichte.«

»Bitte, warten Sie einen Augenblick. Ich werde noch einmal mit dem Genossen X reden. Wir tun, was wir können.«

Nach zehn Minuten kommt er zurück.

»Wir machen es möglich. Sie können Ihre Plakate morgen früh abholen.«

»Danke.«

Abendbrot. Nein? Warum denn nicht? Keinen Hunger? Das gibt es doch gar nicht. Dir kommt es dringend – mit Papier? Versuche es in den umliegenden Häusern. Oder fahre mit dem Auto ein Stück ins Grüne. Hier hast du die Schlüssel. Aber verbummle sie nicht. Du findest mich dann da drüben in dem Wagen mit den knallroten Gardinen.

Du siehst erleichtert aus. Du würdest dich jetzt gern waschen?

»Tante Hilde, können wir uns die Hände waschen?«

»Moment. Ich muss nur erst die Kartoffelschalen in den Stall tragen, damit die Waschschüssel frei wird.«

Die Schüssel ist jetzt leer – aber die Wasserkanne auch.

»Warten Sie. Ich schicke Günter mit der Wasserkanne los.«

18.30 Uhr. Lang anhaltender Pfiff aus der Trillerpfeife. Der Spielleiter gibt das Signal: In einer halben Stunde beginnt der Einlass und in einer Stunde das Programm.

Jetzt erlebst du in jedem Wagen das Gleiche: schminken, anziehen, ausziehen, umziehen. Das bleibt so, bis zum Programmschluss, denn mancher arbeitet in drei oder vier Darbietungen mit.

Wir essen Abendbrot und danach setzen wir uns in die Vorstellung.

»Unsere Männer waren heute Nacht angeln. Der Fisch ist ganz frisch.«

Außer dem Brot steht Fischsülze, gebratener Fisch und gekochter Fisch auf dem Tisch.

Du würdest vom Fleisch fallen, wenn wir hier lange bleiben! Die Hausfrau bemerkt deinen schwachen Appetit und bietet dir ein paar gebratene Eier an. Gastfreundschaft geht über alles!

19.30 Uhr. Die Abendvorstellung beginnt.

Wir gehen ins Zelt und setzen uns in die hinterste Reihe, also ganz nach oben, gegenüber dem Maneneingang.

Du wunderst dich, dass wir nicht ganz nach vorn gehen. Nur das nicht. Für diese Plätze bezahlen die Leute zwar das meiste Geld. Dafür bekommen sie aber auch den ganzen Dreck ab, den die Pferde beim Galopp aufwirbeln, und den Speichel, der aus dem Maul der Kamele auf ihre Hemden und Blusen kleckert. Und einen Überblick über das ganze Geschehen in der Manege haben sie auch nicht.

Darum sind hier oben die billigsten und besten Plätze. (Hoffentlich erfährt keiner vom Zirkus, was ich hier sage; denn die freuen sich natürlich, wenn die Logenplätze zuerst verkauft sind. Also los – nehmt's nicht so tragisch und setzt euch ganz nach vorn!)

Du hast richtig bemerkt. Der Spielleiter, der eben das Publikum freundlich begrüßte, ist der Gleiche, der die Zugmaschine fährt, den Zeltaufbau leitet, die Räder montiert und jetzt die von ihm dressierten Pferde vorführt.

Die junge Frau am Trapez ist Mutter von vier Kindern. Das sieht ihr keiner an.

Erkennst du das Mädchen, das die Tauben vorführt? Es saß in der Kinderstunde ganz vorn auf der linken Seite. Ja, es kann seine zwölf Tauben unterscheiden. Tauben sind gelehrige Tiere. Du kannst sie dir von Elvira in der Pause einmal ganz nah zeigen lassen. Ich fasse am Zirkus und überhaupt eigentlich keine Tiere an. Aber einer Taube habe ich schon mal über ihre flaumigen Federn gestreichelt, so ganz behutsam, mit einem Finger. Du wirst dieses Mädchen gleich noch einmal bei der Orientalschau sehen. In der Pause verkauft es Zirkuspostkarten. Seine Zensuren sind trotz der harten Arbeit hervorragend.

Den Clown kennst du schon. Nein? Doch! – Genau. Es ist Edelhard, der morgen zur Musterung muss. Er ist zum Clown geboren. Mit seiner Gesichtsbemalung, seinem bunten Anzug, den überdimensionalen Schuhen und dem Hund unter dem Arm könnte er sich wortlos in die Manege stellen, das Publikum anblinzeln und schon hätte er die Sympathien aller gewonnen. Wenn er dann aber auch noch mit seiner lebensgroßen Stoffpuppe durch die Manege tanzt und sich beim ›Kamelbeißer für seine müüde Braud einen Tango‹ bestellt, gibt es für das Publikum kein Halten mehr. Er wird zum absoluten Liebling aller Zuschauer. Na? Hatte ich dir zu viel versprochen? Nein. Jetzt hast du es selbst erlebt. Edelhard ist und bleibt eine Wucht, ein Clown von Format.

Was der alte Mann in der Manege will? Du wirst staunen. Er kann als Einziger das Rechenpferd VENUS vorführen. Sein Schwiegersohn, der Direktor dieses Zirkus, hat es dressiert. Als er plötzlich starb, war außer dem Großvater keiner in der Lage, diese Dressur zu übernehmen.

»Venus, wie viel ist drei plus vier?«

Das Pferd kratzt sieben Mal mit seinem rechten Vorderhuf in den Sägespänen.

Jetzt darf das Publikum eine Aufgabe stellen, im Zahlenbereich von null bis zwanzig.

»Dreizehn minus acht?«

Venus scheint zu überlegen und kratzt dann fünf Mal.

»Venus, suche uns jetzt aus dem Publikum **die** Frau heraus, die besonders gern und viel Kaffee trinkt.«

Venus setzt sich in Bewegung, ihren Kopf immer zum Publikum gerichtet, als suche sie tatsächlich. Sie bleibt stehen, kratzt drei Mal (d. h. ›dritte Reihe‹) und verbeugt sich tief. Das Publikum jubelt und die als fleißige Kaffeetrinkerin erkannte Frau lacht kräftig mit.

»Und jetzt, Venus, suchst du uns **den** Mann, der gern mal einen über den Durst trinkt.«

Das Pferd läuft los, guckt und sucht im Publikum, mustert einige Männer kritisch, bis es schließlich vor einem Mann stehen bleibt, einmal kratzt und sich wiederum verbeugt.

Das Publikum bedankt sich bei dem Pferd mit lang anhaltendem Beifall. Es wäre zufrieden, wenn das noch eine Weile so weiterginge. Schließlich kann Venus ja auch noch die ungeduldigste Frau und den vergesslichsten Mann, das verliebteste Mädchen und den frechsten Jungen ermitteln.

Pause. Wir gehen nach draußen. Sieh dir das an. Edelhard hat sich zwei Mädchen geangelt. Sie drängeln sich ihm förmlich auf, und er hat Spaß dran. Heute nicht, mein Lieber. Dafür werde ich sorgen.

Pausenende. Wir gehen nicht auf unsere Plätze zurück, sondern setzen uns zu den beiden Mädchen.

»Euch hat der Clown wohl mächtig imponiert?«

»Klar!«

»Hat er euch nach der Vorstellung in seinen Wagen eingeladen?«

»Ja.«

»Und ihr wollt hingehen!?«

»Natürlich.«

»Na dann viel Spaß!«

»Wie meinen Sie das? Es ist doch nichts dabei.«

»Nein, da ist nichts dabei.«

Die Mädchen werden unsicher. »Ist der gefährlich?«

»Wozu soll ich euch das sagen. Lauft zu ihm und erlebt es. Ihr habt es nicht anders verdient.«

Die Mädchen tuscheln, stehen auf und verschwinden, noch ehe die Vorstellung zu Ende ist.

Die am Programm beteiligten Artisten ziehen zum Finale in die Manege ein. Wir gehen nach draußen.

Siehst du etwas? Nein? Dort steht Edelhard und guckt sich die Augen aus nach den beiden Mädchen. Jetzt kommt er zu uns.

»Onkel (so nennt er fast alle Männer), du hast bei meine Moodels gesessen.«

»Ist das verboten?«

»Die sind fort.«

»Ich weiß.«

»Du hast die was eingeredet.«

»Ich habe ihnen die Wahrheit gesagt.«

»Sie waren so dufte Bienen. Das wär' eine siiieße Nacht geworden.«

»Geh lieber schlafen. Du hast morgen einen anstrengenden Tag, wenn sie dich zum Soldaten machen.«

Edelhard heult laut los – so, wie er in der Manege heult, wenn er hier und da und dort und überall im Wege steht.

»In siemtn Himmel wär ich geleechn mit die Puppen. Und ausgerechnet der Pastr versaut mir'n Himmel.«

Scheinbar untröstlich schluchzend verschwindet Edelhard in seinem Abteil.

»Herr Fischer, gehen Sie schon schlafen?«

»Nein.«

»Dann setzen Sie sich doch zu uns. Wir haben hinter dem Wagen ein kleines Feuerchen brennen.«

Wir nehmen die Einladung gern an.

»Herr Fischer, was raten Sie uns? Wir haben jetzt so viele schulpflichtige Kinder am Geschäft, für sie würde uns der Staat einen Lehrer bezahlen, der mitreist.«

»Nicht schlecht. Nur müsste man vorher wissen, was es für ein Lehrer ist. Kommt er, weil es ihm um eure Kinder geht, oder will er nur etwas erleben?«

»Das weiß vorher keiner. Er wird uns vom Ministerium zugewiesen.«

»Es gibt **noch** etwas zu bedenken. Bis jetzt hat bei euch die Politik keine Rolle gespielt. Das könnte sich ändern. Der Lehrer könnte zur Laus im Pelz werden. Wenn sie euch einen überzeugten Parteigenossen schicken, will er möglicherweise hier eine Pioniergruppe, eine FdJ-Gruppe und vielleicht sogar eine Parteigruppe auf die Beine stellen.«

»Nur das nicht!!!«

Wir diskutieren bis nachts ein Uhr. Dann gehen wir auseinander. Ich habe mein Bett im Auto. Dir gebe ich eine Luftmatratze und einen Schlafsack. Baue dir damit ein Nachtlager im Stuhlwagen zurecht. Der Mond ist deine Nachttischlampe, und wenn du gut hinhörst, erzählt er dir auch eine Gute-Nacht-Geschichte.

Fehlt noch was? – Es ist jetzt überall finster. Also, wo ist da das Problem? – Und waschen? – Hier, nimm dir aus dem Stall den Eimer mit. Schöpfe dir aus dem Wasserfass hinter den Kamelen. Vergiss aber nicht, zum Schluss den Eimer zurückzustellen. – Gute Nacht!

Sechs Uhr morgens. Eine Lanz wird angeworfen. Es muss Futter geholt werden.

Du bist ja schon auf! Hast du nicht gut geschlafen? Der Wagen hat gewackelt? Ja, es ging heute Nacht etwas Wind. Da passiert das. Aber beim Schaukeln schläft es sich umso besser. Schon gewaschen und und und …? Du bist flott. Hast die Zeit genutzt, als noch keiner draußen war. Verstehe!

»Herr Fischer, Frühstück!«

»Wir kommen!«

Die Tierpfleger holen im Küchenwagen ihre Rationen. Wir dürfen am Tisch Platz nehmen. Superstarken Kaffee und Marmeladenstullen gibt es.

Du bekommst von mir den Auftrag, in jeden Wagen zu gehen und für heute Abend nach der Vorstellung zum Gottesdienst im Zelt einzuladen.

Ich setze mich inzwischen mit den beiden ›Franellis‹ zusammen. Die wollen im Herbst noch getauft und getraut werden.

Elf Uhr. Fertig mit der Runde? Gut. Jetzt fahren wir in die umliegenden Dörfer zur Reklame. Wir nehmen Eintrittskarten mit und verkaufen sie aus dem Auto heraus. Verkaufte Eintrittskarten garantieren auch das Kommen der Leute. Sollte es heute Abend regnen, würde es sich sonst mancher noch überlegen, ob er nun wirklich zum Zirkus geht. Den Kartenverkauf übernimmst du. Hier hast du die Preisliste.

13.30 Uhr. Wir kommen von der Reklame zurück. Du hast deine Sache gut gemacht. Rechne deine Kasse gleich noch bei der Chefin ab. Wir treffen uns im Küchenwagen zum Essen. Edelhard hat seine Musterung hinter sich gebracht. Er sitzt mit uns am Tisch.

»Na, wie war's? Haben sie dich zu den Fliegern gemustert?«

»Se ham mir ausgemustert. Bin untauglich, ham se gesacht.«

»Hat der Arzt bei dir eine Krankheit festgestellt?«

»Nee, mir fehlt nischt, hat'r gesacht. Aber se wolln mir trotzdem nich ham.«

»Und warum nicht?«

»Wees ich nich. Ich bin reingekomm und hab se gefracht: ›Onkels, was wollt'r denn von mir?‹ Da ham se mir erst blöd angekuckt; dann hat mir eener angeschrien: ›Wir sind keine Onkels. Wir sind Offiziere!‹ ›Kann ich ja nich wissen‹, hab ich gesacht. ›Ich war doch noch nie Soldat, Onkelchen.‹ ›Sie sollen mich nicht dauernd Onkel nennen. Wer sind Sie eigentlich?‹ ›Ich bin der dumme August vom Zirkus HEIN.‹ Er hat mir ganz beese angekuckt und en Packn Papier in dr Hand gedrückt. Ich solle een Zimmer weiter gehn. Das hab ich gemacht. Da saß eener, der war wie'n Doktor angezochn. Dem hab ich gleich gesacht: ›Onkel, schrei mir nich so an wie der da driem. Da krieg ich Kopfweh.‹ Aber der schrie noch lauter als der Erschte. Ich wäre hier zur Musterung der Nationalen Volksarmee und nich in een Kasperletheater. Ausziehn sollt ich mir. ›Nee‹, hab ich gesacht. ›Wenn de mir so anschreist, zieh ich mir überhaupt nich aus, Onkel. Außerdem wees ich alleene, dass ich gesund bin. Du brauchst mir gar nich zu untersuchn.‹ Aber da war'r nich mit einverstandn. Er hat telefoniert, und plötzlich warn se zu fünft im Zimmer. Hattn alle mächtch viel Schmuck off dr Brust. ›Ihr seid aber hier viele Onkels in Haus, und alle große Viecher, he?‹ Se ham mir keene Antwort gegeem. Sie ham bloß wieder losgeschrien, se wärn nicht meine Onkels, und ich soll mir endlich beneehm. ›Ich benehm mir doch de ganze Zeit schon. **Ihr** schreit hier rum, nich ich. Und woher soll ich denn so genau wissn, dass **Ihr nich** meine Onkels seid? Kenntr das beweisn?‹ Se ham mir in een andres Zimmer gesperrt und ieber eene Stunde dort sitzn lassn. Dann kam eener und hat mich den Zettel gegeem. Ich wär ausgemustert, hat'r gesacht. ›Schade, Onkelchen. Ich hätt mir mit eure Soldatn bestimmt prima verstandn.‹ Da hat'r mir rausgeschmissen.«

Edelhard – der Mann mit dem goldigen Gemüt. Er hat zu der Musterung kein Theater gespielt. Er gab sich, wie er leibte und lebte.

Du kommst aus dem Staunen gar nicht mehr raus. Ein Glück, dass du dabei warst. Würde ich es dir nur erzählen, dächtest du, ich binde dir einen Bären auf.

14.30 Uhr. Kinderstunde im Stuhlwagen.

16.30 Uhr. Wir fahren noch einmal Reklame. Du bist im Kassieren geübt.

18.30 Uhr. Abendbrot, heute bei Tante Lice. Es gibt Klitscher von rohen Kartoffeln. Festschmaus für mich. Zu dir guck' ich lieber gar nicht hin.

Du kannst dich noch einmal in die Abendvorstellung setzen. Ich bereite mich inzwischen für den Gottesdienst vor.

22.00 Uhr. Programmschluss. Du hilfst mir, in der Manege die ›Kirche‹ einzurichten. Wir stellen zwei Bärenpostamente zusammen, hängen ein weißes Tischtuch darüber – fertig ist der Altar. Leuchter, Kerzen und Kruzifix holen wir aus dem Auto.

22.45 Uhr. Die ersten Gottesdienstbesucher kommen und platzieren sich in der Loge. Sie mussten sich nach der Vorstellung ja erst noch waschen und umziehen.

Du hilfst mir in meinen schwarz-weißen Talar.

23.00 Uhr. Wir sind fast vollzählig und beginnen mit dem Gottesdienst. In Ermangelung einer Zirkuskapelle (hier spielen sie Amiga-Platten) lasse ich Musik vom Band laufen.

Die Predigt soll einen aktuellen Bezug zum Zirkusprogramm haben. Die Attraktion ist eine Cowboy-Nummer mit Peitschenspielen, Lassodrehen und Messerwerfen – zum Abschluss mit Tomahawks. Dabei steht eine junge Frau am Messerbrett. Die Messer und Äxte fliegen ihr um die Ohren, Arme, Bauch und Beine.

Ich fragte sie einmal, wie sie sich an dem Brett fühle.

»Mein Mann wirft sicher. Todsicher!« Sie lächelt. »Nur wenn die Äxte fliegen und neben meinem Kopf in das Brett schlagen, zittert mein Herz ein wenig. Vor den Äxten habe ich Spuntus.«

Ich greife den Gedanken der Äxte auf und lese zwei Bibelverse: Matthäus 3,10, Johannes der Täufer sagt dem

Volk, das zu ihm an den Jordan kommt: »ES IST SCHON DIE AXT DEN BÄUMEN AN DIE WURZEL GELEGT: JEDER BAUM, DER NICHT GUTE FRUCHT BRINGT, WIRD ABGEHAUEN UND INS FEUER GEWORFEN.« Bei solcher Rede kann einem vor der Axt schon bange werden, auch wenn man nicht am Messerbrett steht.

Dazu bringe ich eine zweite Bibelstelle aus Lukas 13,6-9. Der Weingärtner erbittet von seinem Herrn Geduld. Er will noch einmal um den Baum graben und ihn düngen. Vielleicht bringt er dann Frucht. Wenn nicht, so soll er danach umgehauen werden.

Sieh dich um. Du findest aufmerksame Zuhörer.

Wir spielen noch einmal Musik vom Band, beten und geben uns für die Nacht und den kommenden Tag in Gottes Schutz.

Einige bleiben mit uns noch bis ein Uhr nachts im Gespräch zusammen.

Danke, du hast inzwischen den Altar abgeräumt und meine ›Requisiten‹ ordentlich verpackt.

Tante Bella hat dir deinen Wunsch wohl von den Augen abgelesen.

»Herr Fischer, ich habe das letzte Spülwasser meiner Wäsche in der Wanne hinter dem Wagen stehen lassen. Wenn Sie wollen, können Sie sich damit gründlich waschen.«

»Lieb von Ihnen. Vielen Dank.«

Siehst du. Sie denken an alles. Im Zirkus verdreckt niemand. Solange du dort hinten mit dem Wasser panschst, kommt dir auch keiner zu nahe.

Bei Zirkus AEROS haben wir uns 1955 hinter dem

Stall aufgestellt. Jeder brachte Seife und Lappen mit – Männlein, Weiblein und die Kinder. Einer nahm den Feuerwehrschlauch und hat uns aus der nötigen Entfernung abgespritzt. So einfach war das und so wirkungsvoll.

Bei einem Kleinzirkus wurde alle zwei Tage ein Fass mit Wasser gefüllt, und jeder, der wollte, durfte darin baden. Manche besorgten das Geschäft nachts. Andere genierten sich auch am Tage nicht. Hauptsache ›SAUBER‹!

Ehe wir jetzt unsere Betten aufsuchen, möchte ich von dir gern wissen: **Bleiben** wir noch einen Tag oder fahren wir morgen heim zu unserer Bank? Was es morgen noch Besonderes zu erleben gibt? Auf jeden Fall in der Nacht einen Abbau, den Transport zum nächsten Gastspielort und übermorgen Vormittag den Aufbau. Nun gut. Du musst ja nicht alles auf einmal erleben. Ich weiß, dich zieht es heimwärts, wegen der Hygiene. Morgen früh fahren wir. Schlaf gut.

Sechs Uhr. Der Zirkus erwacht. Du warst schon früher auf den Beinen – aus bekannten Gründen. Ich weiß.

Sieben Uhr. Frühstück bei Melina. Kaffee und Pflaumenmusbrote. Iss dich jetzt nicht satt. Wir verabschieden uns in jedem Wagen. Das heißt: Ein paar Minuten hinsetzen, eine Tasse Kaffee trinken und eine Kleinigkeit dazu essen. Erst dann werden uns die Hände zum Abschied geschüttelt.

Abschied bei Bella und Walter. Eine Tasse Kaffee, eine Scheibe Brot und ein Stück gebratenen Fisch. Auf Wiedersehen!

Abschied bei Hilde und Helmut. Eine Tasse Kaffee, eine Scheibe Brot und eine Portion Sülze. Auf Wiedersehen!

Abschied bei Edelhard. »Onkel, dass du mich die Puppn vergrault hast, vergess ich dich nie. Aber wenn du wiederkommst, freu ich mir trotzdem.« Die Musterung hat er schon vergessen.

Abschied bei Albert und Lice. Eine Tasse Kaffee, zwei gewärmte Klitscher. Auf Wiedersehen!

Abschied bei Marianne und Gerhard. Eine Tasse Kaffee, einen Teller Krautsuppe und eine Scheibe Brot. Auf Wiedersehen!

Abschied bei den Barnellys. Eine Tasse Kaffee, vier Kekse. Auf Wiedersehen!

Abschied bei den Kindern. Auf Wiedersehen! Aber recht bald und lange wiederkommen.

Abschied bei den Londos. Eine Tasse Kaffee für mich, weil ich der Fahrer bin, und ein »Schnäpschen« für dich, als Beifahrer. Auf Wiedersehen!

Abschied bei Peppi. Hier kommen wir mit einem freundlichen Händedruck davon. Auf Wiedersehen!

Du atmest erleichtert auf, wankst neben mir bis zum Auto, lässt dich hineinfallen und findest erst nach einer guten Viertelstunde deine Sprache wieder.

Der Zirkuslehrer

Frau Hein hatte beim Ministerium den Antrag für einen Zirkuslehrer gestellt, und ihr Antrag war genehmigt worden. Ich sah der Sache mit sehr gemischten Gefühlen entgegen.

ZIRKUS HEIN war ein Familienunternehmen mit gutem Betriebsklima. Die Familien unterstützten sich gegenseitig. Reichten die Sommereinnahmen nicht für die Futterkosten der Tiere über den Winter, so legten alle ihr Geld zusammen und von dem Rest aßen sie mit Appetit und **ohne Murren vier Monate Krautsuppe** zum Mittag.

Die Chefin war fromm, und ihr Glaube wirkte sich auf die ganze Belegschaft positiv aus.

Ich befürchtete, dass ein sturer Parteigenosse – und dass der Lehrer ein solcher sein würde, war mir klar – wie ein Holzwurm wirken könnte, der das gesunde Klima aushöhlt.

Frau Hein dagegen war von Anfang an hoffnungsvoll.

»Wir beten doch um einen guten Lehrer für unsere Kinder. Warum erwarten Sie einen politischen Giftzwerg?«

Das war eine berechtigte Anfrage an meinen Glauben. Meine Zweifel schwanden trotzdem nicht.

Ich versuchte, über eine ministeriale Sekretärin etwas

Konkretes über den ›Fall‹ zu erfahren, was mir auch glückte.

Meine Befürchtungen schienen berechtigt zu sein. Für die Zirkusschule Hein war ein Berliner Lehrer ausgewählt worden, der mehrere Parteilehrjahre erfolgreich abgeschlossen hatte und reiche Erfahrungen in Pionier- und FdJ-Arbeit besaß. Auf ihn konnte sich die Partei verlassen. Er trug das Parteiabzeichen nicht nur an seiner Jacke; ihm lag der Sozialismus besonderer DDR-Prägung am Herzen.

Die Chefin ließ sich trotzdem nicht beirren.

»Frau Hein, jetzt ist noch Zeit, den Beschluss rückgängig zu machen. Ihre Kinder sind bisher in die Schulen der jeweiligen Gastspielorte gegangen. Warum soll das plötzlich nicht mehr gehen?«

»Herr Fischer, es bleibt, wie es beschlossen wurde. Die Kinder sollen ihre Schule hier im Zirkus haben. Das ist besser für sie.«

»Auch um den Preis Ihres ›häuslichen Friedens‹?«

»Den machen nicht wir. Den schenkt uns Gott. Und Gott wird sich von einem Lehrer nichts aus der Hand schlagen lassen.«

Die Eltern hatten zum Thema ›ZIRKUSSCHULE‹ keine Meinung.

»Na ja, wenn man wüsste …«.

Ich schien es zu wissen.

Frau Hein wusste es auch. Aber wir wussten Unterschiedliches.

Die Ferien gingen zu Ende. Einige Tage vor dem Unterrichtsbeginn sollte der Lehrer anreisen. Ich wollte das nicht miterleben. Ich war sauer.

Obwohl es lange zurückliegt, habe ich es in meiner Erinnerung behalten, als wäre es erst gestern passiert. Es war um die Mittagszeit, als es bei uns daheim klingelte und der Postbote das Telegramm brachte.

»Bin bei Zirkus HEIN angereist. Möchte recht bald mit Ihnen in Verbindung kommen. Herzliche Grüße. Iris Fuchs.«

Wir haben das Telegramm einmal, zweimal, dreimal gelesen, fassten es aber noch immer nicht.

Es konnte nur von dem neuen Lehrer stammen. Aber es war kein Er, sondern eine Sie – und ihre erste »Amtshandlung« hatte darin bestanden, dem Zirkuspfarrer zu telegrafieren.

Postwendend bestiegen wir unser Auto und fuhren die zweihundertzwanzig Kilometer nach Bad Frankenhausen.

Am späten Nachmittag trafen wir im Zirkus ein.

Wer ist Iris Fuchs?

Als Erste begegneten uns die Kinder.

»Herr Fischer, wir haben eine prima Lehrerin!«

Dann kam sie selbst. Eine junge Frau mit freundlichem Blick und einem offenen Wesen. Das war mein erster Eindruck nach der Begrüßung.

Frau Hein kam dazu.

»Na, Herr Fischer, wie gefällt Ihnen unser ›politischer Giftzwerg‹ aus Berlin?«

»Haben Sie gewusst, dass er nicht kommt?«

»Nichts habe ich gewusst. Aber ich habe geglaubt, dass Gott nichts zulässt, was uns und unseren Kindern schadet.«

Kurzfristig war Folgendes geschehen: Der vom Ministerium ausgewählte Lehrer erkrankte. Es war abzusehen, dass er nicht so schnell wieder einsatzfähig sein würde. Darum suchte man in aller Eile einen Lehrer, der für ihn einspringen könnte.

Merseburg meldete: »Wir haben eine Lehrerin, die gern in eine Sonderschule wechseln würde. Sie wäre bereit, die Zirkusschule zu übernehmen.«

Die Verträge wurden unterschrieben, und damit war alles klar.

Fräulein Fuchs war ›praktizierende‹ Christin – d. h. sie unterschied sich von solchen ›Frommen‹, die ihren Glauben lediglich als Taufurkunde in ihrer Dokumentenmappe säuberlich aufbewahren. Sie hatte es satt, in einem großen Lehrerkollektiv zu arbeiten, das ständig politisch gedrillt wurde und diesen Drill an die Kinder weitergeben sollte. Sie wollte ihren Schulkindern bestes Wissen vermitteln, ihnen eine Hilfe zum Leben sein und ihnen ihren Glauben bezeugen.

Fräulein Fuchs gehörte zur Baptistengemeinde, der die Erwachsenentaufe wichtig ist. Sie hat diesen Unterschied zu unserer Kirche aber nie in den Vordergrund gerückt. Ihr war **JESUS** wichtig, als das beste Fundament für die ihr anvertrauten Kinder.

Frau Hein freute sich und bedankte sich dafür bei Gott. Ich schämte mich meines Kleinglaubens und dankte Gott ebenfalls, der uns über alles Begreifen hinaus Gutes gibt.

Bei Iris Fuchs haben die Zirkuskinder ein solides Grundwissen erworben. Sie hat außerhalb der Unterrichtszeit mit denen geübt, denen das Lernen schwer fiel. Sie hat sich voll in das Zirkusleben hineingegeben und nicht nach bezahlten Arbeitsstunden gefragt.

Ihre Pioniernachmittage nutzte sie in bester Weise, ihren Kindern die biblischen Geschichten nahe zu bringen.

Sie war schon bald nicht nur die Zirkuslehrerin, sondern ›VERTRAUENSFRAU und SCHNELLE HILFE‹ in vielerlei Nöten für Jung und Alt.

Als eine Mutter für lange Zeit schwer erkrankte, ließ sich die Lehrerin auf eigene Kosten einen großen Wohnwagen bauen und nahm die fünf Kinder zu sich. So konnten sie jederzeit zu ihren Eltern gehen, waren aber bei der Lehrerin gut versorgt und hatten bei ihr das zweite Zuhause.

Die Kinder liebten ihre Lehrerin. Deren Güte war mit Strenge gepaart. Sie war nicht nur klug, sondern weise.

Schon nach wenigen Monaten trafen sich Lehrerin und Schüler täglich eine halbe Stunde vor Unterrichtsbeginn im Schulwagen zur gemeinsamen Morgenandacht. Fünf bis acht Kinder beteiligten sich immer. Sie brachten ihre Bibel mit, ein Schreibheft, Stifte und eine Kerze. Sie beteten, sie lasen einen Bibeltext, sie tauschten ihre Gedanken dazu aus, sie schrieben sich das für sie Wesentliche auf. Nicht nur die Lehrerin betete, auch die Kinder sprachen ihren Dank und ihre Anliegen selbst vor Gott aus. Und das mitten im tiefsten atheistischen Sozialismus!

Dreizehn Jahre hat Fräulein Fuchs mit ihren Schulkindern das Zirkusleben geteilt. Dann heiratete sie und wurde wieder sesshaft.

Meine beste Mitarbeiterin in der Artistenmission war meine Frau, die Jahr für Jahr und Tag und Nacht, allein daheim oder mit mir unterwegs den Dienst mitgetragen und mitvollzogen hat.

Und neben ihr gehörte zu unserem engsten Mitarbeiterteam Iris Fuchs, die tüchtige und zu Opfern bereite Lehrerin, die unseren Zirkuskindern eine Botschafterin der Liebe Gottes wurde.

Im Unterschied zu Frau Hein hatte ich ein solches Wunder nicht für möglich gehalten. –

Einst hatte die junge Frau Maria aus Nazareth den Engel, der ihr die Nachricht überbrachte: »Du wirst einen Sohn gebären«, gefragt: »Wie soll das zugehen?«

Genauso hatte ich Frau Hein gefragt, die davon überzeugt war, einen ins Geschäft passenden, tüchtigen Lehrer zu bekommen: »Wie soll das zugehen?«

Der Engel hatte geantwortet: »Bei Gott ist kein Ding unmöglich!« – und das hatte Frau Hein geglaubt.

Wir wollen diese beiden kurzen Sätze aus dem 1. Lukaskapitel auswendiglernen, und jeder unterstreicht sie in seiner Bibel.

»WIE SOLL DAS ZUGEHEN?«

»BEI GOTT IST KEIN DING UNMÖGLICH!«

Tante Adelheid

»Adelheid – wenn ich einmal plötzlich sterben sollte, dann höre du noch am selben Tag mit dem Zirkus auf. Du bist eine wunderbare Frau, aber als Unternehmer so unbegabt, dass du in einer Woche alles einrissest, was ich in zwanzig Jahren aufgebaut habe.«

Der das zu seiner Frau sagte, war Direktor Rudolf HEIN.

Er kannte die Qualitäten seiner Frau als die gute Seele für die zum Zirkus gehörenden Menschen und Tiere.

Aber zur Geschäftsführung konnte sie nichts beitragen. ›UNGEEIGNET!‹

Rudolf Hein starb mit fast fünfzig Jahren – wenige Tage, bevor die neue Saison von Guben aus beginnen sollte.

Die Schmerzen im Leib hatte er nicht beachtet. Er stand in der Manege und probte eine neue Dressur mit seinen Pferden. Da brach er zusammen.

Der herbeigerufene Arzt ließ ihn sofort ins Krankenhaus bringen, doch ehe die Ärzte dort die Ursache erkannten und ihn operierten, war es zu spät. Noch während der Operation am geplatzten Blinddarm starb er.

Adelheid Hein weinte am Totenbett ihres Mannes und mit ihr die Tochter, ein Enkelkind und ein von der Schwester übernommener fünfjähriger Sohn.

Zum Geschäft gehörten fünfzig Tiere und zwanzig Menschen. Sie kosteten täglich viel Geld. Alle Reserven waren nach einem langen Winter längst aufgebraucht. Doch es kam noch etwas hinzu.

Der Staat hatte mehreren Zirkussen die Lizenz entzogen. Zwei von ihnen – Adelheids Verwandte – waren mit Sack und Pack (Wohnwagen, fünfzig Tieren und zwanzig Menschen) zum Zirkus HEIN gekommen, um auf dessen Lizenz mitzureisen.

So hatte das Geschäft plötzlich die doppelte Größe, aber keinen Pfennig Geld – nur Schulden!

Als Adelheid am Grab ihres Mannes stand, war ihr das alles vor Augen. Sie hörte noch seine Worte – vor Monaten gesprochen, als keiner daran dachte, dass daraus Ernst werden könnte: »Wenn ich einmal sterbe, dann höre mit dem Zirkus sofort auf.«

Aufhören? Und was soll aus den vielen Leuten und Tieren werden? Mussten sie nicht schnellstens auf Tournee gehen, um Geld zu verdienen und zu überleben?

Da unten in der Erde stand der Sarg. Wenn sie dorthin schaute, war alles trüb, trostlos, ausweglos.

Über ihr erhob sich der blaue Himmel.

»Mein Gott, mein Gott, verlass mich nicht. Ich vertraue dir. Ich wage es in DEINEM NAMEN und gebe meinen Zirkus mit den Frauen, Männern und Kindern, den Tieren und allem Material in deine Hände. Amen.«

Wenige Tage nach der Beerdigung reiste der Zirkus los. Ein Schwager übernahm die Vorreise, d. h., er organisierte die Spielorte und Plätze, brachte die Reklame an, informierte die Ortsfeuerwehr und bestellte den Stromanschluss.

Adelheid hängte in ihren Wohnwagen ein Kreuz. »JESUS – mich **nennen** sie jetzt Direktor. Nimm diesen hohen Anspruch bitte auf DICH und zeige mir, was ich tun muss.«

Ich weiß nicht, ob es für Gott etwas ganz Neues und Einmaliges war, ein Reiseunternehmen zu führen. Auf jeden Fall überlebte Zirkus HEIN unter ganz schwierigen Umständen.

Reichtümer hat er unter der neuen Direktion nicht eingefahren. ›Schmalhans blieb Küchenmeister‹ – aber an Zufriedenheit, Dankbarkeit und Freude mangelte es den Familien nie. Im Winter häuften sich die Schulden – im Sommer konnten sie zurückgezahlt werden.

Ich fragte Frau Hein, womit **wir** ihr helfen könnten.

Als Antwort nahm sie meine Frau und unsere beiden Kinder einfach mit auf die Reise. Ich war entsetzt, als mir meine Frau am Telefon davon erzählte.

»Hat die Geplagte nicht schon genug Leute und Sorgen auf dem Hals? Wozu soll das gut sein, wenn du auch noch mitfährst?«

Für meine Frau war es die erste Zirkusreise, und das mit zwei kleinen Kindern.

Johannes, der ›Große‹, freute sich über die Abwechslung und fand es herrlich, fast jeden Tag auf einem anderen Platz spielen zu können, auch mal mitten im Kohlendreck, den eine ganze Stadt dort abgelagert hatte. Ihm fehlte das Verständnis für die Kümmernisse seiner Mutter, die nicht wusste, wie sie die Kleidung wieder sauber kriegen sollte. Sie besaß ja nicht einmal eine eigene Waschschüssel.

Ihre Betten standen im Bürowagen. Mehr hatten sie nicht. Aber sie machte eine überraschende Erfahrung.

Im Zirkus lebten **viele Familien wie eine Familie** – und in die waren sie hineingenommen. Der Tisch wurde für sie mitgedeckt, und die warme Babyflasche wurde ihr früh in den Wagen gebracht. Wie die Raben am Bach den Propheten Elia, so versorgte die Zirkusgemeinschaft meine Familie, während ich anderswo unterwegs war.

Meine Frau half dafür im Küchenwagen beim Putzen, Kochen, Abwaschen und Reinemachen. Anfangs musste sie auch Rügen einstecken.

»Frau Fischer, Sie verbrauchen beim Abwasch viel zu viel Wasser!«

Das Wasser musste in großen Milchkannen aus Privathäusern geholt werden. Darum wurde gespart. Ein fettiger Abwasch in einer kleinen, nur zur Hälfte mit dem kostbaren Nass gefüllten Waschschüssel! Und das meiner Frau!!!

Wozu sollte nun das Ganze gut sein?

Frau Hein brauchte einen Menschen, der ihre Ängste, Traurigkeiten und Sorgen mittrug, bei dem sie sich aussprechen oder auch einmal ausweinen konnte und der sie im Glauben und Beten unterstützte. Dazu nahm sie meine Frau für mehrere Wochen mit auf die Reise.

Wäre mir damals schon die Plastik von der Diakonisse Dorothea Steigerwald bekannt gewesen ›Bleib sein Kind‹, an der ich mich selbst täglich freue, aber auch tröste, wenn ich mit mir Probleme habe, ich hätte sie Frau Hein geschenkt.

Sie legte sich mit allen ihren Sorgen, Ängsten und Schwächen vertrauensvoll in Gottes Hand. ER gab ihr die Kraft, die Lasten zu tragen und eine fähige Direktorin zu sein. Von den meisten Reisenden wurde sie einfach ›Tante Adelheid‹ genannt.

Die erste Saison ohne Rudolf endete in Großbardau bei Grimma. Dort richtete der Zirkus sein Winterquartier ein.

Die Tournee war geschafft, Menschen und Tiere versorgt, das Geschäft trotz der düsteren Prognosen in gutem Zustand.

Wir stellten unseren Wohnwagen dazu, um Frau Hein und ihrer zahlreichen Familie in den Weihnachtstagen so nahe wie möglich zu sein.

Ich machte mich mit dem Ortspfarrer bekannt.

Wir vereinbarten, wie wir uns die Weihnachtsgottesdienste teilen würden – und welcher Pfarrer freut sich nicht, wenn er gerade zu Weihnachten Hilfe bekommt?

So war das auch in Großbardau.

Nur warnte er mich vor zu hohen Erwartungen.

»Bei uns füllt sich die Kirche noch nicht einmal am Heiligen Abend, von den Feiertagen ganz zu schweigen.«

Bis kurz vor Beginn der Christvesper saß unsere Zirkusgemeinde allein in der Kirche. Dann kamen die Großbardauer aber doch noch, und wir erlebten mit den Christen des Ortes einen schönen Heilig-Abend-Gottesdienst.

Am 1. Feiertag waren nur unsere Zirkusleute in der Kirche, am 2. Feiertag fanden sich einige Großbardauer hinzu.

Den Silvester-Abendgottesdienst hatte der Ortspfarrer übernommen.

»Gut, dass **Sie** vom Zirkus kommen werden. Unsere Leute gehen zu Silvester nicht in die Kirche. Ich bin froh, wenn außer meiner Frau wenigstens noch die Küsterin und der Kantor dabei sind.«

Frau Hein litt unter der Glaubensmüdigkeit der Großbardauer Christen.

»Sie lassen sich das Beste und Sicherste für ihr Leben entgehen. Das muss ihnen gesagt werden!«

31. Dezember, kurz vor 18 Uhr. Wir – der Pfarrer und ich – trafen uns in der Sakristei zum Gebet vor dem Gottesdienst.

Er warf noch einmal einen Blick durch die Sakristeitür in die Kirche. Seine Augen wurden größer und größer, und der Mund stand ihm offen.

»Sehen Sie sich das an. Die Kirche ist voller als am Heiligen Abend. Wie ist das möglich? Wo kommen die Leute alle her?«

»Es werden unsere Zirkusleute sein.«

»Nein, nein. Die sind auch da. Aber die meine ich nicht. Hier sitzen Großbardauer, die ich noch nie in der Kirche gesehen habe.«

Das hörte die Kirchnerin.

»Na, da ist doch eine Frau vom Zirkus extra durch alle Häuser gelaufen und hat für heute Abend eingeladen.«

»Welche Frau?«

»Ich kenne sie nicht. Ich weiß nur, dass sie zum Zirkus gehört.«

»Wie sieht sie denn aus?«

»Etwas rund, hat freundliche Augen und war auch vor Weihnachten schon in jedem Gottesdienst, seitdem der Zirkus hier überwintert.«

»Dann ist es Frau Hein. Was hat sie denn den Leuten gesagt?«

»Sie ist zwischen Weihnachten und heute in jedes Haus und in jede Wohnung gegangen, hat geklingelt oder geklopft und gesagt:

›Zu Silvester beenden wir ein Jahr und wir beginnen ein neues. Wenn Sie zurückschauen, dann werden Sie vieles finden, wofür Sie unserem Herrgott zu danken haben. Das werden wir abends um sechs Uhr in der Kirche gemeinsam tun. Wir wollen IHN auch bitten, uns im NEUEN JAHR zu segnen und zu behüten, denn an Gottes Segen ist alles gelegen.‹ So ungefähr hat sie gesagt.«

Großbardau ist kein Riesen-Ort. Aber Wohnung für Wohnung, das will schon gemacht sein. Dazu hat sie ein paar Tage gebraucht. Ihr Zeugnis brachte Frucht. Viele der Eingeladenen kamen.

Gott für das Gute danken!? Hatte sie denn Grund dazu? Gott hatte in diesem Jahr ihren Mann sterben lassen. Hätte sie nicht schreien müssen: »Du, Gott, warst grausam zu mir. Du hast mir meinen Mann geraubt. Du hast mich in Not und Sorgen gestürzt. Du hast mir mein Leben verdorben!«?

Eine Antwort auf das »WARUM« fand auch Frau Hein nicht. Aber sie vertraute Gott **dennoch** – getreu dem Psalmwort (73,23): »Dennoch bleibe ich stets an DIR; DU hältst mich bei meiner rechten Hand; du leitest mich nach DEINEM Rat und nimmst mich am Ende mit Ehren an.«

Gott hat ihr Vertrauen reich belohnt. –

Bernhard Jansa, der Seelsorger aus Salzelmen, hat in einer Andacht gesagt: »DU WIRST HILFLOS GEMACHT, DAMIT JESUS DIR BESSER HELFEN KANN.«

Die Schatzkammern der Liebe Gottes sind reich gefüllt. Sie verströmen sich in den hinein, der sein Herz für sie öffnet.

Prüfungskommissare

Kein Privatzirkus bekam vom Ministerium seine Lizenz für länger als ein Jahr.

Ihre Erneuerung wurde von einer Überprüfung des Geschäftes und des Programmes abhängig gemacht.

Unverhofft tauchten im Frühjahr, wenn die Saison begonnen hatte, die schwarzen Limousinen auf, aus denen die parteigebundenen Prüfungskommissare stiegen, um Geschäft und Programm zu begutachten.

Sie sahen sich die beiden Vorstellungen am Nachmittag und am Abend an.

In der Zwischenzeit besprachen sie sich auch mit dem jeweiligen Direktor und Geschäftsführer.

Nach der Abendvorstellung wurde in einer Belegschaftsversammlung im Zelt das Prüfungsergebnis besprochen, Auflagen erteilt, das Programm umgestellt, Darbietungen ganz herausgenommen, Kostüme kritisiert oder auch einmal gelobt, Dressuren verworfen, die Betriebsküche zu klein und die Köchin zu verschnupft befunden und die Farbe an den Wohnwagen zu grell und am Haupteingang dafür zu matt.

»Sie hören von uns!«

Mit dieser ›viel sagenden‹ Rede verabschiedeten sich die Kommissionsmitglieder nach einem fürstlichen Nachtmahl ins nächstgelegene 1. Klasse-Hotel.

Für die Zirkusleute begann die Zitterpartie. Schicken sie uns die Lizenz oder nicht?

Meistens wurde sie geschickt. Oder doch nicht?

Nach 30 Jahren kommunistischer Herrschaft war von den über zwanzig privaten Zirkussen der Nachkriegszeit ein einziger übrig geblieben: Zirkus HEIN.

Zwei Direktoren zitterten nicht.

Einer von ihnen war Rudolf PROBST. Er hat es fertig gebracht, die Kommissionsmitglieder, die, ohne sich bei ihm zu melden, auf dem Platz herumliefen, nach ihren Eintrittskarten zu fragen. Die schienen das für einen Witz zu halten. Da verwies er sie kurzerhand aus dem Zirkusgelände.

Für diese ›Frechheit‹ und noch einige dazu durfte er dann im Gefängnis Buße tun. Aber auch da ist er sich treu geblieben. Er wusste, dass er unschuldig war und blieb, trotz Einzelhaft und hinter einem verblendeten Gefängnisfenster, unbeugsam.

Die Partei hatte die Macht, sich an ihm zu rächen. Aber sie hatte nicht die Macht, ihn zu zerbrechen.

Ich habe dir erzählt, dass Zirkus Probst wieder lebt und reist. Von den Genossen, die er damals vom Platz verwies, spricht keiner mehr. Sie werden heute im Stillen ihre Rente genießen, die ihnen der Staat auszahlt, den sie Jahrzehnte verleumdet, beschimpft und verteufelt haben.

Auch Frau Hein zitterte nicht. Sie behandelte die Kommissionsmitglieder freundlich, aber nicht schmeichlerisch.

Nun traf es sich, dass ich am Zirkus HEIN einen Gottesdienst nach der Abendvorstellung im Zelt vereinbart hatte, und just am gleichen Tag erschien die Kommission.

Es wäre überhaupt kein Problem gewesen, den Gottesdienst auf einen anderen Abend zu verschieben. Ich blieb ja ohnehin einige Tage am Geschäft. Doch Frau Hein sah das anders.

Ich denke, ich traue meinen Ohren nicht, als sie den Herren erklärt: »Sie können sich selbstverständlich hier frei bewegen und sich die Vorstellungen ansehen. Nur die Belegschaftsversammlung muss verschoben werden, denn um diese Zeit feiern wir heute im Zelt einen Gottesdienst. Sie sind herzlich dazu eingeladen. Wenn Sie nicht mitkommen möchten, dürfen Sie sich gern in meinen Wagen setzen und warten. Ich selbst aber nehme am Gottesdienst teil. Danach stehen wir Ihnen zum Gespräch zur Verfügung.«

Die Wirkung ihrer Worte war effektvoll. Erst glaubten die hohen Herren wohl, nicht recht gehört zu haben. Ich konnte ihre Gesichter sehen; die erstarrten in Wut und Zorn zu beleidigten Eismännern. Die Kommissare drehten sich auf der Stelle um, bestiegen ihre Autos und fuhren davon.

Wir alle waren erschrocken, außer Frau Hein. Die Arme musste sich jetzt etwas anhören. Es hagelte von allen Seiten Vorwürfe. Ich beteiligte mich daran.

»Frau Hein, das war völlig unsinnig. Den Gottesdienst konnten wir morgen oder übermorgen nachholen. Von diesen Leuten, die Sie jetzt verärgert haben, hängt Ihre Existenz ab. Sie haben …«

Frau Hein unterbrach mich. »Das wäre ja schrecklich, wenn unsere Existenz von diesen Männern abhängen würde. Wir sind allein von Gott abhängig! Solange Gott will, dass wir mit dem Zirkus reisen, werden wir reisen.«

»Ja, aber keinesfalls ohne Lizenz. Und die wird von diesen Herren ausgestellt oder verweigert.«

»Meinen Sie, dass Gott darauf keinen Einfluss nehmen kann? Wenn Gott es will, unterschreiben die im Ministerium meine Lizenz auch ohne diese Abnahme.«

Ich ging kopfschüttelnd in meinen Wagen.

Draußen hörte ich noch die Vorwürfe der Familie und Belegschaft.

»Adelheid, du übertreibst das mit dem lieben Gott. Du hast nicht nur **deine** Existenz, du hast uns alle aufs Spiel gesetzt. Bedenke das mal.«

»Ich bedenke es jeden Tag. Ihr steht mit mir unter Gottes Hand. **Das** zählt – nichts sonst!«

Eine Woche danach brachte der Postbote in einem Einschreibebrief die Lizenz!

Im Grunde war es die gleiche Situation gewesen wie bei dem Zirkuslehrer.

»Wie soll das zugehen?«

»Bei Gott ist kein Ding unmöglich.«

Gott bekennt sich zu seinen Kindern.

Frau Hein vertraute ihm wie ein Kind seiner Mutter vertraut.

»ZU MEINEM BESTEN SCHICKT GOTT MIR BEIDES, LIEBES UND LEIDES.«

Dieser Satz gehörte zu ihrem Glaubensbekenntnis.

Wie viele Patenkinder sind erlaubt?

Eines Tages fragte mich Frau Hein: »Herr Fischer, wie viel Patenkinder darf ein Christ haben?«

»O, diese Frage hat mir noch keiner gestellt. So genau kenne ich mich in den kirchlichen Ordnungen nicht aus. Aber ich glaube kaum, dass eine Begrenzung angegeben ist. Sie ergibt sich aus der Sache selbst. Mit jedem Patenkind übernehme ich ja eine Aufgabe. Ich muss mir darüber klar werden, wie viel Zeit und Kraft ich habe, mich in Fürbitte und praktischer Zuwendung um ein weiteres Patenkind zu kümmern. Sie haben wohl mehrere Patenkinder?«

»Ja.«

»Wie viele haben Sie denn?«

»Viele.«

»Darunter kann ich mir nichts vorstellen. Können Sie mir nicht sagen, wie viele Patenkinder Sie haben?«

»Nein, das kann ich nicht.«

»Sie wissen es wohl nicht mehr?«

»Doch, doch. Ich weiß es ganz genau und kenne meine Patenkinder.«

»Sie machen mich neugierig. Sie haben mehr als vier Patenkinder?«

»Ja.«

»Vielleicht sieben?«

»Mehr.«
»Zehn?«
Sie schüttelte mit dem Kopf.
»Mehr als zehn?«
Sie nickte.
»Etwa gar zwanzig?«
Wieder ein Kopfschütteln
»Dreißig?«
Keine Reaktion.

»Frau Hein, jetzt sagen Sie mir endlich, wie viele Patenkinder Sie haben!«

»Und Sie werden mich nicht schelten?«

»Ich habe gar kein Recht dazu, Sie zu schelten. Aber ich will jetzt nicht mehr weiter raten. Zum Schluss haben Sie vielleicht fünfzig.«

»Nein, Herr Fischer. Ich habe fünfundsiebzig Patenkinder. Ich kenne sie alle und nenne ihre Namen Gott im Gebet. Die meisten sind schon erwachsen. Manche treffe ich oft, manche nur hin und wieder, und manche habe ich auch ganz aus den Augen verloren, aber nicht aus meiner Fürbitte. Einige wenige sind schon gestorben.«

Jetzt war ich sprachlos. Fünfundsiebzig Patenkinder! Ist das die Möglichkeit?

»Das müssen Sie mir erklären. Wie sind Sie dazu gekommen?«

»Ach, Herr Fischer, das war ganz einfach.

Ehe Sie als Pfarrer zu uns kamen, war nach dem Krieg eine lange Zeit vergangen.

Wir Reisenden besuchen uns gegenseitig so oft wie möglich. Wenn ich erfahre, dass in der Nähe ein Zirkus, eine Schaubühne oder ein Hippodrom steht, fahre ich hin und besuche die Leute.

Mit vielen sind wir ja verwandt, auch wenn es dabei um fünf Ecken geht.

Sah ich dann zum Beispiel, dass die von mir besuchte Familie Zuwachs bekommen hatte, so fragte ich sie.

›Drei Kinder hast du, Marianne? Toll. Wie die Zeit vergeht. Sind sie getauft?

Nein?

Warum denn nicht?‹

›Ach, Adelheid; du weißt doch. In jedem Ort stehen wir nur wenige Tage, oftmals nur einen einzigen Tag. Wir kennen keinen Pfarrer, und da ist es eben immer geblieben.‹

›Das kann nicht sein, dass unsere reisenden Kinder als Heiden aufwachsen. Sie müssen getauft werden!‹

›Sie sollen es ja auch. Aber es ist noch nie geworden.‹

›Dann wird es **heute**, solange ich hier bin.‹

›Adelheid, was soll das?

Wir können doch jetzt nicht einfach Kindtaufe feiern. Wir sind überhaupt nicht darauf eingerichtet.

Wir haben nicht mal einen Kuchen.‹

›Seit wann werden Kinder mit Kuchen getauft.

Wen wir brauchen, ist ein Pfarrer, und der braucht Wasser. Das hat er bestimmt. Alles Übrige besorgt Gott. Pack deine Kinder. Wir suchen das Pfarrhaus.‹

Und dann saßen wir beim Pfarrer, erklärten ihm unsere Situation, und der verstand uns – meistens.

Er füllte Formulare aus, fragte dies und jenes, unter anderem auch nach Paten.

›Ja, Adelheid, du hast das jetzt so weit auf den Weg gebracht. Würdest du bei unseren Kindern Pate stehen?‹

›Ja, das mache ich.‹

Eine oder zwei Stunden später liefen wir in die Kirche, und es fand die Taufe statt. Es waren schöne Gottesdienste, in ganz unterschiedlichen Kirchen. Aber GOTT und SEIN WORT waren sich immer gleich.

Da ich sehr viele gute Bekannte auf der Reise habe, kamen eben seit 1945 auf diese Weise fünfundsiebzig Patenkinder zusammen.

Ob mir Gott deshalb zürnt?«

»Da können Sie ganz beruhigt sein.

Gott würde sich freuen, wenn ER recht viele solche treuen Paten für seine Kinder hätte wie Sie.«

Einige Wochen später taufte ich in ihrem Zirkuszelt das Kind einer Artistin, und wieder war sie zum Patenamt gebeten worden. Sie lehnte es ab.

Da ich die näheren Umstände aber kannte, bat ich Frau Hein es anzunehmen.

Das war endgültig ihr letztes Patenkind.

Wer auf Gott vertraut

Die Tourneepläne für die Privatzirkusse wurden im Ministerium auf die Reiseroute der volkseigenen Zirkusse abgestimmt. Diese hatten absolute Vorfahrt. Großstädte waren den Privaten grundsätzlich untersagt. Und wenn ein VEB-Zirkus im April z. B. in Dresden gastieren wollte, durfte Wochen vorher auch kein Privater in Dresdens Umgebung spielen.

Jahr für Jahr war die Tourneeplanung darum für die Privaten ein einziges Gerangel.

Gekämpft wurde um Kleinstädte und große Dörfer. Endlich waren die Pläne fertig.

Hoffentlich kommt nichts dazwischen. Es kam aber recht oft etwas.

Plötzlich reiste ein Zirkus aus ›Freundesland‹ ein.

»Sei uns willkommen(!)« … auf Kosten der Privaten.

Die mussten weichen und zusehen, wo sie Orte fanden, in denen sie nicht störten.

Ganz schlimm ging es zu, wenn die Maul- und Klauenseuche ausbrach, und das passierte häufig.

Dann mussten die dort anwesenden Zirkusse umgehend den betroffenen Bezirk verlassen.

Damit brachen aber auch alle Städteplanungen zusammen.

Vorrangig wurden für die VEB-Zirkusse neue Pläne erstellt, dann durften die Privaten in Berlin nachfragen, welche Orte für sie übrig geblieben waren.

Jeder Direktor versuchte, so schnell wie möglich im dafür zuständigen Büro zu erscheinen.

›Wer zuerst kommt, mahlt zuerst.‹

Zirkus HEIN reiste in Mecklenburg.

Während einer Nachmittagsvorstellung fuhr ein Auto auf den Platz, dem der Kreisratsvorsitzende entstieg. Er fragte nach der Direktion. Ich brachte ihn zu Frau Hein.

Seine Nachricht war niederschmetternd.

»In einer unserer größten Landwirtschaftlichen Produktionsgenossenschaften ist die Maul- und Klauenseuche ausgebrochen. Sie müssen entweder sofort den Bezirk verlassen, oder wir setzen Sie mit ihrem Zirkus bei uns fest, bis die Seuchengefahr vorüber ist.«

Das konnte Monate dauern und hätte zur Pleite des Unternehmens geführt.

Die Vorstellung wurde schnell zu Ende gebracht, das Zelt abgebaut, die Transporte zusammengestellt – es roch nach Flucht!

Tierärzte aus der Umgebung hatten unsere Tiere vor dem Verladen noch untersucht und zum Teil auch geimpft.

Wir fuhren in der Nacht bis hinter die Bezirksgrenze. Dort warteten wir erst einmal, denn keiner wusste, wie es weiterging.

»Adelheid, du musst sofort nach Berlin. Nimm Herrn Fischer mit.«

Tante Adelheid schloss sich in ihrem Wagen ein. Ich wusste, was sie dort machte. Sie betete.

Alle Zirkusangehörigen waren in helle Aufregung versetzt. Es ging ums Ganze.

Endlich kam Adelheid aus ihrem Wagen.

»Ich fahre nicht – noch nicht!«

»Adelheid, was soll das nun wieder? Denkst du nicht an uns und dein Geschäft? Die anderen Direktoren werden längst dort sein. Was bleibt für uns übrig, wenn wir die Letzten sind?«

Auch ich war der Meinung, dass Frau Hein sofort losfahren müsse.

»Frau Hein, ich fahre Sie hin. Wir verhandeln. Warum soll denn Zirkus HEIN vor den anderen Geschäften zurückstehen?«

»Gott hat mir kein grünes Licht dafür gegeben. Ich fahre heute nicht und ob ich morgen fahre, weiß ich noch nicht.«

»Da sehen Sie, Herr Fischer, wohin es führt, wenn es einer mit dem Glauben zu weit treibt. Das ist religiöser Wahnsinn. An dem gehen wir hier noch kaputt!«

Ich schlich mich bedrückt in meinen Wagen. Auch ich war überzeugt, dass Frau Hein falsch handelte.

Der nächste Tag verging. Sie fuhr nicht.

Als sie am übernächsten Tag früh erklärte:

»Heute fahren wir«, spielte ich den Beleidigten.

»Sie müssen schon allein fahren und sich den Pleitetourneeplan abholen. Ich beteilige mich daran nicht.«

Frau Hein suchte sich einen Fahrer – sie konnte nicht selbst Auto fahren – und kehrte am Abend zurück.

Ihr Gesicht zeigte keine Spur von Ärger, Reue oder was auch immer. Tante Adelheid strahlte.

Sie hielt mir den Planungszettel unter die Augen.

»Hier, unsere neue Tournee.«

Ich nahm das Blatt, breitete die Landkarte aus und suchte die Orte. Um mich herum drängten sich erwartungsvoll die Zirkusleute.

Viele Orte fand ich auf der Karte **gar nicht**. Sie waren zu klein, um überhaupt Beachtung zu finden.

»Ja, Tante Adelheid, so habe ich mir das gedacht. Dieser für uns gebliebene Rest ist der letzte Husten. Das ist das Aus für Ihren Zirkus.«

»Glauben Sie das wirklich, Herr Fischer? Wollen Sie nicht erst einmal abwarten? Vielleicht ist es gerade **die** Tournee, auf der uns Gott beschenken will?«

Darauf gab ich ihr keine Antwort. Ich dachte: »Die Leute haben Recht. Die Frau spinnt!«

Wir fuhren nach dem neuen Plan. Gleich das erste Dorf, in dem wir aufbauten, staunte.

»Was denn, ihr wollt bei uns Zirkus machen? Solange wir denken können, hat hier kein Zirkus gespielt. Sie haben immer gesagt, wir wären zu klein dafür.«

Das Erstaunen der Leute war so groß, dass sie fast vollzählig in die Vorstellungen kamen. Sobald unsere Zirkuskapelle einsetzte, waren die Dorfstraßen und die Häuser leer gefegt.

Die umliegenden Dörfer kamen dazu, so dass sich unser Zelt immer gut bis sehr gut füllte.

Es gab viele Einwohner, die kamen gleich zweimal.

Das Programm war gefällig, die Leute fühlten sich wohl.

»Wer zu uns aufs Dorf kommt, der soll dafür auch belohnt werden!«

Es wurde die beste Saison, die Zirkus Hein je gefahren ist. In dem darauf folgenden Winter mussten keine Schulden gemacht werden. Das Geld reichte bis zum nächsten Frühjahr.

Die anderen Zirkusse dagegen, die schneller in Berlin gewesen waren, hatten schwere Einbußen hinnehmen müssen.

Sie hatten sich in die Städte gedrängelt, als dritter oder gar vierter Zirkus in einer Saison. Die Leute dort waren zirkusübersättigt.

Die Direktionen mussten noch im Herbst einen Teil ihrer Wagen und Tiere verkaufen, so knapp war das Geld geworden.

Ich schämte mich vor Frau Hein. Sie aber sagte schlicht:

»Gottes gute Absicht wird uns oft erst vom Ende her verständlich.«

Sie soll das letzte Wort haben.

Wenn Gott **unser** Leben ans Ziel gebracht hat, spätestens dann werden wir umfassend SEINE guten Pläne verstehen, die wir jetzt unverdaut, widerwillig oder auch ergeben schlucken.

Außerdem: »Wenn es am besten schmeckt, soll man aufhören.«

Die Zeit mit dir war wunderschön! Ich danke dir für dein geduldiges Zuhören.

Mein Gruß für dich: **SCHALOM – GOTTES FRIEDE SEI MIT DIR – BIS IN EWIGKEIT – AMEN.**

hänssler

Weitere Bücher aus der Reihe »Erlebt & Erzählt

Dr. Fritz Neugebauer
Gott, der Mensch und das System
Erinnerungen eines Landpfarrers an die DDR-Zeit
Pb., ca. 160 S., Nr. 393.244, ISBN 3-7751-3244-9

Ein langjähriger Landpfarrer erzählt von seinen Erlebnissen, von Schwerem und Heiterem aus der ehemaligen DDR. Das Menschliche lässt sich eben nicht in ein Korsett zwängen, und so erscheinen diese Geschichten keineswegs grau und eintönig, sondern bringen das Leben und die Menschen lebendig und farbenfroh wieder zum Sprechen. Trotz bitteren Unrechts lässt sich die Heiterkeit nicht unterdrücken und konnte oft von Herzen gelacht werden.

Gerhard Schittko
Kinder, Katzen und Kantaten
Vergnügliche Anekdoten eines Predigers
Tb., ca. 96 S., Nr. 393.179, ISBN 3-7751-3179-5

Heiteres und Besinnliches, Kurzgeschichten, Miniaturen und Anekdoten – es gibt viel zu erzählen aus dem Leben eines Predigers in der ehemaligen DDR. Gerhard Schittko erinnert sich noch einmal an die Erlebnisse, die die Zeit als Prediger der Landeskirchlichen Gemeinschaft in Querfurt, Wittenberg und Greifswald prägten. Mit Glaube, Vertrauen und einem tiefgründigen Humor meisterte er die Schikanen und Probleme des Alltags …

Bitte fragen Sie in Ihrer Buchhandlung nach diesen Büchern!
Oder schreiben Sie an den Hänssler Verlag,
D-71087 Holzgerlingen.